Korean Sketches

조선, 그 마지막 10년의 기록

1888~1897

- 저자 제임스 S. 게일은 1888년 조선에 입국하여 조선의 마지막 10년을 겪은 뒤, 1898년 『Korean Sketches』라는 제목으로 이 책을 미국, 영국, 캐나다에서 출간하였다.
- 원서가 최초로 미국에서 출간되었기에 본문에서 '우리'라고 지칭하는 것은 미국인을 뜻한다.
- 원서에서 소리 나는 대로 알파벳 표기한 우리말 단어/지명 등은 서양 독자가 받았을 생소한 느낌을 살리기 위해 영문으로 표기하였다. 같은 단어가 중복하여 나타나는 경우 두 번째부터 는 편의를 위해 한글로 표기하였다.
- 6장의 저자 주(P.168)를 제외하고, 본문에 실린 모든 주석은 역자 주이다.
- 본문에 실린 사진 중 하단 설명에 〈 〉표기된 것은 원서에 실린 사진이다.
- 원서에 실린 사진 외 대부분의 사진들은 한국어판 독자의 이해를 돕기 위해 편집 과정에서 추가되었다.
- P.110의 사진(저작물)은 '서울역사박물관'에서 작성한 것으로 공공누리 제1유형으로 개방한 〈기성도〉를 이용하였으며, 해당 저작물은 '서울역사박물관(www.museum.seoul.kr)'에서 무료료 다운받을 수 있다.

Korean Sketches

조선, 그 마지막 10년의 기록

1888~1897

제임스 S. 게일 James Scarth Gale 지음

최재형 옮김

책밭

제임스 S. 게일 James Scarth Gale
한글명: 긔일

오늘 이 땅에 살고 있는 우리들 대다수보다 더욱 이 땅의 역사와 문화에 대해 해박했던 사람.

이 책의 역자인 제가 이 위대한 한국학자의 존재와 그가 우리에 관해 쓴 너무나도 소중한 이 저서를 알게 된 것은 그야말로 사소한 일상에서 비롯되었습니다.

지난 2006년, 『영국 화가, 엘리자베스 키스의 코리아』라는 제목으로 번역 출간된 책을 우연히 접하게 되었는데, 본문 중 '한국인에 대하여 게일만큼 잘 아는 이는 없다'라는 문구가 발단입니다. 언니가 그림을 그리고 동생이 글을 쓴 이 책의 원제는 『Old Korea』로, 1919년 우리나라를 방문한 영국인 자매가 몇 달 동안 머물며 느낀 것을 그림과 글로 엮어 1946년 서양에서 출간되었습니다. 평소에도 우리 문화와 역사에 관해 관심이 아주 많던 저는 대체 게일이 어떤 사람이기에 이런 평을 했을까, 하고 궁금증이 생겼습니다.

그리고 알게 된 사실은 정말 놀라운 것이었는데, 단순히 그는 한국인과 한국에 대해 잘 아는 정도에서 그치는 것이 아니라 바로 오늘 우리 삶에까지 크나큰 영향을 끼치고 있었습니다.

그는 우리나라 최초의 '한영사전'을 만들었습니다.

사실 한영사전이 우리나라 말고 다른 곳에서 먼저 나왔을 리가 없으니 세계 최초라고 봐도 무방합니다. 세계 최초의 한영사전은 연세대학교 설립자이자 우리나라 최초의 조직교회인 새문안교회의 창립자 언더우드가 1890년 출간하였는데, 이 책은 서문에 공저자로 게일과 헐버트를 밝히고 있습니다.

게일은 여기에서 그치지 않고 1897년 직접 자신의 이름으로 한영사전(한영자전, 최초의 Korean-English Dictionary)을 출간하였습니다. 이 책의 증보판은 1967년 사무엘 마틴이 새한영사전(New Korean-English Dictionary)을 출간할 때까지 무려 70년간이나 그 독보적 역할을 수행하였습니다.

그는 우리나라 최초로 서양 문학을 번역 출간하였습니다.

1895년 그는 영국 작가 John Bunyan의 『The Pilgrim's Progress(1678)』를 순 우리말로 번역 출간하였습니다. 1888년 이 땅에 발을 처음 내디딘 그가 불과 7년 만에 번역서를 출간할 정도로 그는 우리말에 통달한 것입니다. 우리말 출간본 『텬로력뎡(천로역정)』에는 풍속화가 기산 김준근이 삽화를 그려 넣었는데, 모든 등장인물이 갓을 쓴 우리나라 사람으로 묘사된 것이 아주 재미있습니다. 심지어 예수님까지도 갓을 쓰고 있지요.

그는 세계 최초로 우리 문학을 서양에 번역 출간하였습니다.

청파 이륙의 『청파극담(1512)』과 수촌 임방의 『천예록』에 전하는 이야기(야담)를 모아 『Korean Folk Tales』라는 이름으로 1913년 영국과 미국에서 출간하였고, 서포 김만중이 1687년 쓴 『구운몽』을 『The Cloud Dream of Nine』이라는 제목으로 1922년 영국에서 출간하였습니다. 『심청전』과 『춘향전』도 번역했지요.

더 놀라운 것은 그가 단순히 우리말(한글)에만 통달했던 것이 아니란 겁니다. 그가 번역한 『청파극담』이나 『천예록』 모두 한문본이고, 『구운몽』 또한 언문본(한글본)과 함께 한문본을 모두 참고하여 번역한 것입니다. 그는 정동에 모여 살던 다른 서양인들과 달리 서양인이 살지 않는 곳에서 조선 사람과 함께 어우러져 살며, 사랑방에 앉아 한학을 공부했습니다. 『논어』를 읽고 양반들과 토론하기를 즐겼으며, 그야말로 수많은 고전과 우리 조상의 저서를 읽고 번역하였습니다.

그는 구한말 역사의 현장에서 너무도 소중한 기록을 남겼습니다.

그는 대원군을 만났습니다. 대원군의 장손이자 고종의 조카인 이준용과도 알고 지냈습니다. 고종의 아들 의화군과 친구였습니다. 이범진, 박영효, 이상재 등 수많은 관리들과 밀접했습니다. 대한민국의 초대 대통령인 이승만의 미국 유학을 위해 추천장을 써주기도 했습니다. 청일전쟁의 현장에 있었습니다. 고종의 고문이었습니다. 그리고 무엇보다 명성왕후가 시해되던 날 고종을 알현했습니다. 그리고 그것을 기록하였습니다. 오늘 출간되고 있는 많은 우리 역사서에서도 명성왕후 시해와 관련한 역사적 해석이 명확하지 않습니다. 시중에는 '고종이 명성왕후 시해 사실을 즉시 인지하지 못한 것으로 보인다'는 등의 저술이 상당합니다. 하지만 본 서에서, 그리고 다른 기록으로 저자는 명성왕후 시해 직후 흘린 고종의 눈물과 울분을 자세히 전하고 있습니다.

그는 성경을 우리말로 번역하였으며, '하나님'이라는 용어를 채택하였습니다.

선교사이자 최초의 한영사전을 만든, 누구보다 뛰어난 한국학자로서 그가 성경 번역에 깊이 관여한 것은 당연합니다. 그런데 더 쉽게 다가오는 것은 하나님이라는 표현 자체일 것입니다. 여호와 혹은 신에 해당하는 호칭에 대해 천주, 상제를 주장하는 다른 선교사에 맞서 우리 문화와 언어에 더 깊은 이해가 있던 게일은 순 우리말이면서 기독교와 관계없이도, 이미 온 우주를 관장하는 신의 개념으로 사람들이 많이 쓰고 있던 하나님을 주장하였고, 관철하였습니다. 그리고 그것이 오늘에까지 이어지고 있지요.

어마어마한 저술을 남긴 그는 진정한 한국학자였습니다.

그의 이름 뒤에 '목사'라는 호칭이 붙기 때문에 우리는 그를 단순히 선교사 또는 목사로 인식하기 쉽습니다. 그러나 그는 사십 권이 넘는 국영문 저서를 출간하고, 이 땅과 이 땅의 사람에 관한 수백 편의 논문 및 기고문을 남긴 대학자입니다. 이미 1895년『동국통감』을 번역하여 우리 역사를 서양에 소개했고, 단군 조선에서 삼국시대, 고려, 심지어 자신이 직접 겪은 고종 때에 이르기까지 우리의 역사를 집대성하여 무려 4년간 잡지에 연재하였습니다. 〈A History of the Korean People〉이 그것인데, 그는 이 연구와 집필을 위해 엄청나게 많은 우리 선조들의 역사서를 직접 읽었고, 현장을 답사했으며, 우리 역사와 관계 있는 중국 역사는 물론 불교, 유교, 도교 등의 사상사까지 직접 연구했습니다. 교과서를 통해 수박 겉핥듯 배운 국사 지식이 전부인 저는 아직도 우리 선조께서 직접 기술하신 가장 간단하고 쉬운 역사 기록조차 제대로 이해하지 못하는데 말입니다. 조선시대 아이들이『천자문』으로 글자를 처음 떼고 난 뒤 배우던『동몽선습』뒤에 등장하는 간단하고 기초적인 우리 역사 서술조차 저는 쉬운 책으로 국사를 더 공부한 뒤에 도전해보자 하고 미루어 두었거든요. 정보를 접하기가 어느 때보다 쉬운 현재를 살고 있는 제가 이 수준인데, 조선에서 살았던 외국인이 쉬운 한글도 아닌 한문으로 된 역사 서적을 모두 연구하고, 또 그것을 영문으로 집대성하여 집필하였다니요. 부끄러움이 앞서는 한편, '그가 남긴 우리에 관한 수많은 저작을 공부해보고 싶다. 또 그것을 쉽게 소개하고 싶다'는 의욕 또한 생깁니다.

위에 제가 언급한 게일에 대한 설명에서 공통으로 느낄 수 있는 것은 '사랑'입니다. 그는 누구보다 낯선 이 땅과 그 위의 사람과 그들이 만들어온 역사와 문화를 사랑했습니다. 애정이 없었다면 낯설고 척박한 환경에 놓여 있던 한 사람이 이렇게 많은 일을 할 수는 없었겠지요. 그의 사랑에 감사하고 또 부끄럽습니다.

이 책은 이러한 저자가 우리에 대해 관찰하고 기록하여 출간한 최초의 저서입니다. 그리고 이 책은 제가 위에 언급한 사실보다 더욱 흥미롭고 놀라운 사실들을 그 안에 품고 있습니다. 이 책을 번역하고 있던 어느 날, 저는 서울역사박물관을 찾았다가 유리장 안에 진열되어 있는, 실재하고 있는 이 책을 보았습니다. 반가운 한편 묘한 감정이 저를 뒤덮었습니다. 생명을 잃고 박물관에서 표지만 구경할 수 있던 책이, 이제 내 손 안에 실재하고 있습니다. 그리고 다시 태어난 그 책을 여러분이 읽습니다.

옮긴이 최재형

〈서울〉

지금까지 조선 사람들의 삶과 성격을 들여다볼 수 있게 해주는 글은 얼마 되지 않았다. 이 독특하고 예스러운 민족과 약 9년간의 친밀한 교제 후에 나는 이들에 대한 단상을 여기에 모았다. 이를 통해 우리는 이들이 과연 어떤 사람들인지를, 그리고 우리 앵글로색슨족이 등장하기 전까지 오랜 기간 동안 어떻게 살아왔는지를 유추해볼 수 있을 것이다. 이 이야기들이 우리를 조선이라는 왕국에 사는 형제자매들에 대한 더 깊은 이해로 인도할 수 있기를!

강원도 원산에서

제임스 S. 게일

첫인상

그
미
지
의
세
계

당신이 아는 바와 같이 코리아[1]는 일본이 중국으로 진출할 때 편리한 고속도로가 되어주는 남쪽으로 뻗친 반도국이며, 인구는 약 1,200만 명쯤으로 추정된다. 알다시피 인구통계는 절대 정확한 법이 없지 않은가? 면적은 미국 유타주와 어림잡아 비슷한 크기이고, 땅의 형상은 끝없는 산의 연속이라서 여행할 때면 항상 그 너머에 어떤 풍경이 펼쳐질지 기대하게 되는 그런 곳이다. 이와 관련하여 조선 사람들에게서 자주 들을 수 있는 표현이 있으니, 그것은 'San way you san san pool chin[2]'이다. over the hills, hills again, hills without number

---

1 영문 Korea를 처음에는 '코리아'로 번역하나, 실제 시대 느낌을 전달하기 위해 이후 대부분은 '조선'으로 표기한다.

2 산외유산 산불진(山外有山 山不盡) – '산 너머 산, 끝없는 산'이란 뜻

나는 1890년 남부 지방을 여행하던 중 조선에서 제일 큰 지방인 경상도 관찰사³를 방문한 적이 있는데, 그때 제일 처음 받은 질문 중 하나도 이런 것이었다.

"당신네 나라에도 산이 이렇게 끝없이 이어집니까?"

조선인들은 이 산들을 용龍이라 여기며 그곳에 조상들의 묘를 쓰는데, 이 묏자리에 따라 자손들이 사는 땅에도 길흉의 기운이 미친다고 믿는다.

이듬해 봄, 용의 승천과 관련이 있는 묏자리 논쟁이 발생했고 조정에서는 최종 결정을 위해 바로 그 관찰사를 불러 올렸다. 하지만 일이 주 후 그가 독이 든 수박을 받음으로써 묏자리 논쟁을 마무리 지은 걸 보면 그의 결정이 마음에 들지 않았나 보다.

당신이 만약 조선인들을 함부로 대하더라도 대부분은 죄가 되지 않는데, 실제로 지나가는 객이 방을 빼앗은 후 살고 있는 집주인을 길바닥으로 내쫓더라도 욕보이려고 일부러 그런 것이 아닌 이상 그들은 그것을 전혀 심각하게 받아들이지 않는다. 하지만 만약 그것이 조상님 묘라면 이야기는 달라진다. 단지 건드리는 것만으로도 아마 평생을 두고 당신은 처절한 대가를 치러야 할 것이다.

조선인들은 스스로를 신의 자손이라고 이야기하는데, 뭐 중국과 좀 섞이긴 했지만 이들이 자신만의 독특한 문화를 발전시켜 온 것만은 분명하다. 그들은 아주 오래전부터 양인 혹은 바다에서 온 사람이라고 하는 외국인에

---

3 조선시대 각 도에 파견된 지방 행정의 최고 책임자. 현재의 도지사.

대한 공포를 지니고 있었다. 세월에 풍화된 채 아직도 길가에 남아 있는 비석들에는 실제로 이렇게 새겨져 있다.

'만약 네가 외국인을 만나면 죽여라. 그렇지 않고 놓아주는 자는 조국의 반역자다.'

이것을 보면 국제 조약에 합의하고 난 뒤, 조선이 이와 같은 잔혹했던 전통을 하루아침에 중단하고 외국인들을 얼마나 잘 견뎌내고 있는지를 알 수 있다. 외국인이 조선 땅에 들어온 지 이제는 10년도 더 되었는데, 그 10년 동안의 극심한 정치적 혼란 와중에도 모든 외국인이 극진한 예로써 대접받았을 뿐, 유럽인이든 미국인이든 그 누구도 해를 입거나 협박당한 경우가 없었다. 선교 활동도 아무런 박해 없이 진행되었으며, 이미 천 명이 넘는 기독교인과 정기 예배를 위한 예배당이 마련되어 있다.

이곳에 대한 여러 첫인상 중, 나가사키항에 처음 도착했을 때 배 위에서 조선 사람들의 흰 옷과 통 넓은 바지를 보고 경악했던 것이 떠오른다. 왜 저런 옷을? 그리고 저 상투는 또 뭐지? 잠깐 사이 내 머릿속에는 '아마 저들은 저 상투를 아주 중시하나 보다', '그 통 넓은 바지 솔기마다 한 땀 한 땀 조상님들의 은덕을 새겼나?', '아니면 유교식 예절이거나 오랜 전통인가?', '바지통이 넓을수록 소원이 이뤄지는 걸까?' 등등, 바지통이 저렇게 넓을 수밖에 없는 수많은 이유가 떠올랐다 사라졌다.

우리 배는 닻을 내리기 위해 부산항으로 들어섰다. 부산항은 육지로 둘러싸여 있었으며 좁은 부두 두 개가 다였는데, 주 출입구 절벽 위엔 드높게 솟아올라 초병이 바다를 감시 중인 초소가 있었다.

부산(1900년대)

1893년 6월[4]의 어느 맑은 저녁, 후진을 알리는 징이 울리고 모든 승객이 갑판 위로 나왔을 때 우리는 막 입구를 지나 항구에 접안 중이었다. 일등항해사는 마치 생사가 거기에 달려 있기라도 한 것처럼 보트 위치를 자기 허리춤 권총 위치까지 낮추도록 명령했고, 조종실의 선장은 억센 억양의 영어로 떠들어대고 있었다. 배가 이토록 소란스러웠기에 누군가 귓속말을 해주기 전까지는 한 사람이 배 밖으로 떨어진 것조차 전혀 알지 못했다. 10여 분간의 수색 끝에 배 밖으로 떨어져 다 죽어가는 중국인을 건져내는 것을 보았는데, 그는 겁에 질려 실성한 듯했다. "아! 저 불쌍한 중국 남자, 정말 안됐어요." 옆에 있던 러시아 여인에게 건넨 아내의 말에, 어깨를 움츠리고 "하!" 하고 코웃음을 치면서 돌아온 러시아 여인의 답.

"중국인은 정말 차고 넘친다니까!"

이야기가 다른 곳으로 좀 샜다.

첫 여정, 배가 닻을 내리자 추운 12월 대기에 더욱 황량한 기운을 더하는 헐벗은 갈색 언덕이 눈앞에 펼쳐졌다.[5] 배에서 사귄 친구와 육지에 내려서자, 갓을 쓰고 갓끈을 턱 밑에서 리본 모양으로 묶은, 잘 차려입은 한 무리의 조선인들이 있었다. 손을 자신들의 넓은 소매통 속 깊이 파묻고는 마치 부

---

4 저자가 처음 부산으로 입국한 것은 1888년 12월로, 이때는 미혼이었다. 하지만 아내에 관한 표현이 나오는 것으로 보아 첫 입국 때가 아닌 해외에 나갔다가 1893년에 다시 부산항으로 입항할 때의 일화를 적은 것으로 보인다.
5 앞의 일화는 1893년 6월을 이야기하고 있으나, 다시 첫 입항 때인 1888년 12월로 이야기가 돌아와 있다.

처인 양 미동도 않고 서 있더니, 우리가 5리쯤 떨어져 있다는 마을이나 둘러볼까 하고 걸음을 옮기자 우리 뒤를 따라 움직였다. 그들은 기괴하게 생긴 무리였다. 아주 많은 수가 눈병을 앓는 듯했고 곰보였다. 개들도 마찬가지로 죄다 옴에 걸린 모습이었다. 한시라도 빨리 이들에게서 도망치고 싶었던 우리는 결국 다시 배에 올라야만 했다.

부산에서 제물포까지 600킬로미터가 넘는 항해는 부분적으로만 측량이 되어 있던 위험한 해안을 따라 암초를 헤치며 나아가야 하는 것이었다. 항해를 도와줄 아주 작은 빛 하나 찾을 수 없는 이 칠흑 같은 어둠 속을 뚫고 나아간다는 것은 엄청난 믿음 없이는 불가능했고, 이 바다를 수차례 지나다니는 동안, 시꺼먼 어둠 속에서 물 위로 끄트머리만 조금 드러낸 암초 사이를 지날 때면 무슨 일이 일어날 것 같다는 두려움이 늘 함께였다. 내 지인과 친구들이 타고 있던 증기선이 이곳에서 암초에 부딪혀 침몰했고, 그 사고로 인해 이 무서운 암초투성이 바다에 대한 공포가 각인되었는데, 그 두려움의 근원은 우리 중 어떤 사람도 이 누런 바닷속을 제대로 알지 못한다는 것이었다.

제물포는 만조 시에 바다 높이가 9미터나 상승하는 무지막지한 조수간만의 차를 하루에 두 번씩 경험할 수 있는 곳이다. 밀물이 들면 해안선 절벽이나 산의 발치를 모두 삼키고, 썰물 때면 게, 거북이, 낙지들이 함께 움직이며 펄쩍펄쩍 뛰어다니는 갯벌이 수 킬로미터 펼쳐진다.

마침내 우리는 환상의 세계처럼 신비로움에 휩싸여 있는 그곳, 서울에 도

제물포 ■■ 1883년 ■■ 1890년 ■■ 1904년

착했다. 전체적으로 봤을 때 서울은 동방에서 가장 그림 같은 곳이라고 할 수 있는데, 하나하나 들어다보면 사실 사람들을 번번 떨게 할 것투성이였다. 잔인한 인종이지는 않을까 하고 상상해오던 것과는 완전히 반대로 사람들은 어진 품성을 지니고 있었지만, 그럼에도 불구하고 나는 이곳 동방 전체에 만연한 소름 끼치는 관습에 대해 언급하지 않을 수 없다. 그것은 처음 오는 사람들을 완전히 공포로 몰아넣는 것인데, 바로 온 사방에 시체가 널려 있다는 것이다. 우리는 슬픔 속에서도 예를 갖추어 시신을 매장하고, 고인의 부활과 천국에서 다시 만날 것을 기원한다. 하지만 조선 사람들은 아니다. 그들은 시신을 자리에 둘둘 말아 그대로 익어 썩어가도록 햇볕 아래에다 방치한다. (보다 구체적인 설명은 P.64 참고)

시체 냄새가 뒤덮고 있는 이곳에 오면 누구든 곧 보통의 시체 썩는 냄새와 천연두나 콜레라로 죽은 시체에서 나는 독한 냄새를 구분할 수 있는 전문가가 되었다. 이 주제를 이야기하자니, 조선 친구와 눈부신 오후를 즐기던 때가 생각난다. 바다가 내려다보이던 부산의 아름다운 풍광에 젖어 있는 찰나, 갑자기 대나무 기둥 네 개 위에 널브러져 심하게 썩어가는 한 어린아이의 시체와 맞닥뜨렸는데, 공자님이 죽은 사람을 천국으로 인도할 때 풍기는 이 지독한 냄새와 끔찍한 모습에 비하면 우리네의 지옥물[6]은 정말 아무 것도 아니었다. 이곳에 도착한 지 얼마 되지 않았을 때였는데, 동소문(혜

---

6 원문 River Styx − 그리스 신화에서 지옥에 흐른다고 하는 강 (저자는 동양의 유교를, 공자님을 믿으면 그가 죽은 사람을 천국으로 인도한다며 서양 기독교와 같은 맥락에서 서술하고 있다. 이는 서양 기독교 문화밖에 접하지 못한 서양 독자들을 위한 위트로 보이며, 저자는 당시 이미 『논어』 및 유교문화에 대한 이해가 깊었다.)

화문) 밖을 걷다가 백 수십여 구의 시체를 자리로 덮어둔 것을 보았다. "저게 대체 뭐예요?" 나의 질문에 아래와 같은 대화가 이어졌다.

"시체예요."

"왜 땅에 묻지 않죠?"

"못 묻어요. 먼저 묏자리를 쓸 명당을 찾아야 돼요. 안 그러면 온 집안이 쑥대밭이 될 수 있으니까요."

하루 이틀 뒤, 우리 두 사람은 이번에는 말을 타고 서울 동쪽 대로를 지나가던 중 말이 갑자기 놀라서 달리기 시작했고, 나는 곧 길바닥에 뒹구는 머리통과 목 잘린 시체 세 구를 보았다. 당장 토할 것처럼 미식거리는 속으로 집에 돌아온 나는 온 사방에 시체가 널린, 사람을 정말 미치게 만드는 이 나라를 당장 떠나고 싶었다. 하지만 시간이 약이었을까? 나는 점차 다른 측면을 보기 시작했는데, 이러한 풍습은 그들이 숭배하는 유교문화의 일부여서 어쩔 수 없는 것일 뿐, 이들도 나만큼이나 이런 것들을 좋아하지 않는다는 걸 알게 되었다. 그리고 그들의 삶을 이끌어줄 진짜 빛이 절실히 필요하다는 것도.

1889년 3월, 나는 조선 땅 안으로 첫 모험을 떠나보기로 결심했다. 물론 외국인들이 나라 곳곳을 여행한 적은 있었지만, 그 누구도 서울 밖에 사는 것을 시도했던 경우는 없었다. 미지에 대한 호기심이 나를 자극했다.

난 믿을 만한 조선인에게 70달러를 쥐어 보내며 황해도의 중심 도시인 해주에 집을 하나 사달라고 부탁했다. 그런데 3주 뒤, 겁에 질려 돈을 도로 가지고 돌아온 것이 아닌가! 이야기를 들어보니, 그가 '야만인'의 첩자라는 소문을 들은 순박한 해주 사람들이 마을에 발도 들여놓지 못하게 했다고 한다. 아직까지 단 한 명의 외국인도 그 신성한 해주 땅을 더럽힌 적이 없었던 것이다. 그곳의 순수한 사람들이 이 사태를 경계하고 있었지만, 나는 비록 내 몸 하나 누일 집 한 칸 없더라도 그곳에 가야만 한다고 느꼈다.

누군가 정직한 사람이라며 해주에서 좀 떨어진 Chang-yon[7]에 사는 안씨[8]를 소개시켜 주었는데, 나는 먼저 그에게 서신을 띄우고는 친구들에게 작별인사를 한 뒤 말 두 마리에 마부 하나, 포졸 한 명, 시중 들 소년 한 명과 함께 해주로 향했다.

나와 동행했던 포졸은 코가 정말 빨갛고, 숨을 내쉴 때마다 sul[9] rice whiskey 냄새가 진동을 했다. 그 포졸은 혼자 전쟁이라도 치르고 있는지 평화로운 가운데서도 엄청 흥분해 있었다. 그는 특유의 빠른 걸음으로 내 조랑말 앞

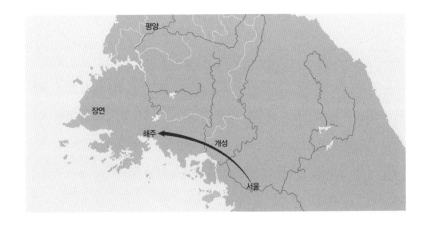

조선, 그 마지막 10년의 기록

에서 뛰듯이 가곤 했는데, 길에서 사람들을 마주치면 엄청 활기가 돌았다. 사람들에게 "길을 비켜라, 말에서 내려라, 담배 꺼라!" 하고 크게 소리를 지르고는 곧 번개처럼 그들을 후려갈겼다. 그런데 사람들은 그렇게 처참하게 두드려 맞고 차이면서도 어떤 경우에도 참고 복종하는 것이었다. 나는 그를 불러서 당장 이런 짓을 그만 하라고 이야기한 뒤, 절대로 이렇게 깡패처럼 나라를 헤집고 다니는 것을 용인할 수 없으니 권력을 행사할 때는 반드시 허락을 구하라고 했다. 하지만 그는 자기 방식은 조선의 좋은 풍습이라고 설명하면서 나라 곳곳을 행차할 때 그에 걸맞은 권위를 갖추지 않으면 아무도 나를 우러러보지 않을 것이라고 했다. 나는 소위 제대로 된 방식이라고 하는 이 행차에서 벗어날 수 있는 방법은 포졸을 해임시키고 일반 백성들하고 다니는 것뿐이라는 것을 나중에야 깨닫게 되었다.

　나중에 알게 된 사실이 하나 더 있는데, 그것은 내가 서울을 떠날 때 한 양아치 같은 놈이 각 고을의 사또들에게 '위대한 분'이 행차하신다는 전갈을 옆 고을 사또들에게 전하도록 했다는 것이었다. 도대체 그 '위대한 분'이 누군지, 혹은 그분이 어떤 자격으로 여행을 하고 있는지에 대해서는 아무도 의문을 갖지 않았고, 그저 모두들 최대한의 예를 표하기 위해 노력을 다할 뿐이었다. 한 고을의 포졸들이 떠나가는 즉시, 다음 고을 포졸들이 나를

7　장연군(황해도)

8　원문은 Mr. An. '씨'라는 호칭은 원래 상대를 높여 칭하는 것으로, 일부 예외를 제외하고 앞으로 본문에서 Mr.는 '씨'로 번역한다.

9　술

경호했다. 그렇지 않아도 내 통행증이 모든 사람의 관심을 끌어 모으고 있는 상황에서 만나는 사람마다 나에게 의식적으로 자세를 낮추는 것을 겪으려니, 이 땅에서의 내 첫 여행은 참으로 고역이었다. 게다가 나는 조선의 풍습에 무지했기 때문에 그들이 예를 표할 때 그에 걸맞게 응대하지 못한다는 점이 내내 마음에 걸렸다.

하루는 목적지까지 30리나 남았는데 날이 어두워져 버렸다. 앞에서 걷고 있던 포졸은 "계속 가자!" 하고 어깨너머로 크게 소리쳤는데, 질퍽거리는 길을 벌써 53킬로미터나 뛰어온 열다섯 살 먹은 내 마부 소년은 이미 엄청난 지구력을 보여주고 있는 상황이었다.[10]

나룻배로 강을 건너는 동안 어둡고, 춥고, 습한 밤이 우리를 덮쳤다. 이제는 우리가 내는 목소리가 사방에 메아리쳐 울렸다. 말도 지쳤고, 동트던 때부터 좁은 안장에 쭈그려 앉아 있던 나도 지쳤다. 그렇게 아래로 숲을 품은 언덕을 돌고 돌아 논을 가로지르며 발걸음을 재촉하는 찰나, 마치 진흙 위에 쌓인 눈덩이처럼 새하얀 야생 새들이 논두렁 위에 앉아 있는 것이 아닌가! 게다가 기묘한 울음소리마저 내고 있었다.

"저게 뭐예요?" 내가 이렇게 묻자,

"Puhongi"

소년이 대답했다.

"근데 대체 Puhongi[11]가 뭐예요?"

---

10 마부(말구종)는 말을 타고 있는 것이 아니라, 말을 끌면서 걷거나 뛴다.

"동그랗게 큰 눈을 가진 새요."

이렇게 메아리치던 우리의 대화 소리 앞으로 굴뚝마다 뭉게뭉게 저녁밥 짓는 연기 피어나는 여러 마을이 풍경처럼 눈앞에 펼쳐지고 있었다.

날이 너무나 어두워져서 더 이상 움직이기 어렵게 되었을 때 우리는 작은 초막 앞에 이르렀다. 그런데 우리 포졸이 갑자기 그 집 문을 당장 부술 것처럼 손발로 쾅쾅 내려치는 것이 아닌가! 결국 문이 열렸는데, 그 즉시 포졸은 집주인을 후려갈기면서 냉큼 집에서 나오라고 명령했다. 집주인은 반복해서 "Nei-i-i-i¹² yes"라고 길게 복창한 후 3미터 정도로 길게 꼰 새끼줄을 가지고 나왔는데, 한쪽 끝에 불을 붙이고 난 다음에야 그 용도를 알게 되었다. 집주인은 이것을 횃불 삼아 길을 안내했는데, 불꽃이 내 눈을 비롯하여 사방으로 날렸다. 그는 몇 분 간격으로 타버린 끝을 땅에 비벼 잘라낸 다음, 다시 휘휘 흔들어 불씨를 새로 살렸다.

우리가 다른 마을에 당도하자, 우리를 안내하도록 강요받았던 첫 번째 횃불잡이는 자신을 대신할 마을 사람 하나를 우리 옆에 데려다 놓고 돌아갔다. 마지막 30리 길을 가는 동안은 내내 달렸는데, 포졸은 횃불잡이가 조금이라도 뒤처질 기미만 보여도 사정없이 후려치곤 했다.

마침내 목적지에 당도한 우리는 만세를 부르고 환희를 온몸으로 표현하며 뛰어 들어갔고, 그 소리에 놀란 마을 사람들은 대체 어떤 높으신 분이 행

---

11 부엉이
12 네이이이이이~

차하시기에 이렇게 소란스러운지 창과 문틈 사이로 내다보고 있었다.

　나를 호위하는 포졸의 지칠 줄 모르는 노력 덕분에 나에게 갖추어지는 예의 정도는 말할 수 없을 정도로 커져서, 일주일 후 해주에 들어갈 때에는 해주 시민의 상당수가 나를 알현하기 위해 나와 있을 정도였다. 종달새는 머리 위에서 노래하고, 사방에 봄기운이 움트던 그날 아침은 참으로 평화로웠다. 하지만 그것은 앞으로 펼쳐질 대소동의 전조였으니, 점심 무렵 당도한 장소에는 이미 나를 호위할 포졸과 말들이 대기하고 있었다. 아직 해주까지는 50리 정도나 남은 곳이었는데, 도무지 이 호의를 거부할 방도가 없었기에 나는 정중하게 그리고 최선을 다해서 응했다. 그렇게 호위를 받으며 관아를 향해 나아가자니, 나에게 집을 팔지 않았던 그리고 또 못 말리는 내 포졸에게 차이던 해주 시민들이 머릿속에 떠올랐다. 이 무슨 운명의 장난인가! 묘한 만족감이 나를 뒤덮었다.

　나는 2주 동안 해주에 머물렀는데, 그동안 여러 번 해주 목사를 알현했다. 그는 불안증이 확실해 보일 정도로 안절부절못하는 사람이었는데 내 이름, 나이, 결혼 여부를 비롯해서 도대체 이 고요한 아침의 나라에 왜 오게 됐는지 등등을 물었다. 그는 나의 조국을 궁금해했고, 내가 '미국'이라고 대답했을 때 그는 창문 틈으로 엿보고 있던 부하 관리들에게 도대체 미국이란 나라가 이 세상 어디쯤 붙어 있는지 아느냐고 물었다. 당연히 아는 사람은 아무도 없었고, 목사는 의심에 차서 머리를 흔들 뿐이었다.

　중국의 만리장성이 마치 우리 사이를 갈라놓고 있는 것처럼 보였다. 나라, 직업, 외모 등, 나에 관한 모든 것이 그에게는 풀리지 않는 신비였다. 예를 들면, 조선에서는 상대에게 예의를 갖추기 위해 꼭 갓을 쓰고 있어야 하는데, 나는 들어오면서 왜 모자를 벗었는지까지도 말이다. 나는 "내 나라는 이 지구의 다른 쪽에 붙어 있는데, 그렇다 보니 조선의 예절이나 풍습과는 정반대인 것이 많은 것 같다"고 설명했다.

"지구의 다른 쪽? 그게 대체 뭐요?"

이러한 질문과 함께 단번에 우리는 물질의 형태에 관한 일반론이라는, 아주 당황스러운 주제로 빠져 들어갔다. 목사가 말했다.

"하지만 공자님이 말씀하시길, 하늘은 둥글고 땅은 각지고 평평하다고 했소.[13] 그런데 여기 이 외국 양반은 정반대의 이야기를 하고 있으니."

그렇게 뒤덮은 불안한 충격은 그를 극도의 신경쇠약 상태로 몰고 갔는데, 그에 맞춰 우리 사이에 놓인 만리장성도 더더욱 굳건해지고 있던 찰나, 관노가 음식을 한 상 들여왔다. 목사는 함께 음식을 들자고 권하면서도 내가 과연 음식을 먹는지 아니면 이 놋그릇과 젓가락을 먹는지를 면밀히 살피고 있었다. 왜냐하면 조선 사람들은, 사람은 쌀이나 돼지고기, 생선 등을 먹지만 다른 차원의 귀신들은 어떤 것은 쇠, 어떤 것은 나무, 어떤 것은 풀, 또 어떤 것은 공기 등 각각 다른 물질을 먹는다고 생각했기 때문이다.

그리고 내가 밥 한 술을 떠먹는 순간, 우리 사이를 갈라놓고 있던 만리장성은 눈 녹듯 사라졌다. 이제 목사는 내가 사람이라는 절대 불변의 확신을 가지게 된 것이다. 그리고 우리가 밥을 먹는 똑같은 인간이란 걸 인지한 이

---

13 천원지방(天圓地方) – '하늘은 둥글고 땅은 각지다'는 동양의 우주론

상 내가 우주만물을 좀 다르게 보고 있다는 작은 차이 정도는 그냥 눈감아 주었다.

보름간의 유람은 해주의 특성을 파악하기에 충분한 시간이었고, 조선의 다른 모든 것들과 마찬가지로 번성했던 지난 세월을 떠올리게 했다. 성곽은 허물어져 있었고, 초막은 마치 비버[14]의 집인 양 진흙과 작대기를 켜켜이 쌓아 올린 것이었다.

하지만 이런 누추함 속에서도, 유생[15]들은 한 점의 얼룩도 없는 비단도포를 입고 있었다. 내가 사귀었던 다른 조선 사람들과 마찬가지로 여기에서 만난 사람들도 모두 똑똑했고 놀라웠다. 정말 신기했던 것은 이렇게 낙후된 문명 수준 속에 살고 있는 사람들이 어찌 이토록 현명할 수 있을까 하는 것이었다. 이들의 말을 들어보면 공자께서는 Anja[16]에게 극도로 청빈한 삶을 살 것을 명하셨는데, 청빈한 삶 속에 도doctrine의 아름다움이 있다는 것이었

초가(1890년대)

조선, 그 마지막 10년의 기록

다. 공부를 많이 한 조선 사람들은, 그것이 무엇이든 상관없이 어떠한 동요나 관심도 보이지 않았다. 반면, 어떤 한자를 쓸 때 점을 두 개 찍는 게 맞는지, 네 개 찍는 게 맞는지 하는 문제는 너무나 중요해서 모든 이들의 관심을 단번에 집중시켰는데, 이놈의 글자 모양이 뭔지 원래 논의하던 주제나 글자가 지닌 뜻은 완전히 잊히기 십상이었다.

어느 날, 순박해 보이는 시골사람 하나가 갑작스레 집으로 찾아왔는데, 내가 서울에서 출발 전에 좀 머물 수 없겠느냐는 서신을 보냈던 안 씨가 바로 자신이라고 했다. 나이가 어떻게 되느냐, 부친은 생존해 계시냐를 비롯한 몇 가지 일상적인 질문을 던진 후, 그는 곧바로 자신의 집인 장연으로 떠나자고 했고, 다음 날 나는 푸른 도포에 붉은 술이 달린 넓은 모자를 쓴 두 명의 포졸을 앞세우고 조랑말에 올라 길을 떠났다.

이렇게 길을 가는 동안 정말 수도 없이 많은 사건이 일어났는데, 해주 목사가 억지로 붙여준 이 포졸들은 한마디로 우리 앞길의 모든 사람들을 쓸어버렸다. 행차를 알리는 그들의 목소리는 멀리까지 쩌렁쩌렁 울려 퍼졌고, 운 없게도 자신들이 제왕의 행차 길에 있다는 걸 알게 된 사람들은 혼비백산 도망치느라 난리였다. 제발 그러지 좀 말라고 수없이 타일러 봤지만 헛수고였다. 내가 뭐라 할라치면 그들은 알겠다면서 두 손을 모아 공손히 절을 하고는 곧바로 눈에 띄는 촌사람들을 모조리 후려갈기며 내쫓았는데, 담

---

14 하천이나 늪에 살며 댐과 집을 짓는 동물
15 유학을 공부하는 선비
16 안자(안회) – 공자가 가장 사랑한 제자. 공자보다 먼저 요절했다.

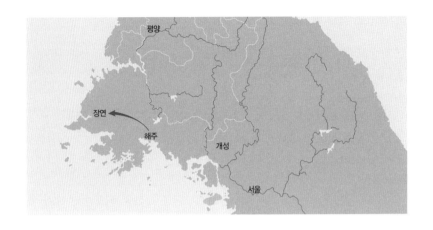

포졸(1890년대)

뱃대를 물고 구경 좀 해보려고 나왔
던 이 시골 사람들은 상투와 누비바
지가 너덜너덜해져서 쫓겨나기 일
쑤였다. 너무 이렇게 하니까 한번은
마을 전체가 무장하고 대항한 적도
있었는데, 이 무서운 포졸들은 겁을
먹기는커녕 온 마을 사람들에게 죄
를 뒤집어씌웠고 결국 사방으로 쫓
아버렸다.

결국 이들에게서 완전히 벗어나
는 것 외에는 방법이 전혀 없다는 데
까지 생각이 이르자 나는 포졸들에

조선, 그 마지막 10년의 기록

게 선물을 주었는데, 안 씨 말로는 내 선물은 정말 말도 안 되는 것이었다. 그것은 포졸에게 이제 그만 가보라고 하는 것이었고, 포졸은 둘 다 흙바닥에 바짝 엎드려서는 대체 무슨 영문인지 몰라 당혹스러워했다. 둘 중 더 난폭했던 애꾸눈 포졸은 자기가 나를 더 잘 모셨다면 이런 일은 없었을 것이라며 끝내 울음까지 터뜨리고 말았다. 이별은 슬펐지만, 우리는 결국 그렇게 헤어졌다.

같은 날 해 질 무렵, 구불구불 꺾인 산길을 오르고 있었는데, 안 씨는 내게 계속해서 horangi[17] tigers를 조심하라고 일렀다. 바로 보름 전에 이웃이 이 길을 지나다가 호랑이에게 잡아먹혔다는 것이다.

그렇게 산 정상에 올랐을 즈음 뭔가가 휙 하고 풀숲을 달려갔고, 우리는 깜짝 놀라고 말았다. 거기엔 한 생명체가 있었는데, 곧이어 또 하나, 또 하나가 번개처럼 우리를 지나쳐 갔다. 총 여섯 마리였는데 다행히도 호랑이가 아닌 사슴이었다. 골짜기에서 풀을 뜯고 집으로 돌아가는 길이었을까. 그제야 우리는 숨을 제대로 쉴 수 있었고, 조랑말에 박차를 가했다.

안 씨가 사는 마을에 당도했을 때는 거의 열 시경이었는데, 칠흑같이 어두운 마을은 암흑에 휩싸인 고대 이집트처럼 외국인에게는 그 모습을 절대 드러내지 않을 것처럼 보였다. 다만, 외국인의 냄새를 맡은 개들만 흥분하여 으르렁거릴 뿐.

서둘러 들어간 방구석에서 치직치직 소리를 내며 헐떡이던 호롱불과 불

---

17 호랑이

빛이 드러낸 흙벽, 흙 천장, 흙바닥, 그리고 그 모든 것을 덮고 있던 담배 냄새. 혹시 이곳이 고대 설화 속 저승으로 가는 길목에 있다는 그 여인숙은 아닐까? 나는 상상 속으로 빠져들고 있었다. 이러한 첫인상의 순간은 조선 사람 여섯이 들어오는 바람에 깨지고 말았는데, 지하 세계에서 누가 오더라도 이들보다 강렬한 인상을 가지고 있지는 않으리라.

그들은 한때는 흰색이었을 법한 옷들을 드문드문 걸치고 있었는데, 지금은 자신들의 피부마냥 얼룩덜룩해져 있었다. 머리 위 상투가 제멋대로 흐트러져 머리카락이 얼굴과 어깨까지 흘러 내려와 있던 사람들. 한 명, 또 한 명 멀찍이 떨어진 구석에 웅크리고 앉았는데, 그때마다 공중에 담배 연기를 내뿜었다. 그렇게 한 두 시간이 흘렀다.

오랫동안 바라보고 있자니 마치 야수와 마주하고 있는 듯, 이들의 영혼이 뿜어내는 형용할 수 없는 외로움과 절망이 느껴졌다. 종이를 바른 문과 창은 모두 손가락으로 뚫은 구멍이 나 있었고, 그 구멍 뒤편엔 단 한 번의 깜빡임도 없이 나를 주시하던 검은 눈동자들이 있었다. 무슨 생각을 하는지 알려주는 얼굴 표정도, 눈의 형상도 없이 홀로 존재하던 그 눈동자들은 너무나 섬뜩해서 나는 호롱불을 입으로 훅 불거나, 물을 부어 꺼야만 했다. 조선에서 지내는 내내 이렇게 나를 포위했던 눈동자들, 그것은 내 선교 생활에서 가장 견디기 힘들었던 것 중 하나였다. 안 씨 집에서의 첫날밤도 예외는 아니었고, 그 눈동자로부터 벗어나 잠들 수 있는 유일한 방법은 모든 것을 어둠으로 묻어버리는 것뿐이었다.

밤내 딱딱한 잠자리와 뜨거운 온돌이 불편했던 나는 아침이 그리 반가울 수가 없었다. 아침밥은 여자들이 사는 미지의 장소인 안채 쪽 문간을 통해 들어왔고, 어젯밤 이 방을 뒤덮고 있던 섬뜩한 기운도 사라지고 없었다. 햇살이 으스스함을 내쫓아버린 공간과 나 사이에는 이제는 친숙하게 느껴지는 흙 천장과 거미줄, 그리고 지푸라기뿐이었다.

그날 아침. 무슨 소란이라도 생긴 걸까? 골목이 시끄러웠다. 예나 지금이나 큰 소리는 왜 항상 내 문 앞에서만 터져 나오는 것인지. 집주인에게 도대체 무슨 일인지 물었다.

"아무 것도 아니에요. 전쟁 난 것도 아니고."

주인은 담뱃대만 빨아댈 뿐이었다. 아니, 아무 일도 없는데 이렇게 시끄러우면 대체 폭동이라도 나면 어느 정도일까? 생각하고 있던 참에 안 씨가 마을이나 한번 둘러보자며 나가자 했다. 문을 나서자마자 한 무리의 험악한 상놈[18]들과 마주쳤는데, 햇살도 그들을 밝은 세상으로 인도할 수 없을 것만 같았다. 그들이 내 주위를 둘러싸며 지나갈 땐 어젯밤 나에 대한 조사를 다 마치지 못했던 그 눈들처럼 거칠고 난폭한 느낌을 받았다.

거리는 좁았다. 도랑이 진창길을 이리저리 가르며 흐르고 있었고, 반쯤 고인 썩은 물은 공기 중에 독한 냄새를 흩뜨리고 있었다. 다른 여느 곳과 마찬가지로 집들은 낮은 흙벽을 짚으로 덮은 초가였고, 방구들 밑으로 다들 불을 때고 있었다. 이 집들과 비교해보니 내가 어젯밤 묵은 안 씨 댁은 거의

---

18 원문은 coolie. 신분상 양반, 중인 아래에 해당하는 '상민'을 가리킴. 느낌을 살리기 위해 상민의 실제 사용 표현인 '상놈'으로 번역함.

대궐이었다. 골목마다 남자들이 모여 있었는데, 한쪽에서는 급하게들 어디론가 몰려가고 있었고, 또 어디서는 60~90센티미터나 되는 담뱃대를 물고 앉아 담배를 태우고 있었다. 사람들은 대체 내가 누구고 어디서 왔는지를 안 씨에게 앞다투어 물어댔는데, 안 씨는 자신의 역할을 정말 과할 정도로 잘해내고 있었다. 사람 목 베는 것이 1달러 지폐보다도 흔한 이 땅에서 한 달에 단돈 8달러만 받고 내 머리통을 온전히 보전해 주었으니 말이다.

둘러보는 곳마다 모든 것이 만족스러웠다. 생전 본 적 없는 엄청난 수의 개와 벌거숭이 아이들. 아이들은 내가 다가가기 무섭게 달아났지만 개들은 아니었다. 목을 곧추세우고 눈을 부라리며 대문 앞에서 나를 위협하거나, 대나무 울 뒤에서 으르렁거리며 짖어댔다. 나는 내가 할 수 있는 최대한의 조선말을 동원하여 이렇게 말했다.

"오, 이런! 안 씨, 도대체 이 수많은 개들을 왜 죽이지 않는 거죠?"

"아직 너무 일러요, 나중에 죽일 거예요." 안 씨가 대답했다.

"아니, 나중에 말고 지금이요. 지금 개를 잡으면 바로 마을이 평화롭고 조용해지잖아요?"

"지금이라……. 아시다시피 봄에는 개고기가 별로 좋지 않아요. 여름까지 기다렸다 잡아야죠. 당신 나라에선 봄에 개고기를 먹어요?"

"으악, 아니요!" 나는 놀라서 대답했다. "언제 먹느냐의 문제가 아니에요. 개를 먹는 죄악은 절대 저지르고 싶지 않아요."

"아예 안 먹어요?" 그가 또 물었다.

"절대로요! 우리나라에선 절대."

조선, 그 마지막 10년의 기록

곧이어 안 씨의 얼굴에 참 덜 떨어진 족속이구나, 하고 우리를 생각하는 표정이 뒤따랐다. 이렇게 흘러간 첫 마을 산책. 집에 돌아오니 벌써 점심 무렵이었다.

그곳에 머물렀던 3개월 동안 내 삶은 아주 단조로웠다. 나는 복숭아뼈가 발뒤꿈치보다 딱딱하게 될 때까지 매일같이 양반다리를 하고 방 한구석 온돌바닥에 앉아 있었고, 그렇게 내 무릎은 바깥쪽으로 꺾인 기묘한 자세에 적응해갔다. 사실 의자에 앉는 것보다 바닥에 앉는 것이 친밀하게 대화를 하는 데는 훨씬 도움이 된다.

나를 찾아오는 손님은 항상 있었는데, 그들은 꼭두새벽부터 와서는 극동 지역을 찾아온 어떤 여행자에게라도 상관없이 던져댔을 질문의 홍수 속으로 나를 몰아넣었다. 성이 뭐냐, 어디 사냐, 이곳까지 올 때 별일 없었냐, 양친은 살아 계시냐, 몇 살이냐, 형제는 몇이냐, 자식은 있냐, 왜 여기에 왔냐, 머리에 눈알이 하나만 달린 사람들이 어디에 사는지 혹시 아냐, 여자들만 산다는 나라는 어디에 붙어 있냐, 돈은 얼마나 버냐, 이빨이나 눈알을 뽑았다 넣었다 할 수 있냐, 만병통치약을 가지고 있냐 등등 끝이 없었다.

안 씨의 아버지는 아주 정력적인 노인이었는데, 이러한 질문들에 대한 나의 대답을 자주 들어 외울 정도가 되자 나를 구렁텅이에서 빠져나갈 수 있게 도와주곤 했다. 아마 사람들에게 이러한 이야기들을 들려주는 것이 매우 기쁜 듯했다. 그는 지나가는 사람들을 불러 세우고는 안에 들어와서 이 세상 모든 것을 다 알고 있는 사람을 만나보라고 했다.

"아주 좋은 사람이야. 물어보고 싶은 것 다 물어봐, 저 양반이 대답해줄 테니."

할아버지 안 씨[19]는 이렇게 이야기하곤 했다. 그가 다만 모르고 있던 것은, 내 안에 억누르고 있던 질문 공세에 대한 지긋지긋한 염증이 끝없이 밀려드는 질문자들에게 몇 번이나 폭발해 터져 나올 뻔했다는 것이다.

매일 아침 나를 깨운 것은 안 씨 아버지였다. 그는 아침 햇살에 콩깍지나 쌀을 말리기 위해 내 창 바로 앞에 있는 마당에 큰 자리를 펼쳐놓을 때가 많았다. 닭들이 그것들을 먹으러 달려오곤 했는데, 그럴 때마다 할아버지 안 씨는 목청을 다해 "휴-우-우-우! 휴!"하고 크게 소리쳤다. 그러거나 말거나 암탉들은 별로 신경 쓰지 않았지만, 나는 결국 잠자리에서 일어날 수밖에 없었다.

잠은 온돌바닥에서 잤는데, 이 딱딱한 바닥과 나 사이에는 요 하나만 있었다. 이 무렵 자주 꿈을 꿨는데, 내 머리를 받치고 있는 목침이 구천을 떠도는 귀신들로 가득 차 있었던 것인지 꿈속에서 죽도록 헤매지 않은 날이 거의 없었다. 음식은 뭐, 어느 정도는 견딜 만했다. 밥과 소금물에 절여놓은 풀[20]뿐이었는데, 한 번도 본 적은 없었지만 안 씨 부인이 챙겨주는 날이면 가끔 달걀을 먹기도 했다.

조선에서 달걀과 관련한 재미난 일화가 있다.

---

19 할아버지 안 씨와 안 씨 아버지는 동일인이다.
20 짠지 혹은 장아찌

큰 존경을 받는 나의 미국인 친구는 여행할 때 달걀을 꼭 챙겨 먹었다. 또 단조로운 생활을 피하기 위해 기타도 들고 다녔다. 하루는 외따로 멀리 떨어진 어떤 마을에 도착했는데, 먼저 기타를 안전한 구석에 모셔놓고 앉아서 저녁밥을 기다리고 있었다. 주인한테 밥하고 같이 달걀 한두 개를 부처달라고 했더니 집주인이 "아! 온 마을에 달걀이 하나도 없어요. 만약 달걀이 있다면 구더기가 내 시체를

밥상

파먹을 거요."라고 하는 것이 아닌가! 친구는 밥과 짠지만 먹을 수밖에 다른 방법이 없었다.

그렇게 저녁밥을 먹고 나자 마을 사람들이 그를 보러 모두 몰려들었는데, 그때 그가 받은 첫 번째 질문은 바로 "저 구석에 놔둔 악기가 대체 뭐예요?" 였다.

"저건 내가 노래할 때 연주하는 거요."

"대인이시여, 지금 노래 좀 해주시면 안 돼요?"

모든 사람이 동시에 청하자 그가 대답했다.

"음…… 하고는 싶은데, 내가 저녁에 달걀을 하나도 못 먹었어요. 그래서

노래를 부를 수 있는 심정이 아니에요."

"아! 그런데 마을에 달걀이 하나도 없는데."

"그러면 노래도 없죠."

"Kulsai![21]"

몇 분 후 그의 마음을 어느 때보다 흡족하게 한 달걀이 발밑에 열두 개나 놓였다. 또다시 이어진 정중한 요청.

"대인이시여, 노래 좀 해주시면 안 돼요?"

집주인 역시 그 자리에 있었고, 자신의 눈앞에 펼쳐진 달걀을 바라보며 음악을 감상했다고 한다.

내가 그곳에 머무는 동안 결혼식이 있었는데, 신랑은 바로 안 씨의 아버지였다. 몇 년 전 부인께서 돌아가시고 재혼이었는데, 안 씨는 아버지께서 재혼을 하신다니 이것은 최고로 바보 같은 짓이며 어디 비길 데도 없이 어리석은 일이라고 했다.

하지만 자식이 부모에게 반대한다는 것은 조선에서 용납되지 않았으므로 결혼식은 순조롭게 진행됐다. 가마를 타고 온 신부는 그 지체 높은 서열을 한껏 드러내며 부산스럽게 안채로 들어갔다. 신부는 비록 아주 어린 여자였지만 자신보다 훨씬 나이 많은 안 씨 부인의 시어머니가 되었고, 이것이 바로 문제의 발단이었다. 앞으로 이 안 씨 집안에서 펼쳐질 문제들에 비하면 이 세상 그 어떤 갈등도 비교거리조차 되지 못하리라.

---

21 글쎄

어느 날 밤, An Hanp'yong[22], 즉 안 씨가 날 찾아와선 정말 죽을 것 같다고 하소연했다. 안 씨는 존경하는 자신의 아버지가 완전히 미친 것 같다고 하면서 새로 들어온 이 침입자를 쫓아내지 않는 한 평화는 절대 오지 않을 것이라고 했다.

그 무렵 나는 별식으로 문어와 해삼볶음을 먹고 있었는데, 문어는 영양식으로 내가 아주 좋아하는 것이었다. 하지만 혼인 잔치 이후로 길게 찾아온 이 암흑기 때문에 도무지 음식이 제대로 나오질 않았다. 나는 안 씨 아버지에게 배가 너무 고프다고 하면서 좋은 값을 쳐줄 테니 닭이나 생선을 좀 구해달라고 했다. 다음날 그는 만면에 웃음을 띠고 아주 큰 가오리인지 홍어인지를 들고 와서 크게 외쳤다.

"이제 우리도 외국 손님에게 대접할 고기가 있다!"

그는 우물에서 이 구역질나게 생긴 것을 씻어 해체하고는 소금에 절였는데, 며칠이 지나자 숙성시킨 홍어에서 나는 이 독한 냄새 때문에 상 위에 차려진 멀쩡한 밥조차 도저히 먹을 수 없게 되었다.

이 무렵 내 주변으로 새들이 엄청 모여들었는데, 그놈들을 잡아 상에 올리는 데는 결국 실패했다. 이 나라에선 사냥이란 게 없었기 때문에 엄청난 종류의 야생 조류들이 애완 새처럼 사람을 따랐다. 새들은 무리 지어 외다리로 서서 사람들이 가는 곳마다 눈을 맞추고 쳐다봤다. 해오라기, 왜가리를 비롯한 다양한 종류의 흥미로운 새들이 많았다. 논에는 부리가 아주 긴

---

22 안한평 – 안 씨의 이름

새들이 모여들어 하루 종일 바닥의 먹이를 좇았다. 머리를 기울이고 올챙이, 달팽이, 미꾸라지 등을 찾아 한곳에 깊이 집중하는 모양이 아주 똑똑해 보였는데, 미끈하게 빠진 다리와 큰 키, 당당하게 푸른 깃털의 왜가리는 조선의 논에 살던 내 가장 친한 친구였다.

이렇게 거의 세 달이 흘러갔고, 이제 나는 내일 아침이면 황해 뱃길을 통해 서울로 돌아가기로 되어 있었다. 그동안 영어라곤 단 한마디도 못 듣고, 나와 같은 동족도 전혀 만날 수 없었던 데다, 내내 내키지 않는 불편한 상황 속에서 살았음에도 불구하고 이제 이곳을 떠난다고 생각하니 다시는 돌아오지 못할 것 같아 마음이 슬프게 가라앉았다.

벼슬아치부터 상놈까지 많은 사람을 겪으면서 나는 어느 나라에 가든 항상 신사들이 있다는 것을 확실히 느낄 수 있었다. 비록 기묘한 모양의 옷을 입고, 세상은 평평한 데다 태양은 조선 주위를 돌고 있다고 생각하지만, 또 더운 여름이 되면 개고기가 먹고 싶어 못 견디긴 하지만, 그래도 이들은 우리 미국인들이 일반적으로 상상하는 것보다 훨씬 더 우리와 비슷했다. 지내는 동안 나는 마을 사람들과 참 친해졌다. 이제는 개들도 날보고 거의 짖지 않았고, 아이들은 우리 사이의 평화협정을 증명이나 하는 듯 늘 웃어주었다.

나한테 작별인사를 하기 위해 찾아왔던 많은 사람들 중 유독 두 사람이 기억에 남는다. 한 사람은 고을의 의원이었는데, 말이 거의 없었음에도 불구하고 지혜가 대단하여 마을사람들이 우러러보는 분이었다. 당신께서는 자신을 부모도 처자식도 없는 우주의 유일한 존재라고 느끼고 있었는데, 선생은 문씨였다. 그는 반듯한 이마와 표정이 거의 변하지 않는 둥그런 얼굴에, 혼자서 중얼거리거나 몸짓을 하는 등 그만의 이해 못할 행동들이 있었다. 나는 그럴 때면 그가 생각에 빠져 아주 깊게 탐구하고 있구나 하고 느꼈다.

딱 한 번 자신이 행하는 수술에 대해 자세히 이야기해준 적이 있었는데, 서양에서 쓰는 기구랑 비교해보고 싶어서 그가 쓰는 의료 기구들을 좀 보여달라고 부탁했었다. 그는 곧 나무 상자에서 천으로 덮은 뭉치를 꺼냈고, 안에는 섬뜩해 보이는 갈고리 두 개가 종이에 정성스레 싸여 있었다. 그것은 마치 아이들이 장어낚시를 할 때 쓰는 꼬챙이 같았다. 나는 이걸 대체 어떻게 쓰는지 물었다. 그는 대답 대신 살기 어린 눈으로 꼬챙이 하나를 들더니 갑자기 찌르고 막는 자세를 보여줬다. 순식간이었고 섬뜩했다. 그게 다였다. 그리고 그날 밤 문 의원 댁 방향에서 들려오던 찢어지는 비명에도, 나는 놀라지 않았다.

아이의 발작에는 쑥뜸이나 시뻘겋게 달군 엽전을 눈썹 위 3센티미터 정도 되는 이마 위에 올리고 살이 다 타서 뼈가 드러날 때까지 두는데, 이 치료법은 한 번도 실패한 적이 없다고 했다. 소똥으로 만든 찜질 약은 특정한 통증에 잘 들었다. 그는 전염병을 천지신명이 노해서 발생하는 것이라고 생각했는데, 특히 아이들이 전염병에 걸려 숨을 거두면 그것이 마치 제단의 제물과 같이 천지신명을 기쁘게 해서 곧 그 병이 진정될 것이라 믿었다.

문 의원의 침술은 정말 경이로웠다. 선생은 사람 몸의 모든 마디마디를 철저히 연구하고 공부해서, 긴 침을 미지의 영역으로 3~5센티미터나 찔러 넣을 수 있었다.

"제대로 놓지 못하면 환자는 죽습니다." 선생이 말했다.

의술에 있어 선생은 질병을 두 가지, 즉 절망적인 상태와 일반적인 허약 상태로 분류하는 위대한 성취를 이뤄냈다. 후자의 경우, 선생은 호랑이 뼈로 만든 환약을 처방했다. 호랑이는 가장 강한 동물이고, 또 그 뼈는 호랑이 몸 중에서 가장 강한 부분이므로 당연히 호랑이 뼈로 만든 약을 쓰면 어떤 경우든 몸을 보할 것이라고 논리적으로 설명했다. 전자를 설명할 땐, 선생은 거친 한숨과 함께 어두운 표정을 지었다. 이때는 뱀과 두꺼비, 지네로 정성스레 탕약을 끓여 먹이는데, 이 약을 쓰면 결과는 딱 두 가지로 나타날 뿐 다른 경우는 없다고 했다. 죽거나, 낫거나.

그가 알려준 다른 여러 약 처방은 다음과 같다. 우울증엔 사향, 소화불량엔 우담[23], 간 질환엔 웅담, 심장에는 구렁이 이빨, 기관지엔 송충이, 울화엔 구더기, 쓸개엔 말린 뱀과 매미 껍질.

매일같이 찾아와 내 방에 앉아 있을 때 보여준 문 의원의 지적인 미소는 자신의 특별함을 드러내는 것이었다. 나는 선생이 보통 사람이 아니란 것을 알 수 있었고, 이 세상에 몇 안 되는 대단한 위인을 내가 알고 지낸다는 사실에 자부심을 느꼈다.

내게 전했던 작별인사가 더더욱 감사했던 두 번째 주인공은 문 의원보다

---

23 소 쓸개

는 훨씬 덜 과학적인 성격을 지녔던 곽 씨였다. 어느 날 오후 밖이 소란스러워서 내다봤던 것이 우리의 첫 인연이었다. 곽 씨는 그때, 내 가장 친한 조선 친구를 죽이려는 듯 육중한 몽둥이를 허공에 휘둘러대고 있었는데, 다행히 내가 잘 중재했던지 피를 보는 것은 막을 수 있었다. 그렇게 모든 것이 잠잠해진 후 곽 씨와 나는 이내 친구가 되었다.

상놈인 곽 씨는 온몸으로 자신의 지체를 확실히 드러내고 있었지만, 뭔가 특별한 그만의 기운이 있었다. 곧잘 담뱃대를 입에 그대로 문 채 이야기했고, 담뱃대를 아래로 늘어뜨리고는 자유롭고 도전적인 자세로 피워대곤 했다. 머리를 한 달에 한 번 빗었는데, 나중에 좀 의심이 들긴 했지만 소문으로는 일 년에 한 번, 설날에만 머리를 감는다고 했다. 그의 작업복은 무릎까지 내려오는 통 넓은 고쟁이였고, 두루마기나 갓, 신발은 걸치지 않았다. 그런 것들은 그에게 필요 없는 것이었고, 밥 외에는 먹는 게 전혀 없었는데도 엄청난 장사였다. 곽 씨는 우리 기독교 모임에 정기적으로 참석했고, 경건한 자세로 말씀을 들었다. 그는 이 종교를 아주 좋은 것이라고 여겼지만 마음에 딱 맞지는 않았는지 기독교인이 되진 않았다.

조선의 고질병은 바로 일하는 사람이 거의 없다는 것이었다. 아무 것도 하지 않고, 손 놓고 앉아서 시간을 허비하고만 있는 이 나라. 그러므로 곽 씨처럼 일로 굳은살이 박인 손을 가진 사람을 본다는 것은 아주 기분 좋은 사건이었다.

어느 날, 한 조선인 친구와 나는 저 너머 산등성이에서 등에 나뭇짐을 엄청나게 지고 다가오는 상놈 하나를 발견했다. 나는 "저건 분명 곽 씨야."라고

아마도 곽 씨는 이런 모습이 아니었을까?

말했는데, 역시 그 사람은 이 뜨거운 땡볕 아래에서 무거운 등짐을 지고도 활짝 웃으며 우리를 반길 수 있었던 이, 바로 곽 씨였다.

"곽 씨, 저 5리 밖에서부터 난 당신인 줄 알았다니까요."

나는 이렇게 말했는데, 그는 외국인이 '저 5리 밖에서부터 자신을 생각했다는' 그 따뜻한 마음을 결코 잊지 않았다.

앞서 이야기했지만 내가 마을을 떠나던 그날 아침, 동양 스타일로 안경을 쓰고 옷을 입은 수많은 중인과 지체 높은 양반들이 나를 배웅하기 위해 나왔다. 그 사이에 머리도 안 빗고 새까맣게 탄 얼굴로 다른 사람들과 이상하게 섞이지 못하는, 하지만 누구보다 진심으로 "안녕히 가시라"는 말을 전했던 곽 씨가 있었다. 그는 나무 사이로 사라졌고, 내가 기억하는 한 그것이 곽 씨와의 마지막이었다.

우리를 데리고 황해 바닷길을 남쪽으로 300킬로미터나 헤쳐 나가야 할

<몇몇 주민들>

<나라의 꿈나무>

나룻배

배가 모래톱에서 기다리고 있었다. 동양 사람들의 작별 인사는 정말 감동스러운 것이었다. 흰옷을 입고 둔치에 모여 있던 이 사람들은, 삶의 어느 순간 자신들 속에서 함께 살다 간 첫 번째 서양인에게 깊이 허리 숙여 인사했다. 나는 어색해서 제대로 표현하지 못했지만, 그들의 따뜻한 마음에 진심으로 감사했다.

잠시 뒤 나는 배에 올랐고, 그렇게 배는 닻을 올리고 바다로 나아갔다. 내가 탔던 배는 서양의 배와 달랐는데, 마치 하늘을 집어 삼킬 듯 엄청나게 큰 돛대를 달고 있었다.

배에 오를 때마다 나는 학창 시절에 배운 "좋은 배는 팽팽하고 날쌔게 움직인다"는 말을 확인해보곤 했기에, 이 배도 그러한 관점에서 자세히 살펴보았다. 하지만 이 배에는 단 한 가지도 낭만적으로 좋게 표현할 거리가 없었다. 배의 삐걱거리는 이음매와 썩어 들어가는 나무를 보건대 한마디로 이 배는 퇴물이었다. 단 하나, 그래도 날 안심시켰던 것은 고대의 뱃사람이 그대로 환생한 것 같았던 뱃사공, 키를 잡고 있던 노인이었다.

배는 폭 2.4미터, 길이 6미터밖에 되지 않았지만, 세 명의 뱃사공이 더 있었고 여섯 명의 조선인 승객이 타고 있었다. 늙은 사공은 뒤쪽 갑판 아래에

조선, 그 마지막 10년의 기록

나를 위한 전용 특실을 마련해 주었는데, 뚜껑을 열고 엎드려서 안을 들여다보자 그 모습이 눈에 들어왔다. 처음 발견한 것은 특실 한쪽 구석 우리에 가둬둔 두세 마리의 토끼였는데, 확실히 어디다 팔려고 갖다 둔 것 같았다.

"우리는 당신이 T'ok-ki[24] rabbits를 싫어하지 않을 거라고 생각했어요. 중국에서 들여왔는데 잘 돌봐야 돼요."

아직 나하고 함께 있던 안 씨는 이렇게 말했는데, 내가 "안 씨, 나는 중국을 싫어하진 않아요. 하지만 이 토끼는 좀 아닌 것 같아요. 치워주면 좋겠어요."라고 말하자 즉시 토끼를 들어다가 다른 승객들이 머무는 칸 통로 쪽으로 옮겨 놓았다.

전용 특실은 모양이나 크기가 딱 관 같았다. 위의 뚜껑을 닫으니 정말 무덤 속에 있는 듯 어두웠다. 선장은 자기 자리를 펴고 바로 위에 앉아 있었는데, 늙은 선장이 어떻게 앉느냐에 따라 좁은 틈 사이로 신선한 공기가 들어오느냐 막히느냐가 결정되었다. 나는 항해 내내 숨이 막혀 질식하는 꿈을 꾸었는데, 산소가 이렇게나 부족한 와중에도 먼지는 어찌 그리 잘 뚫고 들어오던지 신기할 정도였다.

배를 바다로 밀어주던 바람이 갑자기 잦아들었고, 우리는 출발할 때 해변에서 어렴풋이 보이던 어떤 섬 근처에 발이 묶이고 말았다. 지금으로선 한쪽에 배를 대고 다음 날 아침 밀물이 들 때까지 기다리는 것뿐 다른 방법이 없었다. 조선의 뱃사공들은 조류와 바람이 모두 맘에 들게 형성되지 않으면

---

24 토끼

움직이지 않았는데, 둘 중 하나라도 맞지 않으면 바로 돛과 닻을 내려 배를 고정시켰다. 엄청난 인내심을 가지고 조심하지 않으면 그 누구도 결코 황해 바닷길을 안전하게 여행할 수 없기 때문이었다.

우리가 접안하려던 작은 섬은 물 위에 떠 있는 한 폭의 그림이었다. 둘레 1~2킬로미터 정도의 섬 한쪽으로는 깎아지른 절벽이 형성되어 있었고, 다른 쪽은 바다까지 완만하게 낮아지는 지형이었다. 만조 시 물이 들어오는 해변 바로 위쪽에는 일곱 채의 초가가 들어앉은 작은 마을이 있었다. 마을 바로 앞에는 늘 그렇듯 담뱃대를 빼어 물고 흰옷을 입은 조선 사람들이 이 배는 대체 뭘 싣고 가는 중인지 궁금해하고 있었다. 그중 우두머리는 얼마 전 해주에서 만난 적이 있는 김 씨였는데, 고기잡이를 위해 집을 이곳으로 옮겼던 터였다.

이내 나는 이들과 어울리고 있었다. 이들은 나를 절벽 꼭대기로 데려갔고, 나는 거기서 섬 전체를 내려다볼 수 있었다. 섬 주변부는 밀물과 썰물이 밤낮으로 밀려왔다 쓸려 나가며 깎아낸 바위들이었고, 비탈에는 벼와 보리 농사를 짓는 논밭이 있었다. 또 저 멀리 아래편에는 바닷새들의 울음소리가 메아리치는 동굴들이 있었다.

섬을 둘러보고 식사를 하기 위해 서둘러 내려왔는데, 김 씨는 변변히 차린 게 없다며 미안해했다. 그렇게 기어 들어간 방은 늘 그렇듯 천장이 낮고 답답했다. 비록 김 씨가 변변한 것이 없다고 이야기했지만, 이미 나는 조선 사람들이 손님 접대하는 것을 많이 경험해본 터였기에 큰 상으로 한 상 받을 것을 내심 기대하고 있었다. 그 기대는 현실이 되었고, 바다에서 나는 모든 것이 다 올라와 있는 듯 빈틈없이 꽉 찬 상이 내 앞에 차려졌다. 흰 생선, 검은 생선, 몸통은 없고 전부 꼬리인 것 같은 생선, 중국 사람처럼 뼈대 없이 미끌미끌한 장어, 가슴이 두툼하고 단단한 게와 바닷가재까지. 나는 이 고기들이 최근 발표된 진화론[25]상 어디에 속하는 놈들인지는 전혀 궁금해하지도 않고 너무나 맛있게 그냥 먹어 치워버렸다. 너무나 착한 김 씨는 차린 것도 없는데 내가 깊이 배려해서 한 그릇을 말끔히 비워주었다며 영광스러워했다.

오후에는 횃불을 들고 동굴을 탐험하며 시간을 보냈는데, 조선 사람들은 내가 권총을 쏠 때 땅 밑에서 울리는 총성을 아주 즐거워했다.

날이 저물자, 그물을 거두러 나가는데 함께 가보지 않겠느냐고 했다. 그물은 해변에서 수십 미터 떨어진 바다에 나무 기둥을 박아 설치했다가, 하루 두 번 썰물 때 거두는 것이었다.[26] 장정 여덟이 배 뒤편의 긴 삿대를 저었고, 우리는 곧 어살을 세워 둔 곳에 도착해서 기둥을 받치는 줄들 사이를 지나 그물을 당기기 시작했다. 잡힌 것 중 제일 좋은 놈들은 도다리나 가자미였는데, 우리 눈이라도 멀게 하려던 심산인지 이 납작하게 괴물같이 생긴 놈들은 짠 바닷물을 공중으로 뿌려대고 있었다.

돌아오는 길, 나는 뱃사람들에게 노래를 청했고 그들은 제대로 된 조선 창으로 화답했다. 한 사람이 목청을 떨며 길게 선창을 뽑으면 천둥소리 같

---

25 다윈의 '종의 기원'은 1859년 발표되었다.
26 어전(漁箭) - 물고기를 잡기 위하여 물속에 둘러 꽂은 나무 울

김홍도, 〈고기잡이〉, 《풍속도화첩》
어전을 이용해 고기잡이를 하는 어부들을 그린 이 작품을
통해 조선 후기 서민들의 생업을 생생하게 엿볼 수 있다.

은 합창이 뒤따랐는데, 박자가 노 젓는 속도와 딱 맞아떨어졌다.

그날 밤늦도록 우리는 해변에 불을 피우고 둘러앉아 이야기했다. 타오르는 불꽃이 드러내주던 어둠 속 은자의 나라 사람들, 그리고 그들의 삶이 빚어내는 독특한 풍경. 여기, 세상과 격리되어 아무 것도 모르는 채 미신으로 가득 찬 삶을 사는 사람들이, 하지만 이웃에 대한 자비와 사랑이라는 인류의 가장 숭고한 미덕을 간직한 사람들이 있었다.

잠시 생각에 푹 빠져 있던 나는, 내가 편히 잘 수 있도록 잠자리를 봐놨다는 안 씨의 목소리를 듣고야 정신이 들었다. 방은 길이 4미터에 폭 2.4미터, 높이는 1.8미터 정도 되었는데, 마을에 묵을 수 있는 방이 얼마 없다며 안 씨는 자신과 친구 한둘이 같이 자도 되겠느냐고 물었다.

"친구? 누구요?"

"최 씨, 서 씨, 이 씨하고, 몇 명 더요."

이 답답한 방에서 이렇게 많은 조선 사람들과 함께 자야 한다는 데 생각이 미치자 갑자기 마음이 무거워졌다. 하지만 어쩌겠는가? "당연히 모셔 와야죠!"라고 대답할 수밖에.

방 한쪽 끝에 새로 짠 자리를 깔았는데 꽤 좋아 보였다. 자러 온 사람들이 일렬로 몸을 눕힐 때까지 나는 앉아서 기다렸고, 안 씨는 호랑이를 대비해 문과 창문을 철저히 단속했다.

자리에 눕고 얼마 지나지 않아 나는 agungi²⁷ stoke hole에 불을 엄청나게 때고 있다는 것을 알 수 있었고, 방바닥은 점점 더 뜨거워지고 있었다. 잠시 뒤 나는 안 씨를 흔들어 깨울 수밖에 없었고, 그렇게 우리는 회의를 시작했다.

"아니, 날이 이렇게 따뜻한데 불을 왜 이렇게 때는 거예요? 나 죽어서 통구이가 되는 거 보려고 이래요?"

잠이 아직 덜 깼던 안 씨는 대체 여기가 어디인가 정신을 차리느라 몇 분을 보내더니, 자기가 하지 말라고 그렇게 일렀는데도 이 집 안주인이 불을 땐 것 같다고 했다.

---

27 아궁이

"걱정 마세요, 내가 해결할 테니."

이렇게 말한 안 씨는 사람들을 다 깨우기 시작했다. 그는 아궁이에서 최대한 멀리 떨어진 윗목의 쌀가마니들 사이에 자리를 최대한 겹쳐 쌓아 내 잠자리를 봐준 다음, 조선 사람들은 이 정도는 뜨끈뜨끈해야 편하게 잘 잔다며 나머지 사람들을 다 뜨거운 아랫목으로 몰아넣었다.

다음 날 아침 어렴풋이 잠에서 깼는데 숨이 꽉 막히는 것이 질식할 것만 같았다. 머리는 터질 듯한 데다 내가 어디에 있는 건지, 무슨 일이 일어난 건지 전혀 분간이 안 되었다. 나는 엄청 끙끙대며 한참을 고생한 후에야 겨우 일어나 앉았고, 그제야 대충 주변을 분간할 수 있었다. 안 씨는 번개같이 일어나 창과 문을 열어젖혔다.

한두 시간 뒤 배로 걸어 내려가자니, 느낌이 마치 썩은 무덤 속에 갇혀 있다가 살아 나온 것 같았다. 이건 안 씨의 치명적인 실수였다.[28] 이날 내 눈에 비친 안 씨는 유럽인 수백 명을 죽인 인도의 살인마와 다름없었다.

바람도 좋고 조류도 좋았다. 배는 곧 물위를 미끄러지듯 날았고, 그렇게 흰옷을 입은 마음 따뜻한 사람 김 씨와 그가 사는 섬을 뒤로한 채 우리를 먼 바다로 데리고 갔다. 이날이 우리가 바다에서 즐거운 시간을 보낼 수 있었던 유일한 날이었다. 이렇게 낡고 오래된 배가 물을 가뿐히 헤치고 나아간

---

28 방에 불을 뜨겁게 땐 상태에서 호랑이가 무서워 문을 꼭꼭 닫고 여럿이서 자다 보니 산소 부족으로 질식 상태가 됨.

29 등산곶 – 황해도 옹진군 흥미면 등산리. 저자는 섬으로 착각하고 있으나 실제로는 강령반도 끝 등산곶임. 예로부터 국방의 요충지로 만호진이 설치되어 있었음.

30 첨사(첨절제사) – 절도사의 아래 벼슬로 일선 진영을 관장하던 무관

다는 것 자체가 놀라웠다.

오후 다섯 시경이 되자 우리가 떠나온 해안은 시야에서 사라지고 Teungsan[29]도 근처였다. 우리는 이곳에 닻을 내렸다. 섬은 눈으로 어림짐작하기에는 꽤 컸는데, 마을을 감싸고 있는 뒷동산의 빽빽한 숲은 조선에서 본 다른 어떤 것보다도 압도적으로 아름다웠다.

고등군관인 Chomsa[30]가 이 섬에 살고 있다는 이야기를 듣고는 인터뷰를 할 수 있을까 하는 마음에 안 씨를 데리고 해안으로 내려갔다. 군영 대문에 다다르자 초병이 우리를 막아 세웠는데, 그는 내가 마치 지옥에서 온 생명체라도 되는 듯 통행증은 거들떠보지도 않는 것은 물론이고 나를 들여보낼 생각이 전혀 없는 듯했다. 명망 있는 안 씨가 자초지종을 설명하고 나서야 우리는 사랑채로 옮겨 대기할 수 있었는데, 순식간에 창과 문의 모든 빈틈은 우리를 구경하려는 얼굴들로 가득 찼다. 끝없는 질문이 이어졌지만 안

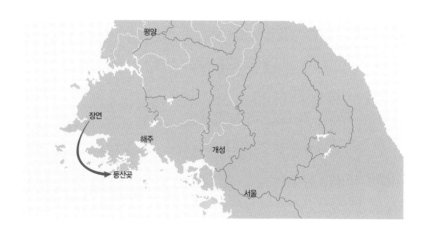

씨는 첨사 나리를 볼 때까지 아무런 대답도 하지 않았다.

포졸 한 명이 돌아와서는 나리께서 준비되셨음을 우레와 같이 큰 소리로 고했는데, 서양식 사고를 하는 내게 동양의 이와 같은 예의 격식은 참으로 위압적인 것이었다. 아아! 애잔하도록 낡은 동방이여! 이러한 광경은 내게 타고난 재능으로 미래가 창창하던 사람이 음주와 불운 속에서 결국 끝없는 나락으로 추락하고 마는 그런 장면을 떠올리게 했다. 그럼에도 불구하고 그 포졸의 균형 잡힌 자세와 행동에 배어 있는 무언가가 그를 여전히 신사답게 느끼도록 하였다.

처음 본 첨사 나리의 모습은 좀 실망스러웠다. 그는 눈에 띌 정도로 떨고 있었고, 목소리가 너무 안 나와서 거의 말을 할 수 없는 지경이었다. 외국인에 대해 들어본 적은 있지만 한 번도 직접 만난 적은 없는지라 이 섬에 외국인이 방문했다는 말에 많이 당황했었다고 나중에 설명해주지 않았더라면 그가 왜 그랬던 것인지 나는 아마 까맣게 몰랐을 것이다.

나는 우선 그의 마음속에 자리 잡은 편견을 깨고 외부 세계 전반에 대한 좋은 인상을 심어줄 필요가 있었다. 나는 못 느꼈지만 안 씨는 내가 그 첨사의 마음을 열고 대화를 나눌 수 없을 거라 생각했다고 했다. 첨사는 아주 따뜻한 양반이었다. 저녁을 함께 먹자고 나를 붙잡고는 갑오징어국과 꿀물로 아주 융숭하게 대접하였다. 그는 숲길을 따라 우리를 배까지 배웅하면서 세상의 민족들이 이렇게나 다르게 생겼는데 마음은 똑같다는 것이 얼마나 신기하고 멋지냐고 이야기했다.

다음 날 아침, 나는 북소리에 눈을 떴다. 처음에는 북소리 하나여서 대수롭지 않게 여겼는데, 점점 부대가 되어 울리는 북소리는 다른 어느 곳에서도 들어본 적 없는 신기한 것이었다. 도대체 무슨 일인지 갑판에 올라가서 살펴보니, 만을 따라 늘어서 정박한 모든 배 위에 뱃사공들이 한 명씩 올라가 있었고, 마치 여기에 자기 인생이라도 걸린 듯 북채 두 개로 열심히 북을 두드려대고 있었다. 당연히 우리 배도 예외는 아니었고, 우리 배의 고대 뱃사공들이 Yobokki[31]라고 부르던, 얼굴이 둥근 소년이 이 아침 행사에서 자신의 역할을 다하고 있었다. 대체 어떤 상황인지 전혀 파악이 안 되었지만, 생전 이런 광경을 한 번도 본 적이 없었기에 눈앞에서 벌어지고 있는 이 행사에 흥미가 일기 시작했다. 특히 여복이가 북을 치고 있는 장면이 아주 인상적이어서 나는 '안 씨가 일어나면 뭔 일인지 물어봐야지.' 하고 생각했다.

조선 사람들 말에 의하면 안 씨는 소위 '어려운' 사람이었다. 특히 아침에 그랬는데, 열 시 전에 안 씨에게 쓸 만한 정보를 얻어낸다는 것은 거의 불가능에 가까웠다. 하지만 나는 이 북 치기 행사가 대체 뭘 의미하는 건지 너무 궁금했기 때문에 곤히 자고 있는 안 씨를 깨워 물을 수밖에 없었다.

"아무 의미도 없어요."

"꼭두새벽부터 사람들이 일어나서 이렇게 열심히 북을 쳐대는데, 아무 의미도 없다고요? 아! 그러니까 더 이상해요."

---

31 여복이(사람 이름). 혹은 아랫사람을 '여보게'라고 낮추어 부르던 것을 저자가 이름이라 착각한 것일 수도 있다. 다만 저자가 우리말에 능통한 데다 이 책의 출간 시기가 입국한 지 십 년이 지나서임을 고려할 때, 착각의 가능성은 낮다고 추정된다.

안 씨의 특이한 성격을 아는지, 우리 배의 일행이던 서 씨가 가만히 지켜보다가 본인이 설명해 주겠다고 나섰다. 이 북 치기는 조선 뱃사람들의 전통인데, 날씨가 험할 것 같으면 폭풍을 일으키는 신에게 기도를 하면서 북을 울려 바다를 잠잠하게 해주기를, 그래서 안전하게 바다에 나갈 수 있기를 비는 것이라고 했다. 이야기를 듣기 전까진 전혀 상상도 못한 이유였다.

확실히 기도를 드려야 할 시간인 것은 분명했다. 태풍이 몰려오고 있는지 안개가 두텁게 덮쳐오는 바람에 그날 아침 우리는 겨우 두 시간여 바다에 나갈 수 있었을 뿐이었다. 고향에서 폭풍이 몰아치던 밤에 그랬던 것처럼 바람은 쉬익쉬익 소리를 내고 있었다. 그의 표정에서 앞으로 무슨 일이 일어날지 읽을 수 있지 않을까 하는 생각에 나는 갑판 위 늙은 사공의 무뚝뚝한 얼굴에서 눈을 떼지 않았다. 하지만 돛을 이따금씩 올려다보거나 여복이에게 작은 소리로 뭔가 지시할 뿐 아무런 기미가 없었다. 다만 물 위에 가끔씩 안개가 걷힐 때마다 온 사방에서 높게 솟아올라 부서지는 흰 파도만 볼 수 있을 뿐. 조선 사람들은 "mopsi apioh [32]" miserably sick 라고 하며 하나둘 갑판 아래로 내려갔다.

이제 내려가느냐 남아 있느냐 하는 최악의 선택 두 가지만 남았고, 비록 온 사방에서 바닷물이 들이치긴 했지만 우리는 그대로 있기로 했다. 시간은 아주 느리게 흐르고 있었다. 배가 파도 속으로 처박힐 때마다 마치 바다가 철갑이라도 되는 듯 큰 소리가 울려 퍼졌고, 돛대를 구부려 연결했던 가운

---

32 몹시 아프오

데 이음새는 불길하게도 갈라져 버렸다. 이렇게 폭풍은 거칠어지고 있었다.

하지만 이 상황에서 여복이가 하고 있는 행동은 대체 뭐란 말인가? 여복이는 다른 사공들의 도움을 받으며 갑판 위로 밥과 생선을 가지고 올라왔다. 대체 뭐 하는 거지? 설마 성난 파도가 이렇게 주둥아리를 쩍 벌리고 있는 마당에 밥이라도 먹겠다는 건가? 하지만 이건 사람들이 먹을 음식이 아니었다. 몸을 고정시키기 위해 갑판을 단단히 붙잡은 채, 사공들은 함께 서서 반복해서 기도하고 있었다. 그러고는 우리를 잡아 삼키려는 저 괴물을 달래기 위해 배 옆으로 밥과 생선을 쏟아부었다.

그렇게 우리는 한 시간여를 매 순간 침몰하거나 암초에 처박힐 것처럼 나아갔다. 하지만 어느 순간, 놀랍게도 우리는 잠잠한 바다 위에 떠 있었다. 바람이 잦아든 것도 아니었다. 아직도 우리 뒤에서 미친 듯이 몰아치는 파도 소리를 들을 수 있었다. 흩어지는 안개 사이로 살펴보니 바람이 불어오는 방향을 섬 하나가 막고 있었고, 우리는 그 뒤편 물이 잠잠해진 곳에 들어와 있었다. 나는 이런 예상치도 못한 피난처를 찾아낸 것에 대해서 혹시 좀 놀란 빛이 있지 않을까 하고 늙은 사공을 쳐다봤지만, 그의 낯빛엔 어떠한 변화도 없었다. 그는 마치 몇 시간 동안 정확히 이 장소에 다다르기 위해 노력했고 그것을 딱 이루어낸 사람 같았다. 그는 절대 좋은 빗으로 머리를 멋지게 빗어 넘기는 그런 사람은 아니었지만, 정말 침착하고 명철한 노인이라는 걸 증명해 보이고 있었다.

동방의 폭풍은 무시무시하지만 빠르게 지나간다. 저녁이 되자 바람은 충분히 잦아들었고, 이제 북쪽으로 몇 킬로미터만 더 가면 육지에 닿을 수 있었다.

우리는 아주 황량해 보이는 어느 마을 앞에 닻을 내렸다. 안 씨와 나는 해변으로 산책을 나갔는데, 나를 구경하려는 사람들이 엄청나게 따라다니는 바람에 어떤 집으로 피신해야만 했다. 하지만 그곳에까지 사람들은 밀고 들어왔다. 그곳에서 분위기를 주도했던 건 맑은 목소리를 가진 몇 명의 여인이었는데, 이들에게 조선의 예의범절은 안중에도 없는지 제왕처럼 들이밀며 나를 심문하기 시작했다. 아주 건강해 뵈는 한 여장부가 담뱃대를 문 채 떠밀려 나와서는 이렇게 말했다.

"자! 이 남자를 좀 살펴볼까? 만약 내가 저 사람 나라에 갔다면 사람들이 이렇게까지 보려고 몰려들진 않을 것 같은데?"

여기서 나는 마치 John Knox[33]처럼 어떤 사람도 전혀 무서워하지 않는 한 여자 앞에 들이밀려졌다. 조용조용 공손하게 말해야 하는 것은 내 쪽이었다. 이쯤 되자 안 씨는 이런 상놈들과 상대하느니 배로 돌아가는 게 좋을 것 같다고 말했다. 다시 배로 돌아가려니 즐거운 마음이 전혀 들지 않았다. 배의 모든 기구는 낡고 더러웠다. 우리 밥은 소금물에 지은 것이었고, 갑판 위에 한참을 놓아둔 생선은 말라 비틀어져 있었다. 게다가 벌레들까지 죽자고 달려들고 있으니.

하룻밤과 낮이 지났지만 상황은 전혀 나아지지 않았다. 36시간이나 지났는데도 우리는 아직 썰물이 빠져나간 갯벌 위에 꼼짝도 못하고 붙들려 있

---

33 스코틀랜드 종교개혁자, 장로교 창시자

었다. 시간은 천천히 갔다. 나는 내가 아는 모든 단어를 동원해서 조선 사람들에게 천국과 지옥에 대해서 설명했고, 지칠 때까지 갯벌 위로 망둥이들이 기어 다니는 것을 지켜봤으며, 육지에 닿으면 거기에서 서울까지는 또 얼마나 걸리는지를 물어봤다. 그리고 그것이 240킬로미터나 된다는 것과 타고 갈 말 한 마리 없다는 것 또한 알게 되었다.

그렇게 마침내 닷새째 되던 날 저녁, 드디어 날씨가 좋아졌다. 배를 힘껏 밀어주는 바람과 늙은 사공의 지휘 아래 우리는 다시 한 번 바다로 나갔다. 그날 밤 우리는 멋진 항해를 해냈고, 아침에는 동쪽으로 경기도의 산들을 뚜렷이 볼 수 있었다. 우리는 바다의 특이한 부분에 진입했는데, 그곳은 조수간만의 차가 엄청나게 커서 썰물 때면 온 사방으로 모래사장이 펼쳐지고 군데군데 땅을 가른 바닷물이 강처럼 흐르는 곳이었다.

맑고 쾌적한 날이었다. 모든 사람이 갑판에 올라와 즐거워했다. 심지어 안 씨까지도 웃고 있었다. 바람만 좋으면 오늘 밤이라도 제물포에 닿을 것이라 했다. 나는 이 바다에서 뼈가 굵은 그 늙은 사공에 대한 믿음이 있었다. 그의 옷차림새나 미간의 주름만 봐서는 누구든 백 살쯤 먹었을 것이라 오해할 법했던 할아버지 사공.

다시 밀물이 들어와 배를 드넓은 바다 위로 띄워 올려줄 때까지, 우리는 모래사장을 가르며 흐르는 깊은 바다 강을 따라 올라갔다. 그리고 해 질 무렵, 우리는 마침내 언덕 위로 평화롭게 영국, 미국 깃발을 펄럭이고 있는 제물포 외국인 촌을 발견했다. '다시 한 번 서양 문물 속으로 들어갈 수 있겠구나' 마음속에 일던 기쁨은, 기쁨과 고난을 함께 헤쳐 온 이 고대 뱃사공들을

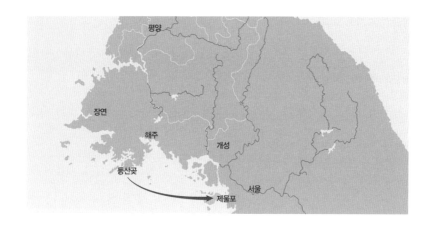

떠나야만 할 때가 다가왔다는 생각으로 잦아들었다.

해안에 접안하던 그때, 나는 엄청난 소리를 내며 쩔그렁거리는 천 냥짜리 엽전 다발을 깼다. 원래 요금보다 훨씬 더 쳐서 선원 한 사람당 열두 냥 오 푼씩, 그리고 우리의 늙은 털보 선장에게는 스물닷 냥을 주었다. 선장은 깊은 감동을 받은 듯했다. 그는 이 항해를 나와 함께한 것이 매우 자랑스럽다고 하면서, 자기가 배의 키를 잡고 있는 한 나를 절대 잊지 않을 것이라고도 했다.

잠시 뒤 배는 다시 출항했고, 곧 물위를 덮은 안개가 모든 것을 감췄다. 이것이 고대 뱃사공과의 마지막이었다. 안 씨도, 또 안 씨의 그 괴상한 성격도, 그렇게 떠나갔다.

조선, 그 마지막 10년의 기록

개항 직후의 제물포. 서양식 건물이 눈에 많이 띈다.

초분 p.22

초분은 지방에 따라 초빈草殯 · 외빈外殯 · 소골장掃骨葬 · 초장草葬 또는 고름
장 · 구토 · 풍장 · 최빈 · 덕대초분 · 건풀 · 질 · 떡달 · 손님떡달 등 다양하게 불
린다. 그 절차는 임종에서부터 입관과 출상까지 유교식으로 하되, 바로 땅에 매
장하지 않고 관을 땅이나 돌축대, 또는 평상 위에 놓고 이엉으로 덮어서 1~3년
동안 그대로 둔다.

그동안 명일命日 : 돌아간 날이나 명절에는 그 앞에서 제수를 차려 제사를 지내다
가 살이 썩으면 뼈만을 추려 다시 땅에 묻는다. 따라서 초분이라는 이름도 관을
풀이나 짚으로 덮어 만든 무덤이라는 의미에서 붙여졌을 것으로 추측된다. 이러
한 장법은 일반적인 유교식 장례가 단 한 번의 매장으로 끝나는 단장제單葬制임
에 비해 두 번의 매장 절차를 거치는 복장제復葬制라는 점에서 큰 차이를 보인다.

이때 뼈를 깨끗이 씻거나 찢어서 살을 모두 떼어낸 다음에 매장을 하기도 하
며, 세골장洗骨葬 또는 증골장烝骨葬이라고도 부른다. 이러한 점으로 미루어 보아,
초분은 유골을 처리하기에 앞서 먼저 육신을 처리하는 방법임을 알 수 있다. 이
러한 특징은『삼국지』〈위서동이전〉에서부터『수서』〈고구려전〉, 그리고『삼국유
사』 등에 이르기까지 고대의 장례에 대한 기록에서도 발견된다.

뿐만 아니라 고고학적 자료에 의하면, 지석묘나 백제 초기의 옹관묘 등도 그
구조로 보아 뼈만을 묻은 복장제였을 가능성이 높은 것으로 알려지고 있다. 그리

고 조사에 따르면, 조선 말기까지는 육지 지방에서도 이러한 초분이 거의 전국적으로 분포되어 있었던 것으로 확인되고 있으나, 요즘에는 주로 서남해안의 도서 지방에서 흔히 발견되고 있다.

[네이버 지식백과] 초분 草墳 (한국민족문화대백과, 한국학중앙연구원)

저자가 묘사한 시신을 바로 매장하지 않는 우리네 풍경은 위의 초분일 수도 있고, 조선시대에 일반적으로 임종과 매장까지의 기간이 길어서일 수도 있다. 참고로, 왕이 승하할 경우 5개월 후에야 국장을 치뤘고, 당상관이 사망할 경우에도 3개월 후에 장례를 치르는 것이 법도였다. 이에 따라 이순신 장군도 1598년 11월 19일 노량해전에서 전사한 후 남해 고금도에 안치되었다가 고향인 아산으로 운구돼 다음 해 2월 11일 금성산에 안장됐다. 이는 사망 84일 후에야 장례가 치뤄졌음을 나타내는 것으로써, '안치'는 장사 지내기 전까지 시신을 안전하게 잘 모셔두는 것을 뜻하고, '안장'은 편안하게 장사를 지내는 것을 의미한다.

초분

상놈 (상민, 일반 백성)[34]

조선의 빛이자 전부, 최고의 보석

조선에 사는 외국인에게 상놈들보다 더 흥미로운 존재가 또 있을까? 그들만이 오랜 기간 유교 문화가 지워버린 한민족 고유의 특성을 고스란히 드러내고 있다. 조선 사람들은 어려서부터 유학을 배우기 시작해 시간이 흐르면서 점점 고유의 특성을 잃고 매우 인위적으로 변해갔다. 이들은 그러한 스스로를 극복하려고도, 또 새롭게 바꾸려고도 하지 않는 고대의 유령 같았다. 하지만 상놈들은 그러한 속박에서 자유로웠고, 어떤 면에서는 이 땅, 고요한 아침의 나라가 가진 가장 흥미로운 특징을 고스란히 품고 있었다.

---

34 조선시대 계급제도는 크게 양반, 중인, 상민, 천민으로 나눌 수 있다. 양반은 공부하여 상놈을 다스려서 먹고 살고, 상민(상민)은 일을 해서 먹고산다는 개념이 있었다. 양반은 벼슬을 하지 않아도 직접 노동을 하는 법이 없으며, 중인은 역관, 의원, 화원 등 특수 업무를 하였다. 또한 천민(종, 노비)은 관아·양반에게 종속되어 있었다. 그러므로 일반적인 노동, 즉 돈을 주고 어떤 일을 시킬 수 있다거나, 일반적으로 일을 하고 있다는 것은 모두 상놈을 의미한다. 즉, 상놈은 일을 하는 계층, working class였다.

<상놈>

<상놈 아낙네>

흘끗 쳐다보는 것만으로도 그들이 고요히 정지해 있는 생명체라는 걸 알 수 있었다. 불안함과 조급증에 시달리는 외국인에게 길가에 모여 있는 상놈들을 쳐다보는 것보다 더 안정을 주는 것은 없었다. 햇볕이 따갑게 비추거나 말거나, 파리 떼가 붙거나 말거나, 발밑에 병균이 득실거릴 것 같은 썩은 물이 흐르거나 말거나 상관없이 바닷새처럼 미동도 않고 쭈그려 앉아 있는 사람들. (가끔 길게 줄 지어 앉아 있기도 했다.)

정세 변화로 다른 사람들이 이런저런 것들을 두려워하며 끊임없이 불안해하고 있던 와중에도 그들의 발뒤꿈치 근육은 절대 지치지 않았다. 상놈들은 마치 콜레라나 다른 외래 전염병에라도 걸린 것 같은 얼굴을 하고서는, 쭈그려 앉아 서양 사람들 인구라도 줄이려는 양 온 대기를 들이마셔 대고 있었다. 가끔은 참외를 껍질째 씹으며 말이다.

상놈을 감싸고 있는 것은 무기력이 아니라 평온함이었다. 무기력하다고 하면 어떤 것이 조화를 이루고 있지 못한 상태를 떠올리게 되는 반면, 평온함은 완벽한 일치 상태를 가리킨다. 그 고통스러운 자세로 몇 시간 동안 앉아 있을 수 있는 것이 다가 아니었다. 이들은 작열하는 동방의 태양 아래에서 머리를 푹 숙이고 입을 활짝 벌린 채 잠들었다가는, 마치 푹신한 침대에서 밤새 편히 잔 다음 아침에 일어나 목욕까지 끝낸 것처럼 상쾌하게 다시 일어날 수도 있었다. 그것이 바로 그들이 무기력증에 빠진 것이 아니라는 증거였다. 만약 아니라면 아마 벌써 일사병에 걸리고도 남았으리라. 그렇게 상쾌하게 일어나서 다시 담뱃대를 빼 물고 즐긴다는 사실, 바로 그것이 평온임을 증명하는 것이다.

한가한 시간을 보내고 있는 상놈들

말할 것도 없이, 상놈은 모든 욕구와 쾌락으로부터의 완전한 해탈을 보여주는 살아 있는 가장 완벽한 증거였다. 이들은 엄청난 양의 밥을 먹을 수 있는 데다가, 외국인이 나뭇가지로 이쑤시개를 만드는 데 걸리는 것보다 훨씬 짧은 시간 안에 목침을 베고 잠들 수 있었다. Kuk-su [35] vermicelli 한 그릇을 준다거나 세상의 종말이 오는 것이 아닌 이상, 그 어떤 것도 이들로부터 티끌만 한 관심이라도 끌어내거나 긴장하게 만들 수 없었다.

일견 높이 평가할 수 있는 이러한 특성 때문에 완전히 다른 종자인 상놈과 외국인은 자주 부딪치곤 했는데, 외국인들은 스스로 자랑스러워하는 자신들의 표어, '행동하라'는 말을 고요 속으로 깊이 침잠해 앉아 있는 상놈들에게 온 힘을 다해 밀어넣었다. 그건 마치 기차가 진흙 둑을 향해 돌진하는 것과 같았고, 다음 날 신문에는 늘 〈붕괴〉라는 제목의 기사가 뒤따랐다. 하지만 붕괴된 것은 둑이 아니라 기차라는 것이 문제였다. 이대로 나가다가는 외국인들을 모두 붕괴시켜 버리고 말 거라는 걸 의식한 것인지 상놈들은 최근 조금씩 자신들의 방식을 바꾸기 시작했지만, 제 버릇 남 못 준다고 외국인 밑에서 일하면서도 아직도 까딱하면 특유의 정지 상태로 빠져들기 일쑤였다.

딱 한 번, 상놈의 눈에서 생기가 도는 것을 보았던 게 생각난다. 마치 그 옛날 용맹했던 시절 위험을 무릅쓰던 때로 돌아가고 싶었던 것이었을까?

---

35 국수
36 석전, 편전, 편쌈 – 고구려 때부터 전래한 우리의 전통 돌싸움. 정월 대보름 무렵 대규모로 행하여지며 왕까지 나와서 구경할 정도였다. 일제시대 때 금지되어 사라졌다.

석전

그것은 돌싸움[36]에서였다. 그 고장에서 내로라하는 수백 명의 명사수들이
편을 가른 다음, 한두 근쯤 되는 돌멩이로 무장한다. 내가 도착했을 때는 공
중에 돌멩이가 미사일처럼 수없이 날아가고 있었는데, 한 사람 한 사람이
자유자재로 돌을 던지는 모습이 마치 거대한 투석기가 자동으로 발사하는
것 같았다. 위험 속에서 모두들 눈이 살아 있었고, 돌격하거나 기어서 도망
가는 모양이 마치 야생 짐승이 떼 지어 달려가는 것 같았다. 돌싸움은 경이
로웠다. 진짜로, 신화 속 거인들의 작은 전쟁 같았다. 싸움은 급속도로 커졌
고 맹렬했다. 먼지와 땀에 휩싸여 양편은 점점 가까워졌다. 그렇게 너무나
공포스럽도록 공중에 바위를 던져댔다.

그리고 찾아온 갑작스런 중단. 마치 골이라도 넣은 듯 터지는 함성. 상대편의 최고 사수가 정확히 강타당했고, 즉사했다. 곧 그의 시신이 싸움터에서 치워진다. 그리고 싸움은 다시 시작되었다. 저녁이 오기 전에 다른 편에서도 한 사람이 쓰러졌다. 그렇게 결과는 동점이었다.

이것이 상놈이다. 하지만 동시에 이 세상 양같이 순하다는 그 어떤 족속보다도 점잖았다. 오랜 전통인 돌싸움 같은 예외를 제외하면 그들은 단연평화 그 자체라고 할 수 있었다. 비록 개인적으로 싸움이라도 붙을라치면광기가 무엇인지 제대로 보여주긴 했지만 말이다.

길거리에서 가장 놀라운 장면은 바로 싸움이었다. 시중드는 몸종을 데리고 다니면서 흙이 몸에 닿지도 않는 양반이 싸우는 경우는 당연히 없기 때문에, 싸우는 사람은 언제나 상놈이었다. 처음엔 말싸움으로 시작했다가 점점 단계를 높여가는데, 각 단계는 얼마나 언성을 높이고 있는지, 또 얼마나말을 빨리 뱉어내고 있는지를 보면 판단할 수 있었다. 그리고 그 마지막에펼쳐지는 광기의 최고 단계. 천지신명과 구경꾼들에게 하는 자신을 편들어달라는 호소와 상대에게 퍼부어대는 쌍욕이 완벽한 조화를 이룬다. 외국인누구라도 이 장면을 목격하게 되면, 한 사람이 속에 품을 수 있는 화가 저렇게까지 클 수 있다는 사실에 겁에 질렸다. 그리고 사태는 갑작스레 끝이 난다. 그러면 어느새 골목 한쪽 끝에 각자 쭈그려 앉아 마치 온 세상 사람들이모두 자기 형제인 양 평화롭게 담배를 빨아대던 싸움 당사자들.

나는 가끔씩 이런 의문이 들었다. 과연 조선의 상놈들은 순전히 겁쟁이인걸까? 아니면 호랑이보다 무섭다는 곶감 이래로 이 세상 가장 용맹한 사람인 걸까? 양쪽 모두를 뒷받침하는 증거들은 충분하다. 처음으로 청일전쟁 소식이 알려졌을 때, 우리는 그들의 흔들리는 뒷모습을 보았고, 산을 오르던 그들의 걸음걸이에서 상당히 동요하고 있다는 것 또한 알 수 있었다. 또, 우리는 보았다. 침략자가 휘두르는 회초리 아래에서 마치 칼로 베인 듯 살이 찢기던 그때, 애원하는 눈을 쳐들고 "Aigo[37]! 사람 잡네! 나 잡네!"를 계속 외치며 무너져가던 이들을.

한번은 키 작고 성질 급한 한 외국인이 여행길에 그를 시중들던 사람들을 쭉 정렬시켜 놓은 것을 볼 수 있었다. 그가 세워 놓고 있던 상놈들은 딱 보기에도 호리호리하기보다는 아주 억세 보이는 이들이었는데, 날쌔게 못 움직이는 것이 문제였는지 결국 사달이 나고 말았다. 사태가 최고조에 이르자 이 작은 외국인은 돌아가며 상놈 하나하나를 발로 걷어찼는데, 그럴 때마다 커지는 것은 놀라움이었다. 조선 사람의 누비바지는 마치 새의 깃털처럼 이런 공격에서 충격을 흡수할 수 있었기 때문에 거의 아무 타격도 가해지지 않은 것 같았기 때문이다. 어쨌거나 상놈들은 외국인에게 절을 할 수밖에 달리 도리가 없었다. 자기들끼리 이렇게 뇌까리긴 했지만 말이다. "Keu nomeui chasik maknanio[38]."

반면 이 상놈들이 얼마나 용맹한지에 대한 강력한 증거들도 널려 있다. 이들은 마취 없이는 절대 할 수 없는 외과 수술을 생으로 받으면서도 조금

---

37 아이고!
38 그놈의 자식 망나니여

의 움찔거림조차 없었다. 사람들은 이들에겐 신경이 없기 때문에 당연히 고통을 느끼지 못하는 것이라고 말했지만 그게 아니다. 그들은 당신이나 내가 느끼는 것과 똑같이 회초리의 지독한 고통을 느낀다. 또 이들의 무기나 처한 상황을 고려한다면, 예전에 강화도를 방어해낸 것이 얼마나 대단한 일인지 알 수 있었다.[39] 아직까지도 가끔 낡아빠진 조총 한 자루만 들고서 바위 사이사이를, 그리고 호랑이 코털 사이까지 몰래 숨어 들어가서 결국 호랑이를 잡고 승전고를 울리며 개선하는 상놈을 볼 수 있다.

우리가 보통 용기라고 이야기하는 수준을 뛰어넘는 용기에 대한 예가 딱

포수(1899년)

조선, 그 마지막 10년의 기록

떠오르지 않는 관계로, 조선 친구가 들려주었던, 현실에서 거의 볼 수 없는 영웅 이야기를 아래에 옮긴다.

"한 무리의 사람들이 큰 쥐를 곳간에 가두었어요. 이제 과연 누가 맨손으로 저 쥐를 잡아 죽이느냐 하는 거지요. 덩치 좋은 사람 하나가 씩 웃으니까 구경꾼들이 박수로 화답했고 결국 그 사람이 나섰지요. 두루마기를 팽팽 조인 다음에 자기 손가락이 다 제대로 움직이고 있는가 한번 살펴봤어요. 그리고 공격 개시. 당연히 쥐도 이건 '죽기 아니면 까무러치기다!' 하고 각오를 단단히 하고 있었겠죠. 몇 분 동안 그렇게 탐색전이 이어지다가 드디어 돌격. 한동안 난리를 피우더니 갑자기 공중으로 팍 튀어 오르는 거예요. 모든 게 번개같이 일어났는데, 그 사람 한쪽 손을 보니 피가 철철 흐르고 있는 것 아니겠소. 다른 손에는 쥐가 이미 죽어 있고 말이지."

조선 친구가 덧붙였다.

"당신 그 크리켓 공 있잖아요? 살아 있는 쥐 잡는 거에 비하면 그거 잡는 거는 아무 것도 아니에요. 쥐 잡는 거는 크리켓 공을 폭탄으로 채워놓은 거랑 똑같다고 봐야지. 보통 용기로는 못하는 거요."

조선의 상놈들을 보노라면 놀랍도록 날쌘 것은 물론이거니와 가끔 그 무

39 '신미양요'를 말하는 것으로 추정. 미국은 통상을 요구하며 강화도로 침략하였으나, 조선군의 반격에 소득 없이 퇴각함.

지막지한 힘도 알 수 있었다. 곽 씨는 등에 단단히 멘 지게에 300근(180킬로 그램)의 등짐도 질 수 있었고, 러시아 국경인 Kyung-heung[40]에서 완전히 마취시켜 몰래 숨겨 들어오는 큰 사슴도 져 나를 수 있었다.

조선에는 짐수레같이 바퀴 달린 운송 수단이 전혀 없었다. 게다가 가축조차 짐을 지고 갈 수 없는 길이 많아서 결국 나라의 모든 힘쓰는 일은 상놈의 두 어깨가 담당했다. 가끔 엄청난 양의 짐을 지고 가는 상놈을 보면, 세계를 떠받치고 있는 거인 아틀라스[41]가 생각났다.

상놈의 마음을 움직이려면 아주 오랜 시간이 필요했는데, 그러다 보니 이들의 고집을 꺾고 뭐 하나 시킨다는 게 얼마나 어려운지 많은 외국인들을 괴롭게 했다. 하지만 이러한 현상엔 명백한 이유가 있었으니, 그 몸과 같이 그들의 마음도 수백 근의 무게를 지고 있다는 사실을 깨닫는다면 그들이 쉽게 바뀌지 않는 이유도 이해할 수 있을 것이다. 그들의 성향을 무시하고 아무리 폭력적으로 대해봐야, 무거운 등짐을 지고 갈 때 누군가 와서 부딪쳐도 쉽게 그 방향을 바꿀 수 없는 것처럼 그대로 묵묵히 자신의 고집대로 나아갈 수밖에 없는 것이다. 폭력으로는 아무 것도 얻을 수 없으며, 그것은 상놈의 완벽한 승리를 의미할 뿐이다. 조선 땅에서 얼마나 많은 서양인들이 이 상놈 군단을 맹렬히 공격하느라 시간을 허비했던가! 당시에는 명백한 승리처럼 보였지만, 결국에는 Yang-Kwi-ja[42] foreign devil라는 이름으로 낙인

---

40 경흥 – 함경북도 경흥군. 러시아 국경. 아오지 탄광으로 유명한 아오지읍이 소재함.
41 그리스 신화에서 하늘을 떠받치고 있는 신
42 양귀자(洋鬼子) – 양놈 귀신(도깨비) 새끼

지게꾼(1883년)

찍히는 불명예만 덧씌워졌을 뿐이다. 물론 칭찬이 아니어서이기도 하지만 내가 그 이름을 좋아하지 않는 이유는 소위 깊은 영적 함의를 품고 있어서 라기보다 인간의 종류나 기질을 가리키는 무서운 말이어서 그렇다.

　조선뿐 아니라 극동 지역 전체를 지배하려는 서양인들의 반복된 시도들은 아래와 같은 시구를 낳았는데, 굳이 의미를 확장하지 않고 상놈들이 겪고 있는 상황에만 한정해봐도 우리에게 큰 시사점을 안겨준다.

　　새로 온 서양사람

　　싸움을 부추기네

　　동방을 일깨우러 왔다면서

갈취하는 법이나 가르치지

그는 말하지

"이 동방에선 말이야,

남자나 여자나 애나 모두 지독하게 게을러.

내가 움직이게 만들 거야."

그는 웃으며 말하지

"아니면 이 나라를 확 뒤집어버릴 거야."

그는 요리사를 두드려 패고

마부를 내치고

심각한 재앙을 가져왔지

하지만 동방을 빠르게 움직이겠다고

그렇게 화내고 발광해봐야 다 헛수고야

그가 타는 말이든 부리는 사람이든

좌우명은 다 똑같아

'내일~ 하면 되지!'

그의 인생은 기쁨 대신

고통만 더해가지!

성질이 드러나고

이성을 잃어가지

완전히 돌아버리는 거야

그리고 그가 죽으면

동방 사람들은 미소 짓지

"미친 양귀자 새끼."

정신적으로나 물질적으로나 엄청난 부담이 그들을 짓누르고 있지만, 상놈들은 이 나라의 주인이다. 도시의 성문과 골목 구석구석을 빛내는 보석이다. 난 상놈을 존경한다. 사실 상놈처럼 나를 완벽하게, 그것도 여러 번 속일 수 있는 사람을 만나면 매번 경외심이 일었다. 상놈은 멋들어지게도, 당당하게 면전에서 이걸 해냈다. 순전히 업무 능력으로 평가하자면, 그야말로 최고의 성과를 내는 난놈이었고, 다르게 표현하면 굴욕감으로 내 온몸을 뒤덮을 수 있었다. 그때마다 떠오르던 스코틀랜드 우리 조상님 격언.

"날 속이는 그놈 참 한심하다. 그런데 그놈한테 두 번 속으면 나야말로 참 한심하다."

하지만 상놈들을 다루는 데도 방법은 있다. 처음엔 아주 부드럽고 신사적으로 대해주면서 그가 움직이기 시작하면 조금씩 강도를 높이는 것이다. 그 사람이 아주 고집불통이거나 정신을 놓은 경우가 아닌 이상, 이렇게 하면 배의 방향타를 돌리듯이 그들을 내 뜻대로 움직이게 할 수 있었다.

가끔 이런 질문을 받는다. 어떻게 글을 한 번도 읽어본 적 없는 사람들이 정신 능력을 사용할 수 있을까? 문자를 모르는데 대체 어떻게 수많은 것들을 기억할 수 있나? 실제로 일생 동안 우리가 눈으로 볼 수 있는 것은 거의 없으며, 직접 듣는 것은 이보다도 훨씬 적다. 결국 이것은 앎이라는 삶의 기쁨을 얻기 위해 우리가 무엇보다 훨씬 더 책에 의존하고 있다는 의미다.

하지만 조선의 상놈들은 책 한 권 없어도, 머릿속은 꽉 차 있었다. 그들과 한 시간만 같이 있어보면 불가능하다고 생각했던 것들이 가능함을 직접 보여줄 것이다. 그들은 어떤 것이 기억할 만한 가치가 있다고 생각되면 믿을 수 없는 능력으로 자기 것으로 만들었다. 그들에게 평범한 사실 하나를 이야기해보라. 아마 다음 날 아침이 되기도 전에 싹 잊어버릴 것이다. 반면 요즘 바깥세상이 어떻게 돌아가고 있는지 한번 이야기해보라. 그 이야기를 믿는 것뿐만이 아니라 그것이 아들, 손자 대까지 그대로 전해질 것이다.

우리의 뇌에는 저장 공간이 있다. 만약 책으로 그것을 채울 수 없다면, 이어져 내려오는 전통을 통해 채울 것이다. 이런 과정이 천년 동안 아버지에서 아들에게로 전해졌다고 상상해보라. 그러면 이 상놈들의 뇌를 가득 채우고 있는 전설이나 신화가 얼마나 많을지 짐작할 수 있을 것이다. 그것들 중 일부는 재미있기는 했지만 세대가 거듭되면서 진실에서는 한참 멀어져 버렸다.

조선의 문헌들은 실생활에서는 사용하지 않는 죽은 문자다. 그러니 결국, 이곳에서 연구해볼 만한 흥미로운 분야는 글을 읽지 못하는 계층의 신앙이나 전통문화 같은 것이라 할 수 있다. 상놈이 바로 이런 것들을 그대로 간직하고 있는 유일한 계층인데, 이것은 그 자체로 아주 광범위한 주제이기 때문에 지금 그것을 다 살펴보는 어렵다. 이들의 신앙이 종교라고 말할 수 있을 만큼 충분하고 명확한 형태를 갖추고 있는 것은 아니었지만, 이들이 믿는 것은 매우 다양하며 셀 수도 없다. 천 조각, 길가의 나무, 새와 짐승 같은 수많은 것들이 이들의 삶과 연결되어 끝도 없는 의미를 지니고 있었다.

여행 중이던 어느 날이었다. 나를 시중들던 상놈이 깊은 상심에 빠져 아침 일찍 내 방에 와서 하는 말이, 간밤에 짚신을 말리려고 부엌 아궁이 앞에 놔두고 잤는데 그만 새벽에 다 타버렸다는 것이다. 짚신은 몇 푼 안 했기 때문에 새로 한 켤레 사준다고 이야기했는데도 소용이 없었다.

"아니요! 아니요! 그건 원래 내 신발이 아니잖아요. 신발을 태워 먹는 건 불길한 징조예요. 난 죽을 거예요."

나는 그의 정신을 차리게 하려고 노력했지만 그 집착을 깨는 데는 아무 소용이 없었고, 서울에 도착할 때까지 그날 하루는 정말 우울하게 흘러갔다. 그리고 이틀 후 전갈을 받았다. 그가 많이 아프다는 것이었다. 외국인 의사를 보내 진찰해보니 장티푸스였는데 얼굴이 반쪽이 된 불쌍한 친구를 보니 사흘 전 이야기했던 흉조가 생각났다. 말할 것도 없이 그의 짚신이 삼십 분도 채 되지 않는 시간에 내가 몇 년 동안 그에게 알려줄 수 있는 것보다 많은 것을 말해준 것이었다.

조선에서 '독립'이란 말은 새로운 개념이다. 단어 또한 그 개념을 표현하기 위해 새로 만든 것이다. 이곳 사람들은 한 번도 다른 존재로부터 분리된 오롯한 자신을 생각해본 적이 없었다. 서양 세계에선 넓은 국토에 집이 한 채 한 채 그렇게 서 있듯 개인도 자신의 책임 하에 홀로 살아가는 반면, 동방의 사람들은 함께 일하고 집도 마을을 이루면서 반드시 함께 들어선다.

또한 서양 사람들을 움직이는 것은 확장과 분화 작용을 통해 안에서 밖으로 뻗어가는 큰 힘인 데 반해, 동양에선 삶을 한정하고 응축하면서 그 중심으로 파고든다. 그리고 이 과정의 가장 중요한 부분을 상놈들이 차지했다. 사실 이들 상놈들의 능력 또한 너무나 쪼그라들어 있어서 누군가 도와주지 않

우리 조상들은 큰 목재를 자를 때뿐 아니라
자그마한 목재에 톱질을 할 때도 함께했다.

조선, 그 마지막 10년의 기록

으면 혼자서는 절대 아무 것도 하지 않았다. 친한 사람 하나 더 붙여주지 않는 한 아무리 간단한 걸 시켜도 절망한 채 넋 놓고 있을 뿐이었다. 예를 들어 톱질을 하려면 반드시 반대쪽에 한 사람이 더 있어야 한다. 없으면 일이 안 되어서가 아니라 원래 그렇게 해온 데다가, 또 그것이 일이 돌아가는 이치에 맞기 때문에 그렇다는 것이었다.

이들이 삽을 쓰는 것도 놀랍다. 조선에 대해 가장 열심히 공부하고 가까이서 이들을 관찰한 동료 G. Heber Jones 목사의 이야기를 들어보자.

"이 신기한 발명은 조선에서 노동력을 절감시키는 기구 중에서도 가히 최고라 할 수 있습니다. 이것은 셋에서 다섯 명의 일을 편하게 만들어 주는데, 땅을 잘 팔 수 있도록 쇠로 만든 보습[43]에 나무로 된 긴 자루로 되어 있어요. 자루는 약 150센티미터이고 일꾼 중 우두머리가 조작해요. 삽 아랫부분에는 양쪽으로 하나씩 새끼줄이 두 개 연결되어 있는데, 이것은 자신들의 힘을 아끼고 싶어 하는 일꾼들이 조작합니다.

작업 중에 대장은 가끔씩 보습을 땅속으로 한 8센티미터 정도 밀어넣고는, 둘 혹은 네 명의 장정이 우렁찬 기합과 함께 흙을 2미터 정도 밖으로 날려 보내요. 딱 한 숟가락 정도 떠서 말이죠. 이렇게 세네 번 삽질을 하고 나면 지친 일꾼들은 한쪽에 앉아 담뱃대를 물고 휴식을 취하죠.[44] 이렇게 힘든 삽질을 함께 해내는 일꾼들을 지켜보는 것은 얼마나 아름다

---

43 삽의 날 부분

운가요. 이 모든 과정은 마치 시곗바늘이 움직이듯 정확하게 이루어지는데, 특히 휴식을 취할 때가 그래요. 가끔 그들은 그렇게 휴식을 취하면서 아주 흥겹게 단조의 노래를 부르는데, 이 노래는 언제나 조선 상놈들의 팍팍한 마음을 달래주는 것 같아요.

과연 이 도구가 노동절약형 기구가 맞느냐고 묻는다면 당연히 그렇습니다. 이 삽만 있으면 한 명이 할 수 있는 일을 다섯 명이 하면서 품삯은 다 받을 수 있으니까요. 사실상 이 삽 하나에 붙어서 일할 수 있는 일꾼의 수는 새끼줄을 묶을 수 있는 한 무한정 늘어날 수 있어요. 일꾼들끼리 일거리를 놓고 싸울 필요가 없죠.

이 만능 삽과 관련된 재미난 얘깃거리가 많은데, 그중에 하나를 이야기해 볼게요. 갈아야 할 땅이 조금 있었어요. 그래서 상놈 하나를 고용했죠. 그러곤 미국에서 가져온 아주 아름다운 삽을 쥐여줬지요. 그랬더니 이 사람이 삽에다 새끼줄 두 개를 묶고는 일꾼을 넷이나 더 뽑는 거예요. 아! 당연히 내 돈으로요. 그러고는 당당하게 일을 해치웠죠. 이게 바로 조선 상놈들 마음을 사로잡은 만능 삽의 위력이에요."

돈을 아무리 많이 주더라도 자신들의 풍습을 따르려는 상놈의 곧은 마음을 깨뜨릴 수는 없다. 이들은 돈이 편리함을 주기는 하지만, 어떤 경우에도

---

44 역자가 어릴 때도 시골에서 삽에 새끼줄을 묶어 이렇게 가래질하는 것을 본 적이 있는데, 힘든 작업을 함께 해내는 목적이지 저자가 기술한 것처럼 농땡이 치려는 용도는 아니었다. 아마 그 당시 일꾼들이 장난을 쳤거나 좀 과장하여 재미있게 표현하는 듯하다.

세 명에서 아홉 명까지, 조선 만능 삽(가래)의 위력

없으면 안 될 것이라고 여기지는 않는다. 꼭 액수가 중요한 게 아니라 다른 조건들이 만족스러우면 하겠다고 할 것이고, 어떤 때는 돈을 좀 더 달라고 할 것이다. 하지만 돈을 너무 많이 주면 또, 당신이 자신을 무시한다고 생각할 수도 있다. 이들은 절대로 순수하게 돈에 의해서만 종속되는 관계 속에 자신을 가두지 않는다. 일이 끝난 후 우정과 감사의 마음으로 아주 약간의 성의 표시만 해주어도, 도움을 요청할 때마다 이들은 기꺼이 달려올 것이다. 순수하게 당신을 돕기 위해서 말이다. 만약 사이가 좀 틀어지게 되면 그는 돈을 더 달라고 할 것이고, 반대로 친분이 아주 돈독하면 적게 줘도 받아들일 것이다. 만약 잘못되어 관계가 파탄이라도 난다면 당신이 돈을 아무리 많이 줘도 절대 일하지 않는 것은 물론이고, 온 마을 전체가 당신 일을 하지 않을 것이다.

이들 상놈의 종교는 조상을 모시는 것과 관청의 벼슬아치들을 증오하는 것으로 구성되어 있다. 이것은 이들이 정말로 전자를 사랑하고 후자를 증오해서라기보다는, 풍습 자체가 좋은 일이 생기면 조상님 은덕이라 생각하고 나쁜 일이 생기면 탐관오리들이 썩어서 그렇다고 생각하는 것이다. 그러다 보니 존경하는 표현은 조상님께, 원망하는 표현은 관리들에게 하게 된다.

내가 처음 방문했던 도道에서는, 온 마을 상놈들이 내내 쭈그려 앉아 저 언덕 너머 관아에 사는 관찰사45를 저주하고 있었는데, 듣고 있자니 마치 당장 내일이라도 반란이 일어나서 이 불쌍한 관찰사가 옷 한 벌도 온전히 못 남기고 비명횡사할 것만 같았다. 그곳에서 몇 번의 계절을 보내며 나는 그 관찰사와 알고 지내게 되었는데, 겪어보니 살면서 이보다 더 온화하고 인품 있는 사람은 본 적이 없을 정도로 괜찮은 관리였다. 그는 이런 폭풍 같은 저주가 자신에 대해 끓어오르고 있다는 걸 전혀 모르고 있었다.

폭풍은 계속 끓어올랐지만, 결코 터지진 않았다. 다른 지방도 다녀본 후 백성들의 이런 불만은 이곳 조선에서는 그냥 정상 상태를 의미한다는 걸 알게 되었다. 자신을 보호해주는 강력한 중앙집권 체제 속에 속해 있지 않는 한, 그 어떤 관찰사도 안심할 수 없을 것 같았다.

벼슬아치들에게 이러한 증오를 표출하는 가운데, 임금을 향해 품고 있는 이들의 충성심은 대단히 인상적인 것이었다. 설사 실제로는 아주 사악한 폭군일지라도, 상놈들은 왕을 현명함과 자애로움의 결정체이자 절대 죄를 범할 수 없는 완전무결한 존재로 생각하고 있었으며, 신의 아들 혹은 절대 선, 옥황상제 등으로 불렀다. 다만 대궐의 신하에서부터 지방 관리까지, 전하를 가까이서 모시고 있는 모든 벼슬아치들이 나라를 축내고 있는 날강도이며 무법자일 뿐.

상놈이 같은 인간을 두려워하는 경우는 전혀 없었다. 그들의 적은 '작은 악마'라고 번역될 수 있는 tokgabi나 kwisin[46]이었다. 이들은 삶에서 마주치는 모든 안 좋은 상황을 이 '작은 악마'들 때문이라 여겼기 때문에, 도깨비나 귀신을 잡아 가두거나 깊은 땅속에 묻는 방법을 찾느라 얼마나 진지하고 열심인지 몰랐다. 이럴 때면 인간들을 상대할 때는 전혀 비치지 않던 공포나

---

45 오늘날의 도지사
46 도깨비, 귀신

굿을 하고 있는 무당

불안한 표정이 이들 얼굴에 어렸는데, 상황이 이렇다 보니 자신들의 수입 중 많은 부분을 P'ansu[47] blind fortunetellers나 Mutang[48] sorceress을 부르는 데 썼다. 무당은 어떤 귀신이라도 무서워서 도망가도록 꽹과리, 징, 북을 치면서 소리를 지르고 춤을 추는 사람이다. 나는 무당이 귀신을 쫓는 것을 한 번 본 적이 있다. 무당은 극도의 황홀경에 빠진 채로 내가 어지러워서 제대로 못 볼 지경까지 뱅글뱅글 돌고 있었는데, 나도 모르게 그 안으로 빨려 들어가 함께 춤추고 돌게 만들 정도였다.

---

47 판수 – 무당이 대체로 여자인 데 반해 판수는 대체로 남자이며, 주로 앉아서 경문을 읽고 귀신을 물리치는 행위를 한다.
48 무당

조선, 그 마지막 10년의 기록

이 불쌍한 상놈들은 자신의 상투가 없어지지나 않을까 평생을 공포 속에서 보냈는데, 밤중에 지나가던 귀신이 상투를 잘라버릴 수도 있다고 생각했기 때문에 한밤중에라도 혹시나 하고 바깥에 나갔다 들어오곤 했다. 자기 상투를 잃어버린 몇 사람이 와서 이야기하기를, 귀신이 살아 있는 불똥을 지붕에 던져 온 집에 불을 질렀다고 하면서 이 불똥은 염라대왕의 아궁이에서 도깨비가 꺼내 가지고 온 것이라 했다. 부엌에서는 영문도 없이 그릇이 깨져 산산조각 나고, 벽에서는 물이 부딪혀 끼얹어지는 소리가 났다고 했다. 그러는 동안 문은 꽉 닫혀 이중으로 잠겨버렸고, 마누라는 데굴데굴 구르면서 이놈의 도깨비가 시어머니보다도 독하다고 외칠 정도였단다.

　나는 가끔 상놈들을 보면서, 어떤 일에도 안절부절못하는 법 없이 삶을 저렇게 평온하게 살아가는 이들의 얼굴에 파인 저 깊은 주름은 도대체 어디서 온 것일까 궁금하곤 했다. 나는 그것이 이 상놈들을 평생 따라다니며 그들의 삶을 속박하는 그것, 바로 귀신에 대한 공포에서 온 것이라고 생각한다.

　상놈이 돌아가신 조상님과 맺고 있는 관계는 내가 절대 설명할 수 없는 종류의 것이었다. 그들이 진심으로 독실하게 제사를 지낸다는 것은 의심의 여지가 없지만, 과연 그 행위의 의미를 명확하게 이해하고 있느냐 하는 것은 대단히 의심스러웠다. 하지만 이들이 4대조까지의 모든 무덤 위치를 정확하게 기억할 뿐 아니라, 우리가 이복형제에 대해 설명할 수 있는 수준으로 증조할아버지의 육촌형제 이야기를 하는 걸 듣고 있노라면 이들이 조상님들을 얼마나 극진히 모시는지 알 수 있었다. 대체 그 조상님이 뭘 남겨줬

느지는 잘 모르겠지만, 매년 돌아오는 제삿날엔 어떤 조상님도 빠뜨리는 법이 없었다. 어떻든 자손이 번영하는 바에야, 그런 걸 따질 필요가 없는 것이었다.

내 조선인 친구는 아니라고 했지만 나는 조선 사람들이 돌아가신 부모에게 갖고 있는 감정이, 아마도 말을 바꾸고 배신한 공범에게 가지는 원한과 비슷하지 않을까 가끔씩 생각한다. 부모가 세상을 떠나면 아마 다른 돌아가신 조상님들과 함께 산책이나 하면서 놀고 계실 텐데, 이들은 부모님께서 돌아가신 것을 자식으로서 할 도리를 제대로 하지 못한 최고의 불효로 생각했고, 자손들은 여기에서 비롯되는 멍에를 감내해야만 했다. 스스로를 '천하에 몹쓸 놈', '씻을 수 없는 죄인'이라 칭하면서 삼 년 동안 가슴에 죄를 지우고, 부끄러운 얼굴을 숨기기 위해 큰 삿갓의 그늘 속에 숨어 지냈다.[49]

상중에 최복을 입고 방립과 포선으로
얼굴을 가린 모습

상놈들의 가정생활은 아주 간단하다. 아무리 까다로운 사람이라도 아궁이에 불 넣은 따뜻한 방바닥에 자리 한두 장 깔고 누우면 그만, 더 이상 편한 것이 없었다. 그의 억척스럽고도 나긋나긋한 마누라가 이 모든 것을 잘 돌아가게 만들었는데,

조선, 그 마지막 10년의 기록

아마 이런 여인들이 없었다면 조선 사람들은 이미 오래전에 재가 되고 먼지가 되어 사라졌으리라.

남편이 앉아서 담배를 피우며 쉬는 동안, 부엌에서 여인들은 밥 짓는 소리 위에 자신들의 목소리를 울려대며 열심히 일했다. 비록 여인으로서 화려하게 채색된 삶을 살진 않지만, 그네들은 이 극동이 자랑할 만한 너무나 헌신적이고 기품 있는 여인들이다. 별로 매력적이지 않은 외모에 우악스럽긴 하지만 이 전쟁 같은 삶의 굴레 속에서도 남편에게 충실하고 아이들에게 자상한, 자신의 역할을 너무나 담담하고 훌륭하게 해내는 이들은 전 세계 모든 여성들의 자랑이리라.

이제 상놈에 관한 이야기를 정리하며 이들의 좋은 점들만 기억하기로 하자. 이들은 삶을 있는 그대로 받아들이며 언제나 치우침 없이 온화하다. 좀 거칠게 드러날 때도 있고 세련되게 표현될 때도 있지만 항상 그 내면으로부터 빛이 난다. 그네들은 거의 씻지도 않고, 갈아입을 옷도 없으며, 카펫이나 슬리퍼도 없다. 아무 음식이나 먹고, 길을 걷다 밤이 오면 그냥 길에서 잠을 자고, 살아 있을 때 그랬던 것처럼 죽을 때도 아주 소박한 장례를 치를 뿐이다. 몸과 마음을 동시에 닦아내는 고행과도 같은 그들의 울퉁불퉁 다듬어지지 않은 삶.

---

49 자식은 부모가 돌아가시면 삼년상을 지냈는데, 이 기간 중에는 여막에 거처하며 밖에 나갈 때는 하늘을 볼 수 없는 죄인이라 하여 방립과 포선으로 얼굴을 가렸다.

조선의 철학은 이렇게 말한다. 남자에게 필요한 것은 아름다움이 아닌 강인함이라고.

"강인함은 남자이고, 아름다움은 여자이다."

그리고 상놈은 강인하다.

당신은 이들을 겪은 적이 없으며, 이들도 당신을 겪은 적이 없다. 아마 이곳에서 길을 걷다 보면 곧 상놈이 와서 부딪칠 것이고, 그 기름기 흐르는 어깨를 당신에게 문지를 것이다. 또 그럴 때마다 얼른 고개를 숙이고 인사하는 상놈을 보게 될 것이고, 밝은 미소 속에 깃든 말할 수 없이 깨끗한 양심과 함께 하루하루를 성스러운 날로 채워 나가고 있는 그의 삶 또한 느낄 수 있을 것이다.

내 앞에 당당히 서 있던 한 상놈이 있었다. 조선 땅 깊숙이 떠나는 나의 여행에서 길을 안내해 주었던 그을린 얼굴의 땅딸막했던 이. 그는 항상 우리 앞길을 정리했고, 모든 일에 내 편의를 우선시했다.

하루에 60킬로미터나 여행했던 어느 쌀쌀했던 저녁, 하룻밤 묵기 위해 어떤 집으로 들어갔던 우리. 주인은 방도 없고, 먹을 것도 없고, 외국인에게 쓰일 것이 아무 것도 없다고 했다. 온 마을에 물어봤지만 모두가 같은 대답이었다. 그곳에서, 이 세상 어디에도 기댈 곳 없던 나는 혼자였다. 벌써 60킬로미터나 달려온 새까맣게 탄 이 작은 덩치의 상놈 외에 내가 기댈 곳은 아무 데도 없었다.

그는 화를 못 참고 마을사람들과 약 8초 동안 입씨름을 하더니, 소용이 없다는 걸 깨닫자 제일 앞장서서 이야기하던 키 크고 호리호리한 사람에게 돌아섰다. 그러곤 그 도포자락을 양손으로 움켜잡고 순식간에 땅으로 처박아 버렸다. 이것으로 우리는, 주인은 그들이 아니며 오히려 우리가 온 마을을 내쫓을 수 있다는 걸 보여주었다. 결국 주민들은 우리에게 방도 내주고 밥과 달걀도 주며 하룻밤 편히 지낼 수 있게 해주었다.

그 후로 오랫동안 나는 까만 얼굴의 이 왜소한 상놈에게 전적으로 의존했다. 그는 단 한 번도 내 기대를 저버리지 않았다. 나를 등에 업고 개울을 건너고, 자신의 안위는 팽개친 채 눈과 빗속에서도 굳게 버텼다. 반도를 여행하는 내내 마주친 모든 상황을 즐겁게 만들어준 사람. 그는 마치 형제같이 믿음직하고 하늘의 해처럼 한결같은, 인생에 한 번 만날까 말까 한 동반자였다.

도대체 무엇 때문에 이렇게까지 했던 것일까? 고향의 온돌방에서 지내며 벌 수 있는 것보다 훨씬 적게 준 돈 몇 푼 때문에? 그것이 아니었다. 그에게는 이것이 우정과 명예의 문제였던 것이다. 사는 곳이 달라 우리가 떨어져 지낸 것이 벌써 오래지만, 인편이나 우편으로 아직도 자주 한글로 쓴 두꺼운 편지 뭉치를 받는다. 아직 잘 살고 있다는 자신의 안부를 전하며, 나의 안녕과 장수를 기원하는 편지를. 작은 덩치에 그을린 얼굴을 한 상놈의 서투르고 조심스런 서명이 담긴 편지를.

압록강, 그리고 그 너머

강
하
나
를
사
이
에
둔

완
전
히
다
른
두
세
계

동방의 나라를 여행한다는 것에 대해 솔직하게 표현하자면, 단순히 좋다는 이야기 외에 언급해야 할 것들이 많다. 그중 하나는 어떤 것을 볼 때 가능한 한 초점을 뿌옇게 해야 한다는 것이다. 물론 이런 노력에도 불구하고 종종 서양인의 신경 시스템에 엄청난 충격을 가하는 일들이 벌어지기 때문에, 이 기묘한 동방을 여행할 때 가장 좋은 방법은 무엇이든 너무 자세히 살펴보지 않는 것.

고양은 서울에서 북동쪽으로 20킬로미터 정도 떨어진 평범한 작은 마을이다. 어둑어둑해질 무렵 우리 일행은 이곳에 당도했고, 하룻밤 묵으러 들어간 집에서 차려준 빨간 고추와 생선 알이 올라온 밥상은 그야말로 감동이었다. 우리는 서울에서 정오쯤 출발했는데, 조랑말 두 마리에 짐을 얼마나 실었던지 정작 조랑말은 거의 보이지도 않았다.

우리 일행 중에는 상당히 개화된 서 씨가 있었는데, 그는 평생을 중국이나 중국 접경에서 보낸 사람이었다. 그에게 함께 여행하지 않겠느냐고 부탁한 것은 우리였는데, 그것은 첫째로 그가 성품이 아주 온화한 양반이었기 때문이고, 둘째로는 중국어를 할 줄 알았기 때문이다. 확실치는 않아도 돌아오기 전에 만주를 들를지도 모를 일이었다. 그는 절로 존경심이 일어나는 사람이었고, 그 덕분에 우리에게도 위엄이 깃들었다. 엄청나게 솜을 누빈 옷과 거대한 검은 안경이 그를 마치 눈이 겹쳐 달린 괴물처럼 보이게 했지만, 그래도 그가 무서워할 생명체가 아니라 아주 세련되고 소양 있는 점잖은 사람이란 걸 말해주는 긴 담뱃대 덕분에 조금 안심이 되었다.

우리 일행에는 심성 고운 소년 keumdoli[50]도 있었는데, 마마를 앓아 얼굴이 오돌토돌한 가죽처럼 된 곰보였다. 일행의 또 다른 구성원은 반쯤 자란 테리어[51]였다. 이놈은 우리가 수천 킬로미터를 가야 하는 먼 여행을 떠나는 게 아니라 마치 한두 시간 소풍을 나온 것처럼 까불어댔고, 놈이 이리저리 들쑤시고 다니는 꼴을 보면 아주 똑똑해 보였다. 조선 사람들은 이놈을 개가 아니라 이 서양 사람들과 단짝으로 붙어 있는 귀신spirit처럼 여기는 듯했다. 이놈을 우리는 '닙[52]'이라고 불렀는데, 닙은 우리 일행의 당당하고 품위 있는 서양 측 구성원이었다.

고양은 서울처럼 조용하고 평화로운 곳이었다. 우리는 잘 잤다. 그리고

---

50 금돌이
51 영국산 개의 종류
52 미 속어 ─ 일본인을 낮잡아 이르는 말

아침은 도둑골이라는 곳으로 이어진다는 좁은 골목에서부터 밝아왔다. 골목에는 강도는커녕 우리 개나 우리에게 눈길을 주는 평범한 행인조차 전혀 없었다. 사실 이 장소는 강도와는 전혀 상관없는 역사적인 사건과 관련이 있었다.

500년 전 Song-do[53]가 수도이던 때, 이 지역 여러 산에는 수백 개의 절이 가득 들어서 있었다. 불교를 숭상하던 그 왕조에서 절들은 아무 문제도 없었는데, 한양Seoul에 새 왕조가 들어서면서 불자들은 모두 추방되었고, 절은 불에 타버렸다. "지금은 절터 하나만 남아 있어요." 서 씨가 말했다. "봄이 오면 그 절터에 쭉 늘어선 주춧돌 위를 빈대들이 누렇게 덮고 있는 걸 볼 수 있는데, 500년 동안 먹을 것도 없이 용케 살아 있어요." 게다가 그렇게 오랫동안 굶었는데도 어떤 놈은 무게가 반근 가까이나 나간다며[54] 아주 심각하게 이야기했다.

조금 더 올라가니 두 개의 거대한 miryok[55] 혹은 부처님이 산 중턱에서 아래를 내려다보고 있었는데, 얼굴에는 열반에 든 Sukamoni[56] 부처님이라고 쓰여 있었다. 그것은 수수께끼를 내며 우리 앞에 서 있던 극동의 스핑크스 부부였다. 그 불상은 약 육칠백 년 전 송도가 수도이던 시절 바위를 쪼아서 만들었다고 했다. 한양 세력이 성장함에 따라 송도는 위태로워 보였고, 점

---

53 송도(개성) – 고려의 수도
54 빈대는 사람의 피를 빠는 약 5mm 정도 길이의 곤충으로, 절대 반근 가까이 나갈 일은 없는데 서 씨가 허풍 떠는 것을 묘사한 것으로 보인다.
55 미륵
56 석가모니

쟁이는 서울을 둘러싼 산의 형세를 큰 고양이에 비유하며, 쥐의 언덕인 송도를 칠 준비가 다 되었다고 했다. Koryo[57]의 왕은 자신이 쥐와 같이 죽을 운명이 되지나 않을까 두려워하면서 서울을 바라보며 송도를 지켜주도록 사람들을 보내 이 미륵불을 새겼다고 한다. (보다 구체적인 설명은 P.140 참고)

2월 29일 오후, 우리는 어느새 임진강이 내려다보이는 언덕길로 접어들었다. 한참을 힘들게 걸은 뒤였다. 우리의 앞길을 막고 있던 문 앞에는 얼음이 부서져 질척거리고 있었고, 저 멀리 물에 떠 있는 배를 잡기 위해서 말, 사람, 짐 모두가 옆의 비탈로 미끄러지는 수밖에 없었다. 마부가 조랑말 두 마리를 끌고 미끄러져 내려가는 모양이 아주 재미있었는데, 말 한 마리의 고삐를 단단히 쥐고 끌어당겨 비탈 끝에서 아래로 확 뛰어내리고는 바닥까지 미끄러지는 동안 절대 뒤를 돌아보지 않았다. 말도 미끄러지고 구르며 눈 깜짝할 사이에 바닥까지 내려왔고, 당연히 엄청 놀란 것 같았다. 나머지 한 마리도 마찬가지.

머리가 헝클어진 조선 뱃사공 서너 명이 심상찮게 물이 새던 뗏목 위에 우리를 싣고 나아갔다. 건너편에 당도하자 사공들이 우리를 등에 업어 내려주었는데, 말이 업은 것이지 몸 대부분을 그냥 물속에 담가버린 상태였다.

난리를 피운 끝에 마침내 땅을 밟은 우리는 십 리를 더 나아가 주막에 당도하였는데, 문제는 구들에 불 넣은 바닥이 뜨뜻한 정도를 넘어 밤새 우리를 통구이로 만들어 버렸다는 것이다. 별것 아닌 것처럼 보일지 모르겠지

---

57 고려

만, 이 통구이 과정을 우아하게 참는다는 건 추위에 지친 외국인이 상상할
수 있는 범위를 완전히 벗어난 것이었다.

임진강이 내려다보이는 한 절벽 위에서 볼품없는 건물 하나를 발견했다.
조선 사람들이 자주 이야기하는 한 전설을 기리기 위한 것이었다. 약 400년
전에 Yiil-gok[58] 선생이라는 예언자가 살았는데, 선생은 이상하게 생긴 집을
여기에 만들었다고 한다. 선생이 계속 하는 일은 이 나무 집 안팎에다 기름
칠을 하는 것이었는데, 왜 그러느냐고 물으면 잘 타라고 그런다고 했다. 선
생은 여기에 흐르는 강 이름을 비유하면서, "몇 년 후에 도래할, 임진이라고
불릴 해의 어느 날 밤에 (날짜까지 말해주며) 이 집을 반드시 태워야 한다. 그
렇지 않으면 재앙이 온 나라를 뒤덮을 것이다."라고 했다는 것이다. 자신이
예언한 날이 오기 전에 율곡 선생은 병들어 죽게 되었는데, 형님에게 이 집
에 계속 기름칠을 하고 자신이 말한 그 날짜에 불태워 줄 것을 부탁했다.

임진년(1592)에 일본이 침략하여 서울로 밀고 올라오자, 조선의 왕은 목
숨을 구하려고 도망쳤다. 그날 밤 왕은 수행하는 사람도 거의 없이 매 순간
그를 열심히 쫓고 있는 왜군에게 잡힐 것만 같은 공포 속에서 이 산을 넘어
가는 길을 찾으려고 했으나 헛수고였다. 어둠이 내려앉아 도망가는 게 거
의 불가능하다고 여겨질 때, 갑자기 바로 앞에 있는 한 지점에서 불길이 올

---

58 율곡 이이 – 율곡 선생의 고향은 임진강변에 위치한 경기도 파주시 율곡리이다. 그의 호는 '밤나무 골'이라는
고향 마을 이름에서 따온 것으로서, 우리 조상들은 자신이 생활한 동네 이름으로 호를 많이 삼았다. 다른 사
례로 연암 박지원은 그가 한때 살았던 황해도 금천현 연암골에서 그의 호를 따왔으며, 삼봉 정도전 또한 그가
살던 곳이 삼각산 삼봉 아래여서 삼봉이라고 호를 삼았다. (그의 외가인 단양의 도담 삼봉에서 따왔다는 설도 있
다.)

랐고 주변 땅을 환히 밝혀주었다. 덕분에 왕은 산을 넘을 수 있는 길을 찾아, 강을 건너 마침내 도망갈 수 있었다. 바로 이날 밤이 예언한 그날이었고, 예언자가 기름칠 한 집이 왕을 구한 것이었다. 그 예언자의 지혜를 기리며 그집이 있던 절벽 그 자리에 지금은 우리가 본 건물을 세워둔 것이다. (보다 구체적인 설명은 P.141 참고)

이날 날씨는 봄처럼 온화했고, 몇몇 버드나무에선 생명의 기운이 움트고 있었다. 길가에 늘어선 이 나무들에는 천 조각들이 묶여 있었고, 그 아래에는 돌무더기가 쌓아 올려져 있었다. 이것은 귀신이 계속해서 인간들에게 덧씌우는 흉한 기운을 물리치기 위한 조선 사람들의 대응 법이었다. 조선에서는 특별히 신성시하는 나무가 따로 있는 것은 아니어서 이날 우리가 지나친 참나무, 단풍나무, 향나무 등에 모두 이런 천 조각들이 묶여 있었다. 조선식 귀신학설에 따르면 나무는 다양한 종류의 악귀가 모여드는 곳이었다. 그 껍질과 뿌리 속에, 아니 사실상 모든 곳에 악귀가 떼로 숨어 있다고 했다.

어느 날 밤 금돌이가 나를 깨우더니 집 뒤의 늙은 나무에서 나온 귀신들이 모래를 창문으로 던져대는 바람에 잠을 잘 수가 없다고 했다. 조사를 하러 나갔던 나는, 금돌이가 귀신이라고 생각한 작은 조각들이 섬뜩한 빛을 발하며 흩어져 있는 걸 보았었다.

다음 날 우리는 이전 왕조였던 왕씨들의 수도인 송도로 들어가기로 되어 있었다. 비가 오는 바람에 온몸의 진이 다 빠져 있었고, 우리는 어떤 즐거움도 없이 그냥 걷던 중이었다. 우리가 송도에 가까워지고 있다는 징표 중 하나는 사람들의 삿갓이었다. 그건 이 지역만의 특이한 모양이었는데, 짚으로

삿갓과 삿갓 내부　　　　　　　　　송도의 여승

만든 넓고 뾰족한 우산 같았다. 그것은 스님들이 쓰는 삿갓과 닮았는데, 부
처님이 쓰셨던 그 모양대로 전해져 내려온 것이었다.

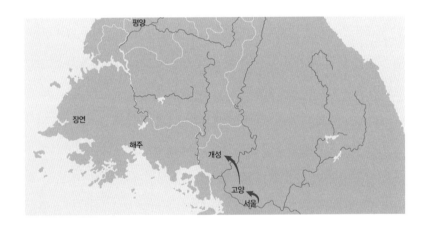

　　　　　　　　　　조선, 그 마지막 10년의 기록

주막

길게 이어진 박석[59] 길을 지나 세 시쯤, 우리는 남대문 바로 밖 주막에 당도했지만 점심을 먹기 위해서는 일곱 시까지 기다려야 했다.

조선에서 오랜 시간 고생을 하다 보면 자연스레 인내심을 기를 수 있는데, 이왕이면 빨리 인내심을 기르는 편이 확실히 자신에게 좋다. 조선에서 여행을 하면서 행복해질 수 있는 유일한 방법은 조선 사람들에게 시간을 주는 것이다. 그들이 그들 방식대로 인생을 살아가도록 내버려둬야 하는 것이다. 아무리 재촉하고 닦달해봤자 아무런 변화 없이 느린 그대로일 것이며, 그들이 당신을 덜 사랑하게 할 뿐이다. 정말 신기한 것은 이렇게까지 느려터진 나라가 빨리 하라는 의미의 말은 엄청 많다는 것이다. (역자 - 다음의 우리말 표현들을 아래 주석을 보지 말고 최대한 맞춰보기 바란다. 역자도 이것을 풀어내느라

_____

59 얇고 넓적한 돌

개성

머리가 터지는 경험을 했다.) Ossa, quippe, ullin, soki, balli, patpi, chiksi, chankam, soupki, nalli, nankum[60] 등은 우리가 매일 듣고 말하는 수많은 말들 중 일부일 뿐이었다. 물론 조선 사람들도 이 말을 듣긴 하지만, 그 효과는 25센티미터 두께의 철판에다 종이로 만든 공을 던지는 정도밖에 미치지 못했다.

우리는 폐허로 변한 옛 수도의 터 위에서 명상하며 며칠을 송도에 머물렀다. 계단식으로 구획된 땅 위의 주춧돌들은 아직 견고했고, 여기저기 굴러다니는 잘려진 돌들은 멸망한 고대 영국 왕실의 왕궁을 떠올리게 했다. 송악산 자락에 자리 잡은 이 도시엔 약 60,000명의 주민이 살았다. 도시는 슬프고 고풍스런 모습이었다. 성곽 안에는 극히 일부의 건물만이 남아 있었고, 이마저도 폐허가 되어가고 있었다.

근방에는 얼마간의 인삼밭이 있었다. 높이와 폭이 1미터쯤 되는 천막이 줄 지어 있었고, 아래에는 흙을 돋구고 흘러내리지 않도록 석판으로 깔끔하게 막아두고 있었다. 바로 여기가 인삼이 자라는 곳이었다.

인삼은 사람이 걸리는 모든 병에 효력을 발휘하는 조선의 만병통치약이다. 재배되는 인삼도 귀하지만 (사실 그냥 귀한 게 아니라 아주 귀하다) 산에서 나는 산삼의 가치는 측정할 수 없는 수준이었다. 금광에서 금을 찾듯, 사람들은 산삼을 찾아다녔다. 이들 사이에서 산삼을 찾고자 하는 열망은 더욱더 커졌고, 많은 사람이 광기에 사로잡혀 산속에서 사라져갔다. 인간의 시력으

---

60 어서, 급해, 얼른, 속히, 빨리, 바삐, 즉시, 잠깐, 쉽게, 날래, 냉큼

개성 인삼밭

로 그것들을 찾아내기엔 역부족이라는 이야기를 들었다. 산삼 꽃은 영혼이 맑은 사람한테만 보인다고 하는데 오직 천지신명이 도와야만 한다고 했다.

모든 벼슬아치들은 질 좋은 보석과 함께 몇 뿌리의 인삼을 항상 가지고 다녔다. 마치 스코틀랜드의 위스키처럼 인삼뿌리는 추울 때 따뜻하게 해주고, 열날 때 열을 내려준다. 늙은이를 젊고 활기차게 해주며, 기력이 다한 어머니의 생명을 늘려주었다.

일본에서 자주 뵙는 영광을 누릴 수 있었던 Yi Chun Yong[61] 전하께서 한 번은 내 주소로 아주 귀한 조선의 예술품과 함께 한 묶음의 인삼을 보내주신 적이 있는데, "먹고 생기 있으라"고 쓰여 있었다. 그 인삼 덕분일까? 아직까지 나는 생기 있게 잘 살아 있다.

조선, 그 마지막 10년의 기록

선죽교

우리는 동쪽 성곽 옆에 있는 명소도 방문했다. 천이 흐르고 그 위에 돌다리가 있는데 일부분을 울타리를 둘러 막아두었다. 왜 막아두었을까? 다리 가운데에 핏자국 같은 것이 있는 신성한 돌 때문이었다. 이야기는 송도가 몰락하는 시기로 거슬러 올라간다.

왕위를 찬탈한 사람들에게 충성을 맹세하기를 거부한 사대부 Cheung[62]공이 말을 타고 돌아오다가 이 다리 위에서 죽임을 당했다. 공의 피가 돌에 스며들었고, 500년이 지나도록 그 얼룩은 지워지지 않았다. 이곳

---

61 이준용 – 흥선대원군의 장손으로, 작은아버지인 고종을 몰아내고 왕위에 오르려는 시도가 2회 있었다. 실패 후 일본에 머물렀다.

62 정(몽주)

사람들은 이 전설을 절대적으로 믿고 있으며, 현재의 왕가에게 이 다리는 절대 벗어날 수 없는 굴레와 같았다.

옛 수도를 떠나며 북쪽으로 접어든 산길은 이곳저곳이 채석장으로 깎여 있었다. 송도를 떠난 첫날, 우리는 험한 길을 걷다 지쳐 주막에 들렀는데 여자 혼자 꾸려가고 있는 듯했다. 처음 그녀를 봤을 때 그녀 얼굴에서 쓰러져간 송도의 왕조가 비치는 것 같아 서글픈 마음이 일었다. 그런데 보면 볼수록 그녀가 무서워지기 시작했다. 그녀 목소리에 뭔가 날카로운 날이 서 있어서 저절로 공손하게 대답하고 있던 우리를 발견했기 때문이다. 그녀의 모습은 세월과 담배연기로 찌들어 있었지만, 몸단장이 너무나 단정하여 겨드랑이 아래 모든 부분의 중심이 딱 잡혀 있었다. 물론 일부 가정적인 분위기도 있었지만 상당히 호전적이었다. 그녀는 미소 지으며 우리 개를 칭찬했고, 우리는 그녀에게 상당히 끌렸다. 물론 이렇게 그녀 이야기를 하는 것은 그녀의 인상이 마음에 각인되었기 때문이다.

산길의 꼭대기에는 주변에 머무는 영혼이나 신을 모시기 위한 사당이 있었다. 사당 안에는 조선에서 자주 눈에 띄는 호랑이를 탄 사람 그림이 있었다. 조선 사람들은 호랑이를 San-Yung-gam[63] The old gentleman of the mountain이라고 부르는데, 표현에 존경을 담은 것이 느껴졌다. 조선에서는 우월한 존재들에게는 아주 공손해야 한다고 가르치는데, 호랑이에 대한 것이나 사당

---

63 산영감

조선, 그 마지막 10년의 기록

사당

앞에 바쳐진 공물들을 보면 잘 알 수 있다. 하지만 나는 정작 두려워해야 할 존재는 언덕 아래에 살고 있는 그 늙은 여인이 아닐까 하는 생각이 들었다. 흉한 일이 생기면 제물을 그녀에게 올리고, 호랑이나 귀신은 그 다음이 되어야 하지 않을까?

여행을 떠나온 지 총 300여 킬로미터. 드디어 오랜 역사를 간직한 평양에 다다랐다. 도시는 남으로 흘러가는 대동강 오른편에 자리 잡고 있는데, 강둑에 가지를 드리운 나무 밑을 지나며 바라본 풍경은 그야말로 한 폭의 그림이었다.

그렇게 강을 건너, 아마 조선에서 가장 분주한 도시일 평양의 동대문으로 들어갔다. 상거래가 발달해서일 뿐 아니라 고대 역사를 품고 있었기에 이

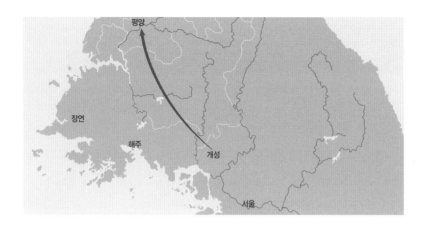

평양(1910년대)

평양 대동강변(1906년)
사진 중앙의 2층 전각이 평양의 동대문인 '대동문'이다.

평양의 '대동문'

곳은 특별한 흥미를 불러일으켰는데, 조선 사람들에게는 이곳의 모든 땅이 성지였다. 이곳은 다윗 왕이 예루살렘을 다스리던 무렵 Keui-ja[64]의 땅으로, '기자'는 조선Choson의 시조다.

조선 사람들은 평양을 배船,boat같이 생겼다고 생각한다. 평양에 도읍을 정한 사람은 성곽을 배 모양으로 쌓았고, 아직도 그대로 도시는 물에 떠 있

---

64 기자(기원전 1100년경) – 고조선 시대 전설의 나라인 '기자 조선'의 시조. 조선은 크게 단군 조선, 기자 조선, 위만 조선 등으로 나눌 수 있는데, 현대의 역사적 관점에서 다소 논란의 여지가 있는 부분이나, 당시 저자와 선조들의 고대사에 대한 인식을 알 수 있다.

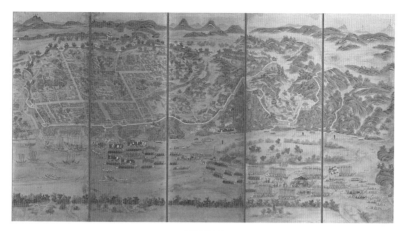

기성도(부분)

평양성은 '기자의 성'이라는 의미로 '기성'이라고도 부른다. 본문의 내용처럼
대동강 위에 위치한 평양 성곽의 모양이 배 모양과 유사함을 확인할 수 있다.

는 모양이다. 성곽 안에서 우물을 파는 것은 배에 구멍을 내어 평양이라는
배를 가라앉게 하는 것이라 간주되었고, 때문에 그 누구도 우물을 파지 않
았다. 상황이 이렇다 보니 성곽의 가장 변두리까지도 강물을 떠다 나르는
데, 물을 지고 나르는 사람의 독특한 걸음걸이는 이곳 거리에서 볼 수 있는
신기한 풍경이다.

다른 곳과 마찬가지로 좁고 더러운 이곳의 골목골목엔 생필품 가게들이
들어차 사람들로 북적거렸다. 다른 지역보다 좀 더 호전적이고 독립적이라
는 이곳 사람들은, 실제로 보니 겉모습과 성격이 모두 굉장히 평범해 보였
는데, 오히려 남쪽 사람들보다 예의 바르고 덜 시끄러웠다.

북쪽의 언덕들 사이사이엔 불교 사찰들이 모여 있었는데, 이곳에서 바라

조선, 그 마지막 10년의 기록

본 대동강 풍경은 그야말로 장관이었다. 아름다운 절과 그 절들이 위치한 기막힌 장소를 보니 한때 조선을 지배한 불교의 힘이 얼마나 대단했을까를 가늠할 수 있었다.

대동강과 평양성(1897년)

산자락을 따라 남쪽을 바라보면 기자의 옛 궁궐이 자리하고 있는 Woi song[65] outer city이 있는데, 아직도 기자의 후손들이 그곳에 산다고 했다. 현재를 살고 있는 고대 사람들은 고결하긴 하지만 죽은 존재로 살아간다. 유대인들과 마찬가지로 그들은 아직까지도 자신들이 선택 받은 사람들이라고 생각하기 때문에 이들이나 불자들은 스스로를 도시로부터, 또 세상으로부터 격리시키며 수 세기 동안 거대한 성곽 바깥에서 살아왔다. 물론 그들은 자신들끼리 행복하게 어울리며 살아왔다고 생각할지도 모르겠다. 하지만 보통 우리가 친구라고 할 때 떠올리는 것이 늙은 스님이나 군인은 아니지 않은가?

이 여행을 처음 시작할 무렵부터 평양은 전쟁 중[66]이었는데, 당시부터 호

---

65 외성(外城)
66 청일전쟁 – 1894년에 조선의 동학농민운동에 출병하는 문제로 일어난 청나라와 일본 사이의 전쟁. 일본군이 평양・황해・위해위(威海衛) 등지에서 승리하고 1895년에 시모노세키 조약을 맺었다.

평양의 기자릉

기심에 너무 와보고 싶던 장소였다. 청나라는 아무 것도 모르기 때문에 가질 수 있었던 무지에서 오는 자신감을 내보이며 평양으로 진군해 들어온 후, 의미 없이 시간을 지체하면서 자신들의 힘과 시간을 허비했다. 반면, 왜군은 평양의 모든 진출입로를 장악했고, 각 요충지에 병력이 증원되자 이미 승리는 보장된 것이었다. 늑대가 양을 덮치듯 그렇게 왜군은 청군을 공격했는데, 오만 명의 청나라 병력은 청나라로 도망치는 가장 확실한 지름길인 북대문으로 미친 듯이 쫓겨갔고, 그 절망과 혼돈 속에서 서로가 서로를 짓밟았다. 하지만 열쇠를 가지고 있어야 했을 사람은 열쇠를 잃어버렸고, 그곳에 더 이상 출구는 없었다. 다시 짐승 떼가 달아나듯 그렇게 우르르 남대문으로 몰려가는 동안 그들은 온 사방에서 살육을 당했다. 그건 전투라고 부를 수도 없는, 근세 전쟁에서 볼 수 있는 작전 수준에 훨씬 미달한, 도망치는 법도 제대로 모르는 무지한 생명체에 대한 무자비한 학살이었다. 동물

조선, 그 마지막 10년의 기록

학대를 근절하기 위한 사회운동을 하는 사람들은 반드시 그 영역을 극동 지방까지 확대하고, 군인이든 민간인이든 공격 능력을 상실한 중국인들을 쏴 죽이는 행위를 금지시켜야 할 것이다.

대학살 이후 평양시는 시체로 뒤덮였고, 한때 분주했던 거리엔 정적만이 남아 있을 뿐이었다. 주민들도 모두 흩어져 달아나서 아무도 누가 어디에 있는지 몰랐다. 그 치열한 전투 중에 한 조선 사람은 아내와 자식 셋을 데리고 성벽을 기어올라 목숨을 부지했는데, 어찌 보면 진짜 남자였던 그조차도 가지고 있던 모든 것을 잃었다. 그래도 그는 자신의 세 아이가 함께한다는 것에 감사했다. 끔찍했던 전쟁의 참상과 왜군의 소총이 덜컥거리던 소리. 검은 눈동자의 작은 소녀는 그날 밤 보고 들었던 것을 아마 영원히 잊지 못하리라.

평양의 일본군(1894년)

흥미로운 이야기를 많이 들었는데, 동방에서 전쟁을 어떤 식으로 바라보는지를 알 수 있는 것들이었다. 예를 들면, 청의 기마병은 부채와 향수병으로 무장하고 말을 탔고, 소총은 하인들이 들고 뒤따랐다. 후에 심양의 병동으로 후송되어 온 대부분의 청군 병사들은 등을 다쳤는데, "천자의 군사들이 어떻게 다들 뒷부분만 다쳤을까요? 하나같이 적군한테서 도망치다가 그런 것처럼 말이에요."라고 묻는 외국인에게 중국인이 다음과 같이 대답했다고 한다.

　　"우린 군법에 따라 제대로 진격했어요. 그리고 우리는 중국 위인에 대해 전혀 모르거나 미개한 오랑캐가 아닌 이상은 누구든 견디지 못하고 도망칠

일본군에 잡힌 청군 포로

수밖에 없는 무시무시한 얼굴을 가진 전쟁의 신, Che-kal-yang[67] 가면을 쓰고 총을 쏘며 돌격했어요. 왜군이 당연히 도망칠 거라고 생각하면서요. 그런데 꿈쩍도 않는 거예요. 이걸 보고 우리 장군님은 승리를 외쳤죠! 적군이 우리 기세에 완전히 겁먹고 얼어버렸으니까요. 그런데 갑자기 우리한테 총이 올라오는 거예요. 일제히, 마치 한 몸처럼요. 아! 살다 살다 이렇게 비겁한 전쟁은 처음이에요! 우리가 왜 등을 다친 건지는, 정말 모르겠어요."

평양에 머물렀던 며칠 동안 셀 수 없이 많은 구경꾼들이 우리를 따라다녔는데, 우리 모습이 특이해 보였는지 걸어가는 내내 웃음을 터뜨렸다. 눈이 와서 길은 질척하고 불편했지만, 이런 상황 속에서도 우리는 중국인들이 쳐놓은 덫들을 헤치며 목적지인 북대문까지 무사히 걸어갈 수 있었다.

며칠을 더 평야를 걸어 안주와 박천을 지났다. 건조한 오르막이 시작되었는데, 왼편으로 드문드문 펼쳐진 황해를 볼 수 있었다.

우리는 가산이란 동네에서 하루 즐겁게 머물렀고, 떠날 시간이 되자 몇몇 마을 사람들이 동구 밖까지 안전하게 배웅해 주었다. 그러고는 우리 뒤에서 돌을 던졌는데, 운 좋게도 예전에 황해도에서 하듯이 정확하게 던진 것은 아니어서[68] 아직까지 살아 이렇게 글을 쓰고 있다.[69]

얼마 뒤 우리는 '말하는 무덤'이라는 굉장히 독특한 이름을 가진 흥미로운 봉분을 지났다. 이야기는 이렇다.

---

67 제갈량
68 황해도에서 목격한 돌싸움을 가리킴.
69 안전하게 잘 여행하라는 뜻으로 가는 사람 뒤에다 돌을 던진 듯함.

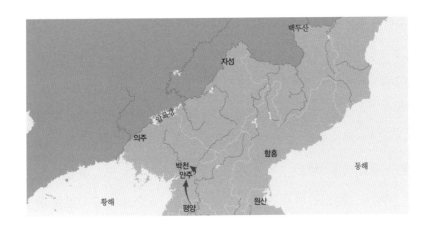

백 년쯤 전, 예기치 않게 길이 지체된 나그네 하나가 이 무덤에 당도했는데 그 무렵 날은 이미 저물어버리고 말았다. 나그네는 무덤 앞으로 나 있던 우리가 지나온 돌투성이 오솔길을 보았는데, 더 갔다가는 왠지 호랑이가 나올 것 같았단다. 그렇게 무덤 옆 나무 사이로 햇살이 비칠 때까지 이곳에서 묵기로 하고 잠을 자는데, 자정쯤 골짜기에서 목소리가 들려오는 것 아닌가.

"이봐! 내일이 자네 제삿날 아닌가?"

'이게 대체 무슨 일이지?' 하고 나그네가 생각하기도 전에 바로 옆 무덤에서 대답이 들려왔다.

"맞아, 내 제삿날이야!"

"그럼 집에 차려놓은 제삿밥 먹으러 가야지, 안 갈 거야?" 골짜기 쪽에서 말소리가 들려오자, "가야지. 그런데 손님이 여기서 주무시고 계셔서 갈 수가 없네." 하고 무덤이 대답했다.

"아하! 알겠네. 갔다 오게. 자네 올 때까지 내가 잘 모시고 있을 테니." 골짜기가 이렇게 말하자 무덤 귀신이 "고맙네!"라고 대답했고, 다시 정적이 흘렀다.

귀신은 갔다가 금세 돌아왔는지 무서운 소리로 외쳤다.

"나 벌써 왔네!"

"아니, 어떻게 이렇게 빨리 와?" 잠시 무덤의 주인장 노릇을 하던 귀신이 묻자, "이보게! 아니, 이런 망측한 경우를 봤나!" 하는 짧은 대답이 뒤따랐고, 잠시 숨을 고른 후 무덤 귀신이 말을 이었다.

"집에 가서 음식을 봤지. 그런데 제삿밥 중간에 글쎄, 뱀이 똬리를 틀고 있더라 이 말일세. 나한테 뱀을 올리다니! 내, 도깨비 한 무더기를 막내 손자 놈에게 보냈네. 버르장머리를 똑똑히 가르쳐야지!"

두 귀신은 함께 괘씸해하며 울부짖더니, 이내 모든 것이 조용해졌다.

아침이 밝자마자 나그네는 근처 마을로 서둘러 달려가서 저 언덕 무덤에 묻혀 있는 사람이 누구이며 어디에 살았는지를 물었다. 안내 받은 집에 당도해서 알아보니, 그날이 확실히 그 노인의 제삿날이라고 했다. 나그네는 숨이 턱 막혀서는 간밤에 아무 일 없었는지 물었고, 아뿔싸! 아니었다. 그날 밤 어린아이가 물에 빠져 죽었다는 것이다. 나그네는 간밤에 골짜기에서 자신이 들은 것을 설명했고, 그 사달의 원인이 무엇인지를 알려줬다.

"아니, 제사상에 뱀이라뇨? 대체 어디에요? 대체 어디?"

자손들은 이렇게 물으며 제기를 하나하나 꼼꼼히 점검했는데, 긴 머리카락 한 가닥 외에는 뱀 비슷한 어떤 것도 찾지 못했다. 그러니 결국 그 조상님 영혼의 눈으로는 그걸 뱀으로 보셨구나, 하고 결론 내릴 수밖에.

지금은 사람들이 이 말하는 무덤을 정성스럽게 관리하고 있으며, 북쪽으로 여행할 때 만나게 되는 신성한 장소 중 하나가 되었다.

용천에서 우리는 조선 어디에서도 본 적 없는 특이한 풍속을 보았다.

우리가 들렀던 주막은 말로는 도저히 표현할 수 없을 정도로 더러웠는데, 그나마 가장 깨끗한 자리에 앉으니 천장 대들보에 단검이 꽂혀 있는 게 보였다. 조상 때부터 대대로 내려온 풍습이었는데, 만약 흉일에 마을에서 사람이 죽으면 그 귀신이 떠돌다가 다른 집에 들어가 생명을 거두어 간다고 했다. 그런데 귀신이 들어가다가 대들보에 단검이 꽂혀 있는 걸 보면 무서워서 도망가기 때문에 식구를 살릴 수 있다는 것이었다. 아래에 소개할 다른 모든 미신 이야기를 압도할 만한 황당한 이야기까지 듣고 나자, 나는 우리 서양 사람이 얼마나 이런 허황된 귀신들을 두려워하지 않고 살고 있는지 깨닫게 되었다. 그건 바퀴벌레와 노린재에 대한 옛날이야기인데, 조선 사람들은 바퀴벌레가 노린재를 먹는다고 말한다. 또 이들은 노린재가 늙으면 바퀴벌레로 변한다고도 했다. 하여간 내가 기억하는 확실한 사실은 바퀴벌레와 노린재[70] 둘 다 사람을 잡아먹는다는 것이며, 절대로 늙거나 덜 징그러운

---

[70] 몸의 길이는 2cm 정도이며, 겉날개는 누렇고 다리는 검은 곤충. 몸은 작고 납작하며 거의 육각형인데, 몸에서 고약한 냄새가 난다.

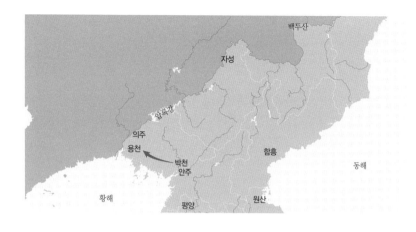

주막(1902년)

압록강(1904년)

것으로 변하지 않는다는 것이었다.

삼월의 어느 오후, 별로 특별할 것 없는 길을 가고 있던 때, 문득 우리 앞으로 멀리 흐릿하게 보이는 뾰족한 봉우리들이 나타났다.

"저기는요, 압록강 너머 중국 땅이에요."

누군가 말했는데, 나는 천자의 나라를 직접 보는 것이 처음이었다. 말로만 수없이 들어온 그 유명한 땅을 내가 마주하고 있다니 가슴이 뛰었다. 마치 켜켜이 쌓인 수백 년의 세월이 저 너머 산 위에서 극동 특유의 쭉 째진 눈으로 우리를 굽어보고 있는 듯했다.

의주에 들어설 때까지 지나온 길은 꾸준히 오르막이었다. 압록강 아래 남쪽으로 예쁘게 들어앉은 소박한 마을. 아시아의 앤트워프[71]라고 불릴 만한 기묘하고도 고풍스런 곳이었다. 중국 상인들과 몇몇 장사하는 조선 사람들이 있었지만, 통상조약을 맺고 개항하기 전과 비교하면 거래는 거의 죽어 있었다. 조선의 다른 곳과 마찬가지로 이곳 의주도 가난과 굶주림에 지쳐 죽기 직전의 상태로 보였다.

조폐창에서는 조악한 품질의 동전을 찍어내고 있었고, 농산물과 제품 생산은 줄어들고 있었다. 조금 작은 스케일의 1774년 프랑스라고나 할까?[72] 그건 나라의 근간을 뒤흔드는, 오랜 신분제에 대한 문제 제기였다. 다른 말로

---

71 강 하구에 위치한, 과거 번성을 누린 벨기에의 도시
72 루이 16세가 왕위에 오른 해. 프랑스 정부는 재정 궁핍에 빠져 있었고, 이후 모든 국민이 평등하다는 시민혁명이 일어나 그는 단두대에서 처형된다.

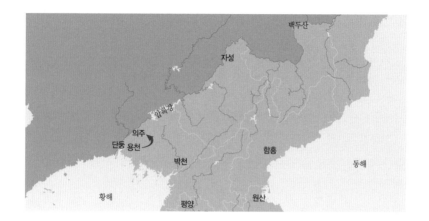

하자면, 고결하고 오점 없는 귀족yang-ban73으로서 위엄 있게 굶어 죽을 것이
냐, 아니면 검게 탄 얼굴과 굳은살 박인 손을 가진 천한 계급이 되어 스스로
노동하여 살아남을 것이냐, 둘 중 어느 것이 나을 것인가에 관한 것이었다.

헐벗은 대지 또한 보는 이들을 슬프게 만들었다. 갈색 언덕을 바라보던
프랑스 신부가 내게 말했다.

"C'est triste.74"

조선에는 제대로 된 나무가 전혀 없었다. 물론 과거에는 분명히 숲이었을
곳들이 일부 남아 있긴 했지만, 나무로 빽빽이 들어찬 곳은 전혀 남아 있지
않았다.

---

73 양반
74 슬퍼요

4월의 어느 아침, 우리는 압록강이 세 갈래로 갈라지는 곳의 얕은 지대를 통해 강을 건넜다. 우리 개는 모랫둑에서 신나게 뛰어 놀았는데, 그것은 반쯤은 굶어 죽어가는 조선에서 위대하고 풍족한, 돼지고기와 기름기가 좔좔 흐르는 중국으로 넘어온 기쁨에서 그랬던 것이 아니었을까?

이 두 나라를 가르는 것은 압록강뿐이었지만 양쪽은 완전히 달랐다. 옷, 직업, 음식, 언어까지 모든 것이 새로웠다. 조선이 정체된 상태로 아직 잠에서 깨어나지 못하고 있었다면, 표현이 조금 이상하긴 하지만 중국은 깨어 있었고 바빴다!

묵을 곳을 수소문했더니, 연기에 휩싸인 것이 왠지 음침한 곳으로 안내해 주었다. 좀 정리가 될 때까지 밖에서 기다리기로 했는데, 의주에서 만난 친구 백 씨가 말하길 중국 여관은 다 이런 식이니까 적응해야 한다고 했다. 안으로 들어갔더니 닭장, 돼지우리, 부엌, 침실이 모두 한방에 합쳐져 있었다.

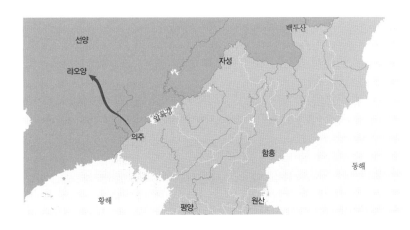

기름때 찌든 요 위엔 자는 사람, 아편을 빨고 있는 사람, 옷을 반쯤만 걸치고 이상한 방식으로 실밥을 찾는 사람 등 가양각색의 중국인들이 누워 있었는데, 서양 사람들이 거의 없는 이곳에 우리가 등장하자 모두가 흥미를 느끼고 있었다.

말라서 등뼈의 선이 뾰족이 드러난 돼지는 바로 위 프라이팬에서 동족이 구워지고 있다는 사실에는 신경도 안 쓰이는지 일층 방을 마구 돌아다녔고, 머리를 앞뒤로 빗어 넘긴 주인은 우리에게 큰 책임감을 느꼈는지 구경꾼들이 가까이 접근하지 못하도록 감시했다. 기름때 흐르는 개구쟁이들이 우리 주변으로 모여들었다. 한 조그마한 녀석이 나를 잠시 동안 지켜보더니 "양 귀자!"라고 소리치며 도망갔고, 주인은 무섭게 위협하며 아이를 쫓아갔다. 우리는 '귀자'라는 이 말이 궁금해서 사전을 찾아봤는데, 거기엔 '귀신의 아들' 혹은 '외국 귀신'이라고 쓰여 있었다.

주인이 가져다준 저녁은 웬 돼지고기와 국수 그리고 달걀부침이었다. 우리는 돼지고기를 한 번 보고, 바로 옆에서 꿀꿀거리는 돼지들도 한 번 봤다. 삶과 죽음의 간극이란 우리가 생각하는 것 이상으로 가까운 것이 아닐는지. 한 접시당 열두 개 정도는 푼 것 같은 달걀부침은 워낙 과하게 휘저어져 있던 나머지, 일행 중 한 명은 먹지 않고 보는 것만으로 충분하다고 선언할 정도였다. 또 국수 접시는 너무나 빨리 지나가버린 나머지 진짜로 맛을 볼 시간조차 전혀 없었다. 우리는 모두 깨작깨작 음식을 먹는 데 그쳤지만 우리 개만은 예외였는데, 기름기 좔좔 흐르는 이 식사에 완전히 만족하고 있었다. 이날부터 시작된 이와 같은 식사 풍경은 한 달 뒤 약 500킬로미터를 더 여행하고 압록강을 다시 건너 조선으로 돌아올 때까지 계속되었다.

바깥에는 우리를 태우고 갈 수레가 이미 준비되어 있었는데, 수레 축에 한 마리, 오른쪽에 한 마리, 앞에 한 마리, 총 세 마리의 노새가 끄는 것이었다. 수레 축을 직접 끄는 노새는 맨 가죽에 축을 직접 연결하다 보니 시간이 아주 오래 걸렸는데, 이미 그런 상황에 통달한 듯 악조건에도 자기 몸을 잘 맞춰 움직였다. 이 수레는 아주 튼튼하게 만들어져 있었는데, 나중에 알게 된 것이지만 어떤 돌 구덩이라도 아무 문제없이 잘 타고 넘어갈 수 있었다. 금돌이는 우리를 좀 더 편안하게 해줄 겸, 여행길에 힘도 북돋아줄 겸해서 중국 빵 뭉치로 쿠션을 만들어 조심스럽게 받쳐주었다.

관아에서 통행증을 요청하기에 보냈더니 말 탄 장교 하나와 여섯 명의 군인이 길을 안내하러 나왔는데, 비록 전투병은 아니었지만 그림같이 멋지게 우리를 호위해 주었다. 그들은 자신들의 경호 덕분에 우리가 그 어떤 만주 산적으로부터도 안전할 것이라 장담했다. 장교는 자신의 이름을 알려주었고, 이슬람교를 믿는다고 했다. 조금 더 이야기를 나눈 후 나는 만주의 무슬림들이 코란에 대해 거의 혹은 전혀 알지 못한다는 것을 알게 되었는데, 요지는 돼지고기를 안 먹는다는 것이었다. 그런 식이라면 내가 만주에 살았으면 나도 무슬림이었다.

첫날 오후, 우리는 이미 조선과 중국은 엄청나게 다르다는 것을 알게 되었다. 수레를 끌든, 짐을 지고 가든, 아니면 땅을 일구든 간에 사람들은 모두 바빴다. 한마디로 놀고 있는 한량은 그 어디에도 없었고, 심지어 국경을 건너온 조선 사람마저도 일터에서 다른 사람들처럼 일하는 것이, 뭔가 새 삶을 살고 있는 것 같았다. 머리를 빗지 않은 한 조선 사람이 말하기를, 자기는 일 많이 하는 것은 아무래도 괜찮지만 어떤 인간도 먹을 수 없는 수준으로 음식이 너무 더러운 것이 고역이라고 했다.

만주의 조선인과 중국인들

블라디보스톡의 조선 어부

조선, 그 마지막 10년의 기록

다음 날 정오, 우리는 Whong-hong-san[75] 마을로 들어갔다. 들어가던 길에 파견된 기마대 여럿과 마주쳤는데 번쩍거리는 제복을 입고 있었다. 약간은 서양 군대처럼 보이기도 했지만 여전히 그림 속 풍경 같았다. 그들은 멋지게 말을 타고 있었는데, 조선에서 수없이 본 풍경과는 달리 말을 탈 때 양손으로 고삐를 붙잡고 있는 사람이 아무도 없었다.

우리가 점심을 먹은 여관은 군인들이 숙소로 사용하고 있었는데, 군인들은 영어로 '타워' 소총이라고 부르는 총으로 무장하고 있었다. 유럽에선 이미 오래전부터 사용하지 않는 것이었지만 이곳 만주에서는 여전히 최신식이었다. 생각했던 것과는 반대로, 이곳 군인들은 조선 군인보다 훨씬 조용했고 규율이 잡혀 있었다.

우리는 하루에 56킬로미터씩 이동할 계획이었고, 그렇게 밀어붙였다. 출발 전에 삐걱거리는 수레에 꼼꼼히 자리를 깔았지만 턱도 없었다. 부딪히고, 구르고, 넘어지고 난리였는데, 이틀이 채 안 되어 우리는 이 말도 안 되는 자학을 중단하고 조금 느긋해져야 한다는 것을 배웠다.

골짜기를 돌아가는 길이었지만 이튿날 저녁까지는 완만한 오르막이었다. 어둠 속에서 길을 한두 번 잃은 후에, 수레 하나가 겨우 지나갈 수 있는 절벽 길로 들어서자 마부는 노새 등에 불을 붙였다. 반대쪽 산등성이로 나올 때까지 한 2킬로미터쯤을 그렇게 나아갔는데, 만약 여기서 다른 수레를 마주치기라도 했다면 그 길을 통과할 수 있었을까, 하는 생각은 내게 풀리

---

75 정확한 지명을 밝혀내지 못해 원문 그대로 표기함.

지 않는 숙제로 남아 있다.

다행히 아무 것도 우리를 막지 않았고, 마침내 우리는 정상에 도착해서 잠시 쉬었다. 중국 아이들은 노새를 매어놓은 마구를 조정하고 수레를 꼼꼼히 살핀 후 등을 다듬어 새로 불을 붙였다. 그리고 시작된 내리막. 길은 처음부터 가팔랐지만, 점점 더 심해졌다. 우리가 깔고 앉아 있는 중국 빵은 물론, 우리의 목숨을 책임진 늙은 노새도 자신의 임무를 놀랍도록 잘 수행했다. 수레 앞머리가 지구 중심에 점점 더 가까운 각도로 내려가고 있던 와중에도, 노새는 한 번도 발을 잘못 디디거나 불안한 움직임을 보이지 않았다. 희미한 불을 밝히고 아래로 깊이, 더 깊이 내려가는 내내 '존[76]'은 옆에서 수레를 붙잡고 고생했다. 그는 너무나 신기하게도 목에서 내는 소리로만 노새의 속도를 조절했는데, 이 오합지졸 노새들은 긴 귀를 쫑긋하고는 집중해서 그 소리를 듣고 있는 것 같았다.

다음 날 아침 산자락 아래 여관에서 나오며 우리가 어젯밤 슬기롭게 헤쳐 내려온 산을 바라보니, 마음 깊은 곳에서부터 이 늙은 노새에게 감사함이 우러나왔다.

산 윗자락에는 눈이 왔고, 아랫자락에는 비가 왔다. 꼬박 닷새 동안을 그렇게 지독한 산길을 헤쳐 나갔는데, 골짜기 골짜기마다 대단히 비옥해 보였고, 논밭은 모두 꼼꼼히 추수가 끝나 있었다. 산등성이는 염소와 양 목장이었는데, 가끔 소도 조금 있었다. 이번 여정에서 나무는 거의 보지 못했다. 다

---

76 남성의 이름을 모르는 경우, 일반적으로 John(존)이라고 지칭한다.

조선, 그 마지막 10년의 기록

만 동쪽으로 해서 조선으로 돌아오던 길에서는 숲을 통과한 관계로 나무를 많이 볼 수 있었다.

닷새째 되던 오후, 우리는 산에서 나와 서북쪽 초원지대 같은 곳으로 접어들었다. 우리는 이미 선양으로 가는 길목에 위치한 가장 큰 도시인 랴오양이 바라보이는 곳까지 들어와 있었다. 랴오양시는 탑과, 괴상하게 생긴 지붕과, 큰 관문들로 구성되어 있었다. 우리는 동대문으로 다가가서, 그곳으로 들어가는 대신 성곽을 둘러본 후 북서쪽으로 방향을 틀어 평야로 나아갔다. 추수를 마친 이곳 땅은 아름다웠고, 점을 찍어놓은 듯한 마을들이 있었다. 현지의 생활은 더럽긴 했지만 풍요로운 모양을 하고 있었다. 중국인 신사는 만주를 가리켜 '제국의 비천한 지역'이라고 했다.

이곳에서 가장 안 좋았던 것은 도로였다. 중국의 주요 도로는 관리의 손길 없이 방치된 채 최악의 상태로 떨어져 있었다. 평야 지대로 나오기 전, 우리는 멍청하게도 이 산을 넘어 평원으로 들어서기만 하면 길이 평탄해서 휴식도 취할 수 있을 것이라고 생각했었다. 하지만 마지막 56킬로미터는 그야말로 최악이었다. 중국 수레 또한 최악이었는데, 이건 인간이 탈 수 있는 것 중 가장 원시적인 것이었다.

게다가 마지막 며칠간 우리 얼굴에 몰아쳤던 바람은 칼처럼 날카로워서 닿는 곳마다 찢어지듯 아팠다. 그 바람은 분명 시베리아나 다른 어떤 언 땅으로부터 곧바로 불어오는 것이리라. 도저히 견딜 수 없는 바람에 우리는 얼굴을 파묻을 수밖에 없었는데, 그러다 보니 선양으로 가는 길목의 풍경을 보지 못하고 지나칠 수밖에 없었다. 모래는 또 얼마나 끔찍하게 날리던지.

그 오후에 노새는 우리를 목적지로 데려다주었고, 도시 성곽 바로 바깥쪽 한 여관 앞마당에 우리를 내려주었다. 설명할 엄두조차 낼 수 없던 광경의 그곳. 우리는 여우 사원, 이슬람 모스크 등등을 방문했는데, 무엇보다 흥미로웠던 것은 중국인들의 일상생활이었다.

계속해서 몰아치던 모래폭풍으로 도시 관광이 어려웠는데, 떠나는 날까지 강도는 더해만 갔다. 다시 한 번 수레는 단조로운 평원을 가로지르며 정처 없이 나아갔고, 여기에도 모래가 날았다. 완벽한 사막의 모래폭풍이었고, 모래는 눈처럼 소용돌이치며 휘몰아쳤다. 노새는 목구멍으로 들이치는 모래를 뱉으려는지 끝도 없는 기침을 해댔고, 사람들은 모든 구멍으로 들이닥치는 모래를 그냥 무기력하게 들이마시고 있었다.[77]

둘째 날이 되자 우리는 모래, 돼지고기, 몽골의 회오리바람으로 이루어진 이 혼란과 작별을 고할 수 있었다. 다시 산지로 접어들었고, 여기에서부터

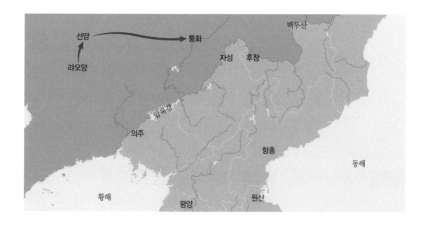

조선, 그 마지막 10년의 기록

Teung-hwa-sung[78]까지의 풍경은 황홀했다. 별의별 경험을 다한 것이다. 한두 번 노새 발굽을 청소했고, 급류에 거의 쓸려갈 뻔하기도 했다. 강을 지나서는 구불구불한 숲길을 지나거나 메아리 울리는 바위 절벽에 딱 붙어서 나아갔는데, 가끔씩 우리 앞으로 멀리 평화로운 광경이 펼쳐지곤 했다. 우리는 이제 거의 해탈의 경지에까지 이르러 언덕 위에서 꾸벅꾸벅 졸기까지 했다. 점점 사람은 드물어졌고, 우리 주변은 더욱 깨끗하게 자연 그대로인 것이 보는 것만으로도 행복했다.

아래와 같은 조선의 신성한 글귀가 있는데, 그대로 옮기면 이렇다.

Hanal arai sai, il man mulken kaondai, sarami kajang qui hata[79]. Of all objects under heaven man is most precious

스스로를 바라보며 사람들은 이 가르침이 진실이기를 바란다. 하지만 조금만 조사해보면 이 말에 대해 의구심을 가질 수밖에 없다. 서양 사람들뿐 아니라 조선 사람들도 우리 인간이 근본적으로 '귀한 존재'라는 생각을 공유하고 있었지만, 우리는 우리의 인권이 중병에 걸려 있고 쇠약해진 나머지

---

77 황사의 발원지. 예나 지금이나 이곳의 모래가 우리나라까지 날려 온다.

78 퉁화(통화)성 – 퉁화시. 선양 동쪽으로 압록강을 사이에 두고 우리나라와 국경을 마주하고 있다.

79 하늘 아래 (땅) 사이, 일만 물건 가운데 사람이 가장 귀하다. – 조선시대 아이들이 『천자문』을 뗀 후 가장 처음 배우던 교재 『동몽선습』의 첫 구절 중 앞부분. 천지지간만물지중(天地之間萬物之衆)에 유인(惟人)이 최귀(最貴)하니 소귀호인자(所貴乎人者)는 이기유오륜야(以其有五倫也)라. 하늘과 땅 사이에 있는 온갖 만물 중에서 오직 사람이 가장 귀한데, 사람이 가장 귀한 까닭은 그에게 오륜이 있기 때문이다.

19세기의 최신 기술로도 어떻게 하지 못하는 상태라는 것을 모두 알고 있었다. 무지해서 그랬든 일부러 무시한 것이든 말이다. 이러한 연유로 어떤 모임에서는 사람들이 위의 신성한 글귀를 버리고 아래와 같이 노래했다.

"모든 것이 기쁘도다. 사람만이 역겹구나."

뉴잉글랜드 말고도 이러한 비관적인 생각을 옳다고 할 수 있는 곳이 존재하는가? 그렇다. 중국 북부 지방이 그랬다. 단지 그곳뿐일까? 사실 온 세상 보편적으로 이 말은 사실로 보인다.

우리는 사람으로부터 일부러 오랜 시간 도망쳐 있을 계획은 아니었고, 어느 오후 통화성을 내려다볼 수 있는 언덕에 당도했다. 압록강으로부터 약 100킬로미터 떨어진 곳이었다. 통화성은 산으로 둘러싸여 있었기 때문에 사람들이 많이 사는 다른 지역들로부터 완전히 격리되어 있는 것처럼 보였다. 우리는 며칠 동안 통화성에 머물며 수레를 타고 오느라 생긴 통증과 고통을 좀 날려버리고자 했다.

다른 많은 이야기들 속에서 우리는 한두 해 전 이곳을 지나갔다는 영국 사람들 이야기를 들었는데, 그들은 말 스무 마리에다 수없이 많은 총을 가지고 있었다고 했다. 그들과 달리 장구가 거의 없던 우리 일행을 보고 뭔가를 알겠다는 듯 사람들은 고개를 흔들어댔는데, 그것은 영국이 한두 해 전만큼 잘나가지 못하는구나 하는 의미였다.

나는 그곳 여관 주인장을 좋아했다. 백 씨는 주인이 만주족이라고 했다. 그건 그가 만주 글을 이해할 수 있으며, 현재 청 황실의 먼 친척이라는 뜻이었다. 주인장은 기름기가 좔좔 흘렀는데, 열두 왕좌라도 거느릴 수 있을 듯했다.[80] 그가 자신의 여관을 거니는 모양이나 일상생활에서 근엄하게 행동하는 것을 보면 스스로를 너무나 자랑스럽게 여기는 것이 분명했다. 그는 우리 일행 모두에게 친절했는데 특히 나에게는 더했고, 확실히 나한테 푹 빠진 것 같았다.

밤에도 우리 바로 근처에서 잤는데, 잠자리에 들기 전이면 외투 몇 벌을 벗어 솔기를 따라 능숙하게 구석구석 이빨로 잘근잘근 씹어대고는 했다. 그를 짜증나게 하는 것들이 특히 많을 때는 손자를 불러서 그것들을 찾으라고 했는데, 그것들을 때려잡는 소리가 저녁 식사 자리에서 들려올 때면 손자가 임무에 성공했구나, 하는 것을 알 수 있었다.[81] 정말로 비범했던 할아버지! 하지만 다른 모든 이들과 그랬던 것처럼 우리는 그와도 작별을 고할 수밖에 없었고, 그렇게 퉁화성을 떠났다.

나는 아직도 그곳을 떠나던 아침을 기억한다. 2호 차가 앞서 출발했는데 사고가 일어나 수레가 뒤집혔다. 서 씨는 마치 대포에서 탄환이 발사되는 것처럼 수레에서 탈출했고, 그의 갓이나 몸을 살펴보니 다친 곳은 없어 보였다.

그 후 나이 든 두 나그네를 마주쳤던 것은 퉁화성에서 그리 멀지 않은 곳이었다. 그들은 굵은 몽둥이를 들고 있었는데, 우리가 전혀 짐작조차 할 수 없던 어떤 오해로 인해 우리 마부와 그 사람들 사이에 시비가 붙고 말았다.

---

80 서양에서 왕위를 줄 때 기름칠을 하는 풍습을 빗대어 풍자한 것으로 보인다.
81 이나 벼룩을 잡는 것으로 보임.

열을 내며 몇 분간 실랑이를 벌였지만 결론이 나지 않은 듯했고, 급기야 모두 몽둥이를 집어 들고 서로에게 달려들었다. 조선에서 본 것처럼 충격적이고 인상적인 장면은 아니었지만, 몽둥이 소리가 메아리쳐 울리는 치열한 싸움이었다. 확실히 뭔가 정신이 번쩍 드는 광경이었고, 이 극동 지방에 아직 삶이 생동하고 있음을 일깨워주는 사건이었다. 우리는 수레의 지정석에서 싸움을 지켜보고 있었는데, '노새를 어떻게 다루는지 아직 배우지도 못했는데 우리가 직접 노새를 부리게 되는 것 아닌가?' 하는 생각과 함께, 이 구릿빛 나그네들이 우리 마부를 죽이는 것은 아닌지 걱정이 되었다. 너무 심각하게 싸웠던 통에 백 씨하고 서 씨도 도우려 기어 나갔는데, 구하러 간 조선 사람까지 전부 다 죽어버릴 것처럼 보였다. 이제 이 '양귀자'들이 무대에 등장하는 것 외에는 남은 것이 없던 그 순간, 다행히 평화가 찾아왔다.

그날 저녁 마부에게 몸은 좀 괜찮은지 손짓 발짓으로 물었더니, 마부는 오른팔을 들어 보이려 노력하는 것으로 대답을 대신했다. 팔이 수평이 될 때까지 들어 올리려고 애쓰던 그의 얼굴에는 그 고통이 고스란히 드러나서, 오래전 출간된 『단테의 신곡』 중 「지옥」 편을 떠올리게 했다.

우리 여행에 양념을 더해주던 다양한 사건들을 간직한 채 이제 우리는 개간된 땅을 뒤로하고 숲으로 들어갔다. 숲의 초입에서는 인간의 자취를 느낄 수 있는 몇몇 석탄광을 지났지만, 다른 곳들은 모두 완전한 야생 그대로였다.

수레를 타고 찾아간 소나무숲 속에 여관이 하나 있었는데, 그 앞쪽으로는 걸어서만 지날 수 있는 좁은 길이 나 있었다. 압록강에서 약 30킬로미터쯤

조선, 그 마지막 10년의 기록

떨어진 곳이었는데 짐꾼을 구할 수 있는 시장도 없었으므로 우리는 각자 어깨에 짐을 짊어지고 안으로 들어갔다. 날짜는 4월 19일이었지만 우리가 통과한 협곡의 그늘진 오솔길엔 아직 2미터가 넘는 얼음이 얼어 있었다.

그날 오후, 우리는 비참해 보이는 중국인 가족과 마주쳤는데 그들은 이사를 하고 있었다. 백두산의 지류인 Ma-er-shan[82]이란 곳으로 가고 있다고 했는데, 짐을 싣고 있던 말이 절벽 아래로 굴러 떨어지는 바람에 식량이나 가재도구가 사방으로 흩어져 없어졌다고 했다. 이미 반쯤 얼어붙은 아이들 여럿을 곁에 세우고 이 가련한 여인은 당장이라도 쓰러질 것 같은 조랑말을 무기력하게 바라보고 있었다.

30킬로 같았던 15킬로미터를 더 나아가니 조선 초가집이 하나 있었는데, 너무나 감사하게도 밥과 kimch'i[83] pickle를 다시 먹을 수 있었다. 압록강 너머 이곳에는 많은 조선 사람이 넘어와 살고 있었는데, 이곳 사람들은 꽤 풍요로워 보였고 고향인 조선에서 사는 것보다 이곳 생활에 만족하고 있는 듯했다. 이 일대 땅은 과거에는 중립 지대였으나 현재는 중국이 지배하고 있었다.

밖으로 나돌며 고생하다가 집에라도 돌아온 것같이 우리는 편히 잘 잤다. 우리가 우리라는 것에 절대 동의하는 것 같지 않았던 중국 사람이 우리를 조사하러 나왔고, 옆에서는 어린 애 하나가 태연하게 담뱃대에 담배를 채우

---

82 마얼산(馬耳山) – 중국 랴오닝(요녕)성 선양(심양)시 소재의 산
83 김치 – 저자는 이미 김치에 길들여진 듯하다. 기름진 중국 음식만 먹다가 김치가 얼마나 반가웠을지 느껴진다.

더니 우리 바로 앞에 앉아서 담배를 피웠다. 네 살 위로는 절대 보이지 않았는데, 내가 몇 살이냐고 물으니 백 씨가 다섯 살이라고 했다. 이렇게 어린 꼬마가 담배에 빠져 있는 걸 본 적이 없던 나는 백 씨에게 부탁해서 꼬마에게 담뱃대를 팔 생각이 없는지 물어보았다. 꼬마는 "아니요!"라고 했다. 백 씨가 한 번 더 묻자, 만주족 꼬마는 자기는 절대 자기 담뱃대를 팔지 않을 것이라며 울기 시작했다. 더 이상 몰아세우면 안 되는 상황이 된 것이었다. 이 무렵 꼬마의 아버지가 들어왔는데, 우리가 제시한 제안을 듣자 아들하고 회의에 들어갔다. 우리 제안에 대해 모든 검토를 꼼꼼히 마친 후, 만주족 꼬마는 백 씨에게 담뱃대를 20센트에 팔겠다고 했다. 구경꾼들은 웃으면서 담뱃대 새것도 그것보다 싸다고 했지만 우리는 값을 치르고 담뱃대를 샀다. 나는 외칠 수 있다. 담배를 피우고도 '아프지도 아무렇지도 않던', 전 세계에서 가장 어린아이의 담뱃대를 아직까지 간직하고 있다고.

이날 우리는 다시 한 번 압록강으로 돌아왔다. 비록 의주 쪽보다 좁긴 했지만, 여전히 빠르고 거센 강이었다. 우리는 수백 명의 중국 상놈이 나무를 패고 있는 목재소에서 강을 건넜다. 지름이 1.2 ~ 1.5미터나 되는 거대한 통나무가 압록강 상류에서 떠내려오면 이곳에서 잘라 내륙으로 보내고 있었다.

우리의 등장은 일을 멈추게 하는 신호 같았다. 절대 교양이라고는 있어 보이지 않던 그들은 우리 주위를 둘러싸더니 미친 듯이 낄낄대면서 신기해했는데, 예의 같은 건 찾아볼 수도 없었다. 백 씨는 그들이 8달러를 주면 우리를 뗏목에 태워 강을 건너게 해주겠다고 했다는 말을 전했다. 백 씨가 다

지금도 압록강에서는 상류에서 벌채한 나무를 흘려보내면
하류에서 가공하는 방식이 계속되고 있다.

시 그들에게 우리는 전지전능한 황실에서 발급한 통행증을 가지고 있다고
말하자, 천자의 나라 백성들인 이들은 히죽 웃기만 했다. 그러고는 자기들
은 어떤 법도 무섭지 않으며, 어떤 제국도 필요 없다고 했다. 백 씨는 설사
새해가 밝아올 때까지 우리를 이 자리에서 기다리게 하더라도 50센트 이상
은 절대 못 준다고 했고, 상황이 이렇게 전개되자 우리들은 백 씨의 결정을
기다리는 수밖에 달리 할 수 있는 일이 없었다.

한 시간이나 지났을까? 신기하게도 한 푼도 내지 않고 강을 건널 수 있게
됐다는 완벽한 승리를 안고 백 씨가 돌아왔다. 백 씨는 우리가 쓰고 남은 중

국 돈 몇 푼을 그들에게 챙겨준 것이었다. 지켜보자니 중국 목재소 사람들을 다룬다는 것은 마치 어업권 문제를 무마한다거나 정치권을 잘 이끄는 것과 같이, 아주 좋은 감각과 수완을 갖추지 않으면 안 되겠구나 하는 생각이 들었다.

백 씨는 15년 전 중국에서 고향 땅 조선으로 돌아왔을 때부터 사람들에게 예수님의 부활과 영원한 심판에 대해 알리고 있었는데, 옥에 갇히고 고초를 당하면서도 그를 움직이게 했던 것은 더 이상은 죄를 짓지 않겠다는 일념이었다. 그렇게 고초를 당할 때마다 백 씨가 심한 북쪽 사투리로 한 유일한 대답은 아래와 같았다.

"너희들이 나를 나무 막대기로 얼마든지 칠 수는 있어도 내가 말하는 것을 막지는 못할 게다."

만수무강하세요, 백 씨![84]

그날 오후 우리는 산마루에 앉아 목재소에, 우리를 둘러싼 산들에게, 그리고 굽이쳐 흐르는 압록강에 마지막 작별인사를 했다.

---

84 여러 정황상 백 씨는 우리나라 최초의 기독교 신자 '백홍준'으로 추정된다.
　백홍준 – 1876년 세례를 받은 그는 한문 성경의 우리말 번역 작업에 착수하여 「누가복음」, 「요한복음」이 최초로 간행되는 데 기여하였으며, 최초의 조직 교회인 새문안교회 창립 때 서상륜 등과 함께 최초의 장로가 되었다. 1892년 평안감사 민병석에 의해 체포되어 옥중에서 사망하였다.

백홍준

파주 용미리 마애석불입상 <보물 제93호> P.97

고양과 파주의 중간에 위치하며, 현재의 행정구역상 파주시에 속한 마애석불
입상은 저자의 설명과는 달리 현재 얼굴에 아무런 글자도 쓰여 있지 않다. 목에
잘린 부분이 있는 것으로 보아 머리 부분이 파손되어 새로 제작하였을 가능성도
있다. 천원지방 사상에 따라 둥근 갓을 쓴 석상을 남성, 각진 갓을 쓴 석상을 여성
으로 본다. 실제 석상이 바라보고 있는 방향은 남쪽으로, 본문의 전설처럼 서울을
향하고 있다.

마애석불입상   서울을 향하고 있는
                                 마애석불입상의 방향

저자가 지날 당시에는 절터만이
남아 있었지만, 1936년 절터 위에 새
롭게 절을 지어 '용암사'라 하였다.

용암사 입구

화석정 P.99

십만양병설을 주장한 율곡 선생의 혜안과 충심이 전설이 되어 이와 같이 구전
되고 기려진 것으로 보인다. 실제로는 율곡의 5대조인 이명신이 건립한 정자를
이이의 증조부 이의석이 중수하였다. 임진왜란 때 불타 없어진 것을 현종 14년
(1673) 후손들이 복원하였으나, 한국전쟁 때 다시 소실되어 1966년 재복원하였
다. 화석정 바로 앞으로 임진강이 굽이쳐 흐르고 있다.

화석정

빈곤에서 풍족함까지

누더기 너머 위대한 인성과의 조우

살을 에는 겨울날이었다. 나는 조선을 동서로 나누는 이 산맥에 다다르기까지 말을 타고 평야 지대를 약 60킬로미터 달려온 터였다. 이건 2주간의 여행 중 일부였는데, 여행 기간 동안 하반신이 눈 속에 파묻혀 나는 동상에 걸렸고, 무엇보다 눈보라를 헤치고 길을 내며 280리나 되는 길을 나아가야 했다. 산에는 목까지 눈이 쌓인 듯했고, 상놈 셋과 함께 앞서가던 길잡이는 눈보라에 따라 보였다 사라졌다 했다. 자그마한 조선의 조랑말들도 얼이 빠져 있었다. 그저 땅에 발을 확실히 디디고 있다는 것만 확인하고 또 확인할 뿐이었다. 그렇게 다시 눈보라 속으로 휩쓸려 들어갔다. 만약, 이 가엾은 조랑말이 길을 조금이라도 벗어났다가는 나는 대책 없이 짐과 함께 굴러떨어질 것이었다.

나와 함께 가는 다섯 명의 조선 사람들은 우리가 지나온 고장들의 처참

한 상태와 추위를 심히 불평했다. 사람들이 녹초가 되면 보통 그렇듯, 이들도 점점 더 침울해져 갔기에 우리는 말없이 그저 터벅터벅 걷기만 했다. 골짜기 너머 마을에서 몸 녹일 방 하나 구할 수 있기를 바라며.

조선의 초가 중 가장 좋은 것이라고 하면 고약한 냄새만 나는 집이었다. 가장 나쁜 건 산속 화전민들의 그것인데, 그 집들은 도저히 설명이 불가능하다. 그런 마을에 밤이 내리면 단테가 상상해낸 그 어떤 이야기보다도 더 영혼을 자극하는 공포를 느낄 수 있었다. 평야에서 미친 듯이 몰아치는 바람은 지독하긴 하지만 그래도 깔끔했다. 하지만 밤에 화전민촌을 싸고도는 그 기운은 그야말로 생기 자체를 말살해 버리는 것이었다.

우리가 머무르려고 했던 곳은 토성[85], 즉 흙으로 쌓은 성곽 안에 있는 마을이었다. 땅거미가 지던 저녁 무렵 그곳에 거의 닿아 이제 곧 여관에 들어갈 수 있겠구나 생각하며 가고 있는데, 눈 속에서 일부 맨발을 드러낸 채 물을 두 동이 지고 비틀비틀 걸어가는 노인을 발견했다. 내 눈을 잡아끈 것은 노인의 처참한 모습이었다. 조선 사람들은 비록 이 세상의 축복을 거의 누리지 못하고 살아가지만, 보통 옷을 잘 입고 호화롭게 여행한다.

이야기를 나누어 보니 아주 점잖은 사람이었는데, 그가 걸친 넝마 같은 옷 아래에는 욕망과 고난의 세월이 빚어낸 온화한 심성이 자리하고 있다는 것을 곧 알게 되었다. 고향 갑산[86]에서 서울까지 640킬로미디, 이 길을 그

---

85 강원도 고성군 토성면으로 추정됨.
86 삼수와 함께 개마고원에 위치한 우리나라 최고의 오지. '삼수갑산'이라는 표현이 여기에서 파생됨. 원래 함경도였으나 북한 행정구역상 현재는 양강도에 속함.

는 난생처음 걸어갔었다. 몇 푼 없는 돈을 일을 해서 좀 불려볼 요량이었지만 실패로 돌아갔고, 이 연약한 북쪽 끝 출신 노인을 바라보던 서울 사람들의 이상한 눈초리에 돈까지 떨어지니 고향으로 돌아갈밖에 다른 방법이 없었다. 그렇게 밥벌이도 하면서 천천히 고향으로 돌아가던 길, 이곳에서 약 0.4킬로미터 떨어져 있는 토성에 닿았던 것이다.

나는 그를 내 앞으로 잡아끌었다. 세상의 물건이라고는 거의 가지고 있지 않던 이 노인의 내면을 좀 들여다보고 싶어서였다. 노인은 행동하는 것이 단순하고 아이 같았는데, 공손하게 나의 '조국'에 대해 물었다. 나는 세상을 만드시고 우리를 사랑하시는 하나님을 조선 사람들에게 알려주기 위해 저 멀리 바다 너머 바깥세상에서 왔다고 이야기했다. 고기와 마실 것 조금 그리고 얼마간의 천으로 이생에서 살아낸 것처럼 노인은 다가올 저승도 두렵지 않다고 했다. 여자가 힘들게 벌어온 돈으로 배를 채우고 따뜻하게 옷을 해 입고는, 자신은 이 땅의 자식이 아니라고 떠들어대는 사이비를 너무나 쉽게 찾을 수 있던 이 동방에서 나는 그의 솔직함이 좋았다.

나를 눈곱만치도 두려워하지 않고 문간에 앉아 이 땅을 순례 중인 자신의 이야기를 하던 그. 갈구하는 깊은 눈과 움푹 들어간 뺨을 가진 그는 남씨였다. 저녁밥을 기다리며 앉아 있던 나는 보이지 않는 밤의 부대에 맞서 뭐라도 좀 도와주면 좋겠다고 하면서 찡긋 웃으며 돈을 조금 건넸다. 노인은 주변을 꼼꼼히 살펴보다가 방 벽을 기어오르고 있던 해충을 한두 마리 잡았는데, 그건 엽전 다발 값어치에 꼭 맞는, 내 마음을 흡족하게 하는 행동이었다. 나는 바로 이 순간이, 오랫동안 지속되기를 바랐던 우리 우정의 출발점이라고 기억한다.

저녁은 김치 냄새, 국 냄새와 함께 그것을 한 번도 맛본 적 없는 외국인이 보통 '개'라고 부를 길게 찢은 고기가 모락모락 김을 내며 나왔다. 그것은 너무나 기다리던 냄새였기에 나는 젓가락을 집어 들었다. 남 서방은 "진지 맛있게 드시라." 하고는 물러갔다. 노인이 무엇을 생각하고 있었는지 정확히 알 수는 없었지만, 그가 만약 내가 가진 재물에 어떠한 탐욕도 품지 않았다면 그는 진정 하나님 나라에서 멀지 않은 사람이었다. 보통 그런 상황에 있는 동양인들은 겉으로는 아첨하면서도 속으로는, "우리 조상님이 굽어 살펴주시는 나는 이렇게 굶주리고 있는데, 저 양놈 개새끼는 이 땅에서 제일 좋은 걸 처먹는다니!"라고 생각하기 때문이다.

시간이 지나자 방에서 나던 꿉꿉한 냄새와 저녁밥 냄새는 사라지고, 개들도 조용해졌다. 처마 밑 조랑말들의 풀 씹는 소리도 그치자, 빗장을 단단히 질러 대문을 잠그고 우리는 잠들었다. 욕망과 가난으로부터 자유로워진 남 서방과, 폭풍과 험난한 산을 헤치는 여행을 마치고 돌아갈 편안한 내 집을 꿈꾸던 나. 그건 삶의 빛을 믿는 모든 이에게 열려 있는, 빛이 깃드는 땅을 찾아가는 긴 순례 풍경의 축소판 같았다.

나는 프라이팬 방바닥 위에서 잠을 잤고, 거의 새까맣게 구워졌다. 그러고 보면 이 온돌바닥은 모든 조선 사람의 기쁨이었다. 우리가 이들의 잠자는 방식에 불만을 가지는 것 이상으로 조선 사람들도 서양식 잠자리를 뒤떨어진 미개인들의 형편없는 문화라고 여겼으므로 우리처럼 자는 이는 아무도 없었다.

여느 때처럼, 밤 한 시 반쯤 첫닭이 울자 조선 사람들은 모두 일어나 그들이 말하는 아침 일찍, 즉 일곱 시에 출발하기 위해 조랑말들을 먹이기 시작했다. 짚을 자르는 소리, 물을 뜨고 붓는 소리, 장작 타는 소리, 조랑말들이 물 담은 여물통 바닥에 떨어진 콩 몇 알 먹겠다고 입술로 푸르르 푸르르 하는 소리까지, 소음이 끊이지 않고 이어졌다.

늙은 남 서방은 일이 한창이었다. 만약 그 노인네가 조선 사람이 아니었다면 이런 말도 안 되는 소란을 피우고 있는 그를 절대 용서할 수 없었으리라. 나는 조선 사람들에게 '한 24킬로미터 정도 타고 갈 요량이면 어떤 조랑말이든 두 시간만 먹이면 충분하고도 남는다', '그 이상 말을 먹이는 것은 말의 지구력에 도움이 안 되는 것은 물론이요, 새벽부터 정신 사납게 온 집안을 시끄럽게 할 뿐이지 않느냐'고 줄곧 말해왔다. 하지만 이건 마치 내 문간 위에서 미친 듯이 울어대는 닭한테 대고 '그만 좀 울어라!' 하는 것과 같은 정도의 효력밖에 없었다. 닭이든 조선 사람이든 상관없이 이렇게 조상으로부터 대대로 내려오는 고집을 멈출 수 있는 지구상 유일한 방법은 미친 듯한 발광뿐.

고향에 살 때 닭 울음소리는 듣기는 했어도 거의 의식하지 않고 무시하는 그런 것이었다. 시계가 발명된 후, 내 생각에 우리 고향의 닭들은 사실상 본성을 잃어버렸다. 하지만 조선의 닭들은 지난 삼천 년간 그리고 지금까지도 이 바닥에서 살아남기 위해 서로 경쟁하면서 완벽한 기차 화통 소리를 내는 경지에까지 이르게 된 것이다.

늙은 남 서방과 처음 만났던 바로 다음 날 아침 풍경은 이랬다. 낮게 드리워진 초가지붕 아래 안쪽으로 소나무 가지들이 타며 불을 밝히고 있다. 그 불빛으로 인해 입술을 쭉 내밀고 낙심한 표정으로 서 있는 조랑말들과, 부들부들 떨며 으르렁거리는 개와, 헝클어진 머리로 지켜보고 있는 집주인과, 이 풍경 속에 움직이고 있는 유일한 존재이자 한창 일하느라 바쁜 남 서방이 보인다. 다른 여러 이야기들에 더하여, 나는 남 서방에게 길을 가다가 만약 Gensan[87]을 지나게 되면 꼭 내게 연락할 것을 당부했다. 만약 일거리가 있으면 기쁘게 주선해 주겠노라 하면서 말이다.

아침을 먹고 나자, 그는 내 말을 끌어와서 짐 위에다 편히 자리를 봐주고는 너무 감사하다고 공손하게 절하며 나를 떠나보냈다.

이제 이틀만 더 가면 집에 닿을 것이었고, 나는 감격에 젖어 고개를 어떻게 넘어가는지도 모를 지경이었다. 그리고 둘째 날, 여러 사고와 행운을 겪은 끝에 남산[88]을 출발한 나는 내 조랑말들보다 조금 앞쪽에서 직접 걷기 시작했다. 조선에서 두 발로 직접 걷는다는 것은 사람들의 멸시를 받는 행동에 속했다. 비록 친한 조선 친구들이 아주 황당해하긴 했지만, 아직도 나는 마음에 내킬 때면 일부러 걷곤 한다. 나는 늙은 남 서방이나 다른 가난한 사람들에 비해 내가 얼마나 복 받은 사람인지를, 또 그것이 얼마나 신기하고 감사한 일인가를 느끼며 조용한 과수원 사이를 지나가고 있었다.

갑자기 모퉁이에서 멋을 부린 통통한 두 양반과 마주친 것은 모든 조선

---

87 '원산'의 일본식 표현. 원산은 1880년 개항해 일본 영사관이 설치되었고, 일본인 거주 지역이 형성되었다. 이 때문에 당시 원산의 일본식 표현도 통용되었던 것으로 보인다.

88 황해도 안변군 남산리. 현재는 강원도 고산군.

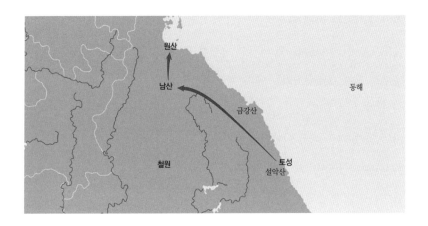

사람들에 대해 감사한 마음이 나를 뒤덮고 있던 때였다. 그들은 나를 아주 얕잡아 보면서 '너 같은 짐승이 사는 우리는 도대체 어디에 있는가'를, 또 '내가 어디로 기어가고 있는 중인지'를 물었다. 순간 혈압이 올랐고, 나를 이렇게 불러 세운 이유가 뭐냐고 물었다. 그들은 내가 이렇게 대응하는 것이 신나는지 새로운 놀림감이 생겼다고 좋아하는 것 같았다. 나는 그들에게 예를 갖춰 항의할 생각이 싹 가시면서 지금이 바로 본때를 보여줘야 하는 순간이라고 느꼈다. 나는 눈 깜짝할 사이에 앞장서서 이야기하고 있던 사람의 두루마기 멱살을 움켜쥐었다. 그러고는 "어이, 양반나리! 나는 아주 부드럽고 신사적인 사람 맞아. 그러니까 당신이 아무 거리낌 없이 나한테 이렇게 말할 수 있겠지. 하지만!" 멱살을 더욱 죄면서, "만약 당신이 다른 서양 사람들에게 이런 식으로 말했다가는 반드시 대가를 치렀을 거야."라고 했다. 그리고 내 참나무 지팡이를 집어 들고 그 사람들 바지에다 흙먼지를 끼얹으

며 반복해서 휘둘러 댔다. 이러는 모양을 보고 확실히 깨달은 바가 있었던지 두 번째 양반은 슬그머니 자리를 피했고, 멱살 잡힌 인간은 나를 'ta-in[89] great man'이라고 부르며 용서를 빌었다. 내가 이렇게 교양 있고 배운 양반인지 전혀 몰랐다고 하면서 말이다. 서로에게 이렇듯 신기한 경험을 하나씩 안겨주고 우리는 헤어졌다.

집에 무사히 돌아온 지 한 달하고도 며칠이 지난 어느 아침, 심부름하는 아이가 와서는 한 노인이 나를 만나고 싶어 한다고 했다. 안으로 모시라 했더니 들어온 사람은 다름 아닌 남 서방이었다. 그는 해진 한복 위에 전보다 훨씬 깔끔하고 괜찮은 두루마기를 걸치고는, 아직 우리네 인생은 복으로 충만하다는 것을 온몸으로 발산하며 나를 바라보았다.

남 서방은 안부도 전할 겸 감사 인사를 하기 위해, 또 혹시 일거리가 좀 있는지 알아보러 찾아온 것이었다. 나는 장작도 패야 했고, 땅을 파서 모종도 심어야 했다. 남 서방은 일을 하겠다며 곧바로 계약을 했고, 나는 삯을 최고로 쳐 주었다. 그는 너무나 온화하고 순한 사람이어서 장작을 패다 혹시 손이나 다치는 것 아닌지 염려스러웠었는데, 아직까지는 아무 문제가 없었다. 나에게는 그를 기분 좋게 해줄 담배도 충분히 있었고, 남 서방도 맡은 일을 충실히 해냈다.

나는 아직도 그를 생생히 그릴 수 있다. 고난의 시절을 보내던 그와, 쌓여

---

89 대인

있는 장작을 바라보던 온화한 얼굴과, 내게 일을 어떻게 처리하면 되는지 묻던 온화한 목소리를.

당시 우리 집에는 이집트의 거대한 피라미드 건설현장 감독관에 버금갈 만한 건장한 조선인 비서가 있었는데, 그는 어떤 식으로든 부드럽게 이야기하는 사람들을 싫어했다. 왜냐하면 말을 점잖게 하는 놈들은 모두 사기 치는 것을 들키지 않으려 수작 부리는 것이라고 믿었기 때문이다. 그는 마치 진짜가 가짜를 대하듯 남 서방을 예의 주시했고, 결국 결말이 좋지 않을 것이라는 확신에 차 있었다.

어느 날 그는 남 서방이 자신에게 거짓말을 했다고 욕을 하며 이렇게 말했다.

"내가 시키는 말에 대들면서 남 서방이 한다는 이야기가 글쎄, 자기는 저기 북쪽 고향에 집도 있고, 소도 있고, 논밭도 있고, 모든 게 먹고살기 충분하다는 거예요. 그러면서 고향에 돌아갈 때 점잖게 쫙 빼입을 옷을 사야 하니까 돈을 좀 모은다는 거예요. 저런 늙은이 주제에, 뭐? 소가 있다고?"

"좀 지켜보지요. 노인을 너무 몰아세우지 마시고요."

내가 이렇게 타일렀지만 그의 생각은 바위처럼 확고했고, 남 서방은 그렇게 죄인이 되었다.

그 후 두 달이 지났고, 남 서방은 여전히 우리와 지내고 있었다. 우리가 준 돈에다 옷가지까지 잘 모으고 있었기에, 외모가 조금 나아진 것도 사실이었다. 그는 행복해 보였다. 그리고 매일 아침 문간에 앉아서 죄와 죽음 그리고 속죄에 관한 성경 이야기를 들었다. 그리 성공적인 것 같진 않았지만 우리는 성경 이야기를 최대한 쉽게 설명하려고 애썼고, 주님께서 남 서방의 닫힌 마음을 열고 말씀을 받아들이게 해주실 거라 믿었다. 남 서방은 이 땅에 오셨고, 살아 계셨고, 가난하셨고, 이방인이셨으며, 우리 모두를 위해 자신을 희생하신 주님의 말씀이 이토록 쉽고 간명하다는 것을 아주 멋지다고 생각했다.

남 서방은 대단한 농사꾼이었다. 내게 소나무와 버드나무를 어떻게 심으면 되는지 가르쳐주었는데, 그의 이야기는 이렇다.

"가지를 잘라서 굵은 쪽으로 심으면 보통 버드나무가 되고요, 뒤집어서 가는 쪽을 땅에 심으면 가지가 늘어진 수양버들이 돼요."

이 말이 참인지 거짓인지 확인해보진 못했지만, 어쨌거나 상당히 재미있는 이야기였다.

그는 정원을 관리하고 꽃을 돌보았는데, 벌레나 해충을 잡는 데도 선수였다. 어느 날 아침, 남 서방은 mo-gi[90] mosquito같이 생긴 어떤 벌레가 우리 딸기나무 뒤에 붙어 있다고 했다. 내 아내는 심지어 덩굴이 다 죽은 겨울에도 딸기나무에 대한 관심이 사그라지는 법이 없었기에 나는 "남 서방이 그 벌레를 잡아 오면 우리 아내가 좋아할 거예요."라고 말해주었다. 그렇게 며칠 뒤 아침, 남 서방은 동이 트기 전에 일어난 덕분에 그 모기를 잡을 수 있었다고 이야기하면서 이제 곧 딸기를 먹을 수 있을 거라며 행복해했다.

그리고 얼마가 지난 어느 아침, 노인은 이제 눈도 더 이상 오지 않을 것

---

90 모기

같으니 저 북쪽 끝 고향(갑산)으로 돌아가서 별일 없는지 좀 살펴봐야겠다고 했다. 갑작스러운 일이었다. 나는 헤어져야 한다니 너무 슬프다고 이야기를 건넸지만 그것이 최선으로 보였고, 이내 남 서방은 새로 산 하얀 두루마기를 입고 왔다. 그는 우리의 평안을 빌어주며 작별 인사를 했다.

남 서방에게는 그가 가진 몇 안 되는 이 세상 물건을 싸둔 소박한 보따리 하나가 있었는데, 나는 그 속에 『신약성경』 몇 권[91]이 들어 있는 것을 보았다. 우리가 기도하고 바라왔던 대로 그도 이제 이 세상의 비밀을 알게 된 것이었을까? 끝날 줄 모르던 감사 인사를 뒤로하고, 그의 주름진 얼굴과 가난한 옷 속에 숨은 그 온화한 영혼은 우리 곁을 떠나갔다.

어떤 사람을 대할 때, 어떤 옷을 입었는가 혹은 얼마나 부자인가로 그를 판단하는 것은 어리석은 일이다. 가끔 아무 것도 가진 것 없고, 아무 옷이나 입은 사람의 눈이 우리의 영혼을 뒤흔들고, 그 주름진 얼굴이 눈물을 흘리게 한다. 그것이 의심의 눈이든 믿음의 눈이든 간에, 세상을 자신의 좁은 창으로만 바라보고 살아온 약한 영혼들은 미움과 냉정으로 가득 차 무쇠같이 단단한 진짜 세상을 만나볼 필요가 있는 것이다.

여름이 한창이었다. 그렇게 네 달이 지난 어느 날 오후, 새로 칠한 갓에 옷을 잘 차려입은 사람이 대문을 들어서더니 내 방으로 향했다. 내가 아는 얼

---

91 이때는 『신약성경』이 한 질로 모두 번역되지 않았기에, 복음서 별로 따로 번역되어 있었다. 『신약성경』 몇 권이라 함은 이렇게 번역된 개별 복음서 몇 개를 뜻하는 것이다.

굴이었는데, 뭔가 이상했다. 왜냐고? 맞다, 그것은 남 서방이었다. 정말로 제대로 차려입었지만, 언제나처럼 겸손하고 정중했다.

"아니, 어떻게! 내 친구, 남 서방! 그간 안녕하셨어요? 이게 대체 어쩐 일이에요?"

내가 인사를 전하자, 그는 먼저 내 아내와 어린 딸의 안부를 물었다. 곧이어 고향으로 어떻게 돌아갔는지를 이야기한 다음, 지금은 일본인 시장에 소를 두 마리 팔기 위해 돌아왔다고 했다. 소를 두 마리나 팔다니! 나는 예전에 남 서방이 부자라고 이야기했을 때, 왜 전혀 놀라지도 믿지도 않았던 걸까? 하지만 지금 이 순간까지도 그는 전혀 뻐기는 태도를 내비치지 않았다. 이 세상에서 거의 찾아볼 수 없는, 세상에 타락하지 않은, 아니 오히려 그 위에 위대하게 우뚝 서 있는 사람을 나는 마주하고 있었다. 그가 이곳에 머무는 동안이나마 자주 볼 수 있다면 얼마나 좋겠냐며 좀 앉으라고 자리를 청했지만, 남 서방은 정중하게 사양했다.

우리 이집트 감독관 비서는 마치 대천사 가브리엘이라도 만난 것처럼 놀라서, 이 말도 안 되는 비현실을 어떻게든 인간이 받아들일 수 있는 현실로 믿기 위해 안간힘을 다하고 있었다. 물론 우리 비서는 지상의 엄청난 부를 소유한 유복한 사람이 과연 이러한 수준의 고결함과 겸손함까지 동시에 갖추는 것이 가능한 것인가를 논한 중국 고전을 읽어보진 않았을 것이다.

이집트 비서가 내게 말했다.

"전 정말 남 서방이 거짓말한다고 생각했어요. 그런데 참말이었어요. 작은 부분 하나하나까지 모두 다. 정말 훌륭한 노인이에요."

나는 남 서방을 보기 위해 그가 소를 묶어두었다는 언덕까지 따라 나갔다. 한 마리는 붉은 색이었고 다른 놈은 갈색이었는데 둘 다 상태가 좋았다. 며칠 뒤 그는 일본인에게 45달러를 받고 소를 팔았다.

빚도 없이 이렇게 큰돈을 현찰로 가지고 있는 사람을 본 것은 이때가 처음이었다. 이집트 비서와 동료들은 입이 떡 벌어져서는 어떤 말도 하지 못했다. 아주 가끔 그러는 것을 본 적이 있는데, 아마 그 일본인들은 나에게 그랬듯이 남 서방처럼 이렇게 부유한 조선 사람 앞에서 엄청나게 굽신굽신 kow-tow[92] bow down 했을 것이다.

일화 한 가지 더. 남 서방이 고향으로 다시 돌아가던 때, 예수님 이야기가 적힌 복음서 네 권을 부탁했다. 전에 가져간 책은 다 읽었기 때문에 이번에 새로운 복음서를 가지고 가서 세 권은 다른 가문에 주고, 한 권은 자신이 읽고 싶다고 하면서. 남 서방이 책을 전해줄 가문 사람들은 한문을 읽을 수 있었는데, 이번에 돌아가면 남 서방이 직접 들은 구원 이야기까지 전해주겠노라 했다. 우리는 남 서방에게 그를 절대 잊지 않겠노라 이야기했고, 아내와 나는 그의 여행길이 평안하기를 (동정이 아닌 진심으로) 기도했다.

---

92 코토(일본어) – 머리를 조아려 절함.

조선 조랑말

삶의 여정을 지나오며 마주친 생명체들 중 나에게 가장 큰 영향을 끼친 것은 조선의 조랑말이다. 이 조랑말이 나에게 안겨준 다양한 경험을 모두 열거하는 것은 아마 불가능하리라. 내 인생의 빛이 되어준 존재로서, 저명한 학자나 탁월한 성직자가 아닌 조선의 조랑말을 꼽으며 나는 이렇게 말한다.

"조선 말은 나머지 모두를 합한 것보다 더 많은 것을 내 안으로부터 끌어내주었으며, 이놈들과 함께하는 동안 내 안에 억눌린 악마가 얼마나 많은가를 깨달을 수 있었다. 또한 그가 가장 위험스런 절벽을 따라 나를 안전하게 태워주었기에, 그 악마가 천사로 바뀔 수 있었고 내가 그의 고통을 져줄 수도 있게 되었다."

보통 내가 탄 조랑말은 궁정 마구간에서 가져온, 당신이 타는 것과 같이

포졸과 조랑말(1883년)

관리가 잘된 그런 말이 아니었다. 오히려 당신이 본다면 분명히 불쌍히 여길, 긴 털에 피골이 상접한 그런 말이었다. 이놈을 봤다면 아마 당신은 "언제 죽어도 이상하지 않을 불쌍한 생명"이라고 말하지 않았을까?

하지만 조선 말과 어느 정도 지내다 보면 당신의 생각은 달라질 것이다. 번개 같은 생명력이 넘쳐흐르는 발굽에, 화가 치밀 때면 10센티미터 두께의 철갑도 씹어 으깨버릴 수 있는 강인함. 경험이 내게 가르쳐준 교훈은 마치 언제라도 위험을 초래할 수 있는, 총알이 장전된 낡은 엽총을 다루듯 조랑말도 조심스레 대해야 한다는 것.

조선의 조랑말은 주로 남쪽 제주도, 평안도 서부, 함경도에서 길렀다. 최근 만주산도 들어왔으나 더 우람한 데다 기르기 어렵고 승마용으로도 좋지 않았다. 말 목장은 Kammok[93]이라고 하는 관리가 관할하였는데, 사육사를 두고 일 년에 두 번 일정한 수를 잡아 궁궐로 올려 보냈다.

궁궐에서 놈들은 찬란한 시절을 누리는데, 그러다가 털이 길게 자라 양 같은 외모가 되면 수레를 끄는 말이 되어 조선의 주 도로 네 곳[94]을 오가며 궁궐 뒷문까지 짐을 나르는 일을 했다. 말들은 완전히 자라 심지가 굳고 제대로 몸의 형상을 갖출 때까지는 이 일을 했다. 그러고는 '새문[95]' 근처에 사는 조선 사람들에게 팔렸는데, 조선 사람들이 안 사는 남는 놈들은 특별히 외국인들을 태우는 데 썼다. 이 말들은 많이 아파서 매우 위험했음에도 불구하고 새문 근처에 사는 사람들은 외국인에게 두 배 가격을 받고 팔았다.

조선의 조랑말은 문헌적으로도, 또 과학적으로도 분류가 가능한데, 이놈은 스물다섯 번째 별자리에 해당하는 동물로, 조선에서 쓰는 시간으로는 일곱 번째 시각[96](오전 11시~오후 1시)을 상징하는 생물이다. 이건 분명히 말이 chook[97]을 먹는 시간이라는 데서 유래된 것일 텐데, 그렇다면 '11시에서 2시까지'라고 하는 것이 더 정확하지 않을까? 또 말이 가리키는 방위는 남쪽인데, 아마 이 방위법을 만든 사람이 북쪽으로 가려던 것을, 말이 제맘대로 남

---

93 감목관 – 조선시대 지방의 목장에 관한 일을 관장하던 벼슬
94 조선의 주 도로 네 곳은 동대문을 통해 강원도로 가는 길, 서대문을 통해 평안도로 가는 길, 남대문을 거쳐 남도로 가는 길, 동소문을 거쳐 철원, 원산 방향으로 가는 길이었다.
95 새문 – 서대문(돈의문). 태종 때 풍수지리상 안 좋다고 폐쇄했던 것을 세종 때 위치를 옮겨 다시 지었기에 '새문'이라고 부른다. 지금도 서대문 일대 지명이 새문안길, 신문로 등으로 남아 있다.
96 오시(午時) – 조선시대 십이지지에 따라 하루를 12로 나눈 시각 단위 중 일곱 번째 시각
97 죽

서대문(1890년대)

쪽으로 움직이는 바람에 이렇게 정해진 것은 아닐는지.

시적인 표현으로는 말을 tonchang[98] honest sheep이라고 불렀다. 이때 양이라고 표현하는 것에는 별 불만이 없지만, '정직한'이라는 형용사는 마치 서양에서 '정직한 인디언'이라고 표현하는 것처럼 좀 이상한 말이었다.[99] 서양 말과 비교했을 때 조랑말의 덩치는, 할아버지 옆에 있는 열 살짜리 아이 정도? 혹은 Li Hung Chang[100] 옆에서 걷고 있는 보통 일본 사람 정도라고 할 수 있다.

몇 발짝 떼지도 못하고 고꾸라질 정도로 늙기 전까지는 그 특유의 따그닥 따그닥 하는 걸음걸이를 느낄 수 있는데, 중국산 조랑말의 소위 그 투박하고 어색한 걸음과는 달랐다. 중국 말에 올라타면 마치 낡은 기계가 움직이듯 울퉁불퉁 위아래로 올라갔다 내려갔다 하는 반면, 상태 좋은 조선 조랑말을 타면 마치 초호화 기차를 타고 미끄러져 가는 것 같은 기분을 느낄 수 있었다. 내 실제 경험으로 보건대 내가 다녔던 그 여행을 만약 자그마한 조선 조랑말이 아니라 커다란 중국 말을 타고 다녔다면 아마 삼 일도 버티지 못했으리라.

안정적으로 땅을 딛는 이놈들의 능력은 놀라운 것이었다. 당신이 정말 운

---

98 돈장(敦牂) – 도타울 '돈', 암양 '장'
99 아메리카 대륙의 원주민인 아메리카 인디언은 간교한 유럽인에 비해 모두 정직하고 순수했다. 이에 따라 영어 표현 중 "진짜야! 맹세해!"라는 표현을 할 때 자신이 인디언처럼 진실하다는 의미에서 '정직한 인디언(honest injun)'이라는 말이 생겨났는데, 원래 정직한 인디언 앞에 추가로 '정직한'이라는 형용사가 어울리지 않듯, 거짓말하는 양은 원래 없는데 그 앞에 '정직한'이라는 형용사를 붙여 '정직한 양'이라고 부르는 표현은 맞지 않다고 빗댄 것이다.
100 리훙장 – 청나라의 장군 (청일전쟁에 패해 이토 히로부미와 시모노세키 조약 체결)

<조선의 조랑말>

이 좋아 '새문'의 말 장수에게 좋은 조랑말을 사서 도망치는 데 성공했다면, 그놈을 타고 아주 위험한 얼음 위나 절벽 같은 곳을 한번 가보라. 긴장을 풀고 말을 믿고 딱 앉아 있기만 하면 당신 두 다리로 직접 걷는 것보다 훨씬 더 안전하다. 바위 틈 아래로 비치던 깊고 차디찬 검푸른 물 위로 내 명령에 따라 20센티미터 폭밖에 되지 않는 길을 미끄러지듯 나아가던 상황에서 내 가슴은 얼마나 쿵쾅거렸었던가. 하지만 단 한 번도 실패가 없었다. 한 번 삐끗한 적조차도 없었다. 그런 상황에 처할 때마다 들었던, 어떤 천지신명에게 빌어서라도 안전하게만 통과하고 싶었던 심정. 아아! 나는 내 조랑말을 사당에라도 모셨어야 한다.

내가 앞에 밝힌 조선 말의 탁월함도 물론 모두 진실이지만, 무엇보다 이놈은 정말 내 영과 혼의 완벽한 친구였다. 고집스럽다는 건 조선 말의 가장 흔한 특징이었다. 조선의 상놈이 자기만의 방식이 있는 것처럼 이 말에게도 확실히 자기만의 방식이 있었다. 어떤 생각이 이놈을 사로잡을라치면, 목은 놋쇠처럼 뻣뻣해지고 좀체 생각을 바꾸려 하지 않았다.

밥으로는 죽과 여물을 먹었다. 죽은 콩과 쌀겨를 삶은 것인데, 물구유에 부어 먹였다. 콩은 거의 없고 대부분 물이었는데, 조선 말의 긴 코와 입술은 그 깊은 물을 헤집고 바닥의 콩을 주워 먹게 하는 진화의 산물이었다. 세대가 거듭되며 이런 특징이 나타났을 텐데, 진화의 또 다른 증거는 이놈이 무릎 깊이나 되는 죽 속에 코를 박고 바닥의 콩을 찾아 먹을 때면 눈으로 숨을 쉴 수 있다는 것이었다. 말죽의 색깔이 진해서 죽 안에 콩을 얼마나 넣었는지 알 수 없다는 사실은 극심한 말싸움을 일으키곤 했다.

한번은 여행할 때 품이 아주 큰 바지를 입은 곰보 마부와 함께 다녔는데, 이 마부의 기질 때문에 가는 곳마다 말싸움에 휘말리고 곤경에 처하기 일쑤였다. 내가 탄 조랑말은 코가 길고 풀 죽은 듯 뵈는 놈이었는데, 하루 세 시간은 먹여야 했다. 한번은 급한 일이 있어 말을 깨우러 갔더니 이놈이 여물통 속에 눈까지 박아 넣고 먹는 모양이, 딱 봐도 아주 즐거운 시간을 보내고 있었다. 지나던 여관 주인이 반짝반짝 빛나던 말의 눈을 보고 말았고, 곧 마부가 자기 콩을 '몰래 훔쳤다'는 결론에 이르렀다. 그 즉시 최고로 재미있는 드라마가 펼쳐졌는데, 상황은 삽시간에 비극으로 치달았다.

"네놈 콩하고 같이 지옥에나 떨어져라!"

자신의 말을 보듬으며 마부는 울부짖었다. 이런 마부의 미친 듯한 울부짖음을 들은 여관 주인은 곧 죽이 흘러넘치는 구유를 들어 마부에게 집어던졌는데, 추진력을 얻은 물체에 전달된 모든 원심력을 간직한 채 여물통은 말의 등을 스쳐 마부를 정확히 가격했지만, 구유에 담겨 있던 물은 같이 날아가지 않고 구심력에 의해 여관 주인 본인의 머리와 어깨 위로 쏟아져 내렸다. 그 와중에 주인의 목을 따라 우아하게 미끄러져 내리던 콩들. 말이 웃는 것은 우리가 흔히 이야기하는 것이지만, 얼굴이 다 물에 젖은 상태에서 짓는 말의 웃음은 다른 어떤 말의 웃음도 능가하는 것이었다. 늘 풀 죽은 듯 보이던 내 말이 그렇게 웃었고, 우리의 여행은 계속되었다.

조선 사람들은 말에게 절대 찬물을 주지 않았는데, "그러면 죽어요."라고 그들은 말했다. 또 밤에도 절대로 눕지 못하게 기둥 옆에 끈을 팽팽히 당겨 묶어두었기 때문에 이 불쌍한 놈들은 옴짝달싹할 수 없는 상태가 되어, 온 마을 수탉들이 발을 따습게 하려고 자기 등 위에 올라 앉아 목이 찢어져라 울어대는 소리를 밤새 견뎌내야만 했다.[101]

앞에도 언급했듯, 이 초보들이 말을 먹이는 일은 그야말로 끝이 없어 보였다. 아침 일곱 시에 출발하는데 새벽 한 시 반부터 일어나 여물 퍼 담는 소리에 말이 와작와작 씹어 먹는 소리까지, 그야말로 난리법석을 부리는 통에 나는 이 불쌍한 조랑말들이 미워지기까지 했었다. 조선 말하고 조선 사람이 만나면 무슨 요상한 상호작용이 일어나는 것인지, 끝도 없이 빌고 이야기해봤지만 헛수고였다. 아무리 타일러 본들 그건 마치 '나무 둥치 붙들고 씨름하는 것'만큼이나 무모한 짓이었다.

이렇게 애증으로 얽힌 말이 미워서 그랬는지, 나는 말굽 박는 모양 구경하는 것을 아주 좋아했다. 울창한 밤나무 아래에서 튼실한 끈 하나로 이빨과 발굽, 머리, 꼬리까지를 모두 묶고 등이 땅에 닿게끔 누인 다음, 대장장이가 발굽에 못을 박아 넣을 때면 말의 눈에서는 눈물이 흘렀다. 하지만 매일매일 나를 괴롭히는 그 죄에 비하면 아쉽게도 이렇게 말굽을 박는 시간은 너무 짧았다.

일화 하나 더 전하고 말 이야기를 마무리하자.

나는 남쪽으로 여행을 하고 있었고, 경상도의 중심 도시인 대구에 도착해 있었다. 거기서 내 말이 병이 들어버린 관계로 한 마리 새로 구하려고 했지

---

101 서양 말의 경우는 알 수 없으나, 몽골 말도 성장하면 절대 누워서 잠을 자지 않고 항상 서 있다. 이것은 묶어 놓기 때문에 못 눕는 게 아닌 이 지역 말의 특성인데 약간의 오해가 있는 듯하다.

말굽 박기

김홍도 <편자 박기>

조선, 그 마지막 10년의 기록

만 여의치 않았고, 결국 관찰사에게 부탁을 넣었다. 내가 떠나는 그날 아침 관찰사는 완벽한 상태의 조랑말을 한 마리 보내주었는데, 이것은 20리마다 말을 바꿔 타는 역참제도의 첫 번째 말이었다. 그 다음 3일 동안 열다섯 마리 정도 말을 바꿔 탔는데, 이때 나는 조선 조랑말의 장단점을 완벽히 파악할 수 있었다.

이미 언급한 대로 첫 번째 말은 아주 좋았으며, 그 다음 말도 건강한 데다 몸이 아주 균형 잡혀 있었다. 하지만 막상 타보니 괴상하게 걷는 것이 아닌가. 온 힘을 다해 절뚝거리는 걸 고치려고 했지만 결국 그건 고칠 수 있는 습관이 아니라 이 말의 특성 그 자체임을 알게 됐을 뿐이었다. 저 마음 깊은 곳 좋은 마음마저도 산산조각 내어버렸던 발작적인 움직임. 이 말을 탄 20리 길은 정말 말할 수 없이 불편했다. 한마디로 그 말은 내 평생 탔던 어느 말보다도 불편했고, 다음 역참에서 말을 갈아탈 수 있다는 것이 그렇게 다행일 수 없었다.

나를 기다리고 있던 세 번째 말. 그놈은 아주 훌륭히 평야 지역을 통과했고, 길은 강둑을 따라 이어졌다. 너무나 아름다운 풍광 속에서 나는 나 자신과 나를 태워주는 이 착한 말에 대한 생각에 잠겨 있었다. 그런데 말이 갑자기 멈추더니 아슬아슬한 모서리 끝까지 위험한 속도로 뒷걸음치기 시작하는 것 아닌가. 이 말에 대해 품었던 좋은 생각이 다 뒤집어지고, 한 발만 늦었어도 큰일날 뻔했던 찰나, 나는 겨우 말에서 뛰어내릴 수 있었다. 곧 이놈 곁으로 가서 잘 달래보려고 했지만 그럴 수 있는 상황이 아니었다! 이놈은 교묘하게도 자기 등 위에 있는 무엇이든 아래로 완전히 처박아버릴 수 있는 강둑, 정확히 모서리 끝에서 풀을 뜯고 있었다. 그러고는 마치 같은 행동을 수천 번이나 반복해왔던 것처럼 다시 한 번 자세를 고쳐 잡는 것이 아닌가! 이건 명백히 내 목숨을 앗아가려는 의도에서 한 계획적 행동이었다.

고심 끝에 나는 이놈을 유죄로 판단했고, 가지고 있던 고래수염 채찍을 전부 동원하여 채찍 형을 가하기로 했다. 이 채찍질은 내가 했던 수많은 행동 중 거의 유일하게 조선 사람들이 굉장히 멋지다고 생각하는 것이었다. 그러고 나서 이 씨의 조언을 따라 경치가 여기보다 조금 못한 곳까지 그냥 걷기로 했다.

그렇게 강둑을 벗어나 펼쳐진 평야로 다시 접어들었을 때, 이쯤이면 정신 차렸겠지 싶어 다시 한 번 이놈 등에 올라탔다. 하지만 얼마 지나지 않아 망할 버릇이 도졌고, 다시 한 번 무서운 속도로 뒷걸음질을 시작했다. 위험한 지역이 아니었기에 그냥 뒷걸음질을 치도록 내버려두었더니 결국 빳빳한 덤불에 나를 처박아버리고 말았다. 모자가 날아가고 머리가 헝클어지고 얼굴에 상처가 났다. 더 이상 남아 있는 고래수염 채찍도 없었고, 무조건 항복 후 다음 역참까지 걸어갈 수밖에 다른 방도가 없었다.

이후 60리를 가는 동안 갈아탄 세 마리 말은 평범했다. 그때마다 이 씨는 좋은 말을 달라고 특별 주문을 하곤 했는데, 마치 내가 때리기라도 한 것처럼 역참의 찰방[102]들은 한결같이 고분고분한 투로 그러겠다고 했다. 하지만 그 대답은 얼마나 부질없는 것이던가!

---

102 조선시대 각 도의 역참을 관리하던 종6품의 외관직

한번은 온 여정을 통틀어 가장 순박해 보였던 찰방이 기똥차게 좋은 말이라고 공언하며 내어준 말을 타고 출발했는데, 역참에서 충분히 멀어져서 이제는 우리가 찰방한테 따지러 갈 수 없겠구나 하는 거리에 다다른 순간, 말이 너무나 태연스레 길 한복판에 드러누워 버렸다. 몸이 들썩들썩할 정도로 귀와 꼬리를 잡아당긴 후에야 겨우 일어났는데, 그러고도 땅바닥에 무릎을 굽힌 채 일어서지 않았다. 어린 말구종 두 명과 이 씨가 그놈을 일으켜 세우느라 얼마나 낑낑댔었는지! 특히 짜증나던 마지막 말은 앞다리 쪽이 너무 약했고 볼품없이 남루했다. 무슨 불만이 있어서도 아닌데 계속 코를 땅에 박고 있는 것이 똑바로 일으켜 세우는 것조차 너무나 힘들었다. 그놈이 뒤쪽처럼 앞쪽에도 힘이 있었다면 승용마로 괜찮을 수 있었지만 현실은 앞다리가 너무나 약했다. 절뚝절뚝하며 걸어가는 그 위에 앉아 있던 내게, 극심한 공포와 함께 가장 잔인한 방법으로 간절한 희망을 강요하더니 결국엔 완전한 침몰. 나는 정확히 그놈 머리 옆으로 굴러 떨어졌고, 나 또한 완전히 망가지고 말았다.

조선 방방곡곡[103]

그 누구도 경험해 본 적 없는 미지로의 탐험

지난 8년 동안 내가 조선 반도를 열두 번이나, 그것도 매번 다른 계절에 다른 경로로 종횡무진했던 것은 사실 고난이었다. 하지만 어떤 미국인이나 유럽인도 조선이라는 나라에서 나와 같은 다양한 경험을 하지 못했으므로, 바로 이 주제를 쓰기로 했다.

조선의 역사는 저 북쪽 끝에서 발원하였다. 크리스토퍼 콜럼버스와 조지 워싱턴을 합친 것 같은 인물인 기자가 압록강을 건너 이곳에 문명을 전한 것이다. 러시아로부터 이 나라를 지키려는 듯 아직도 우뚝 솟아 있는 백두산[104] 아래에서 살던 이들 민족은 점차 반도 전체로 퍼져 나갔다. 놀라운 신화와 영웅의 이야기들은 모두 이 북쪽 끝 땅이 배경인데, 만주에 가면 이런

---

103 저자 주* 요코하마 문학회 기고 용도로 작성

신화를 직접 확인해볼 수 있지 않을까 하는 생각이 들었다. 또한 내가 가기 전까지 서양인 중 어떤 이도 압록강 동쪽 지역을 여행한 적이 없다는 사실에 궁금증은 더욱 커졌다.

우리 일행은 일곱이었는데 다섯이 조선인, 둘이 미국인이었다. 그렇게 4월, 우리는 강어귀로부터 500킬로미터 정도 위쪽, 다르게 표현하자면 북위 41도와 42도 중간쯤에 위치한 지점을 건너 동쪽으로 여행을 시작했다. 강은 폭이 약 300미터나 되는 데다가 거친 급류가 흐르고 있어 절대 건널 수 없는 상황이었는데, 반나절 동안의 긴 실랑이 끝에 얼굴이 누렇게 뜬 아편쟁이 중국인 사공이 우리를 태워주기로 했다.

박달나무, 너도밤나무, 소나무가 가득한 언덕을 넘어 걷다 보니 강둑을 따라 웅크리고 있는 Chasong[105]이라는 조선인 마을과 맞닥뜨렸다. 집들은 흙으로 지은 나지막한 것들이었는데, 지붕으로 짚이 아닌 나무를 올린 너와집[106]이었다. 대체 어떤 신기한 것이 왔나 보려고 남녀노소 할 것 없이 온 마을 사람들이 쏟아져 나왔는데, '찰나에 과연 얼마나 많은 흰색 두루마기들이 모여들 수 있는가?' 하는 것은 우리가 절대 풀어낼 수 없는 조선의 미스

---

104 책에 등장하는 백두산 명칭 관련 원문은 ever white mountain으로, 장백산으로 번역해야 하나 백두산으로 번역함. 현재 우리가 장백산은 백두산의 중국 명칭인 것으로 생각하고 있는 것과 달리, 우리 조상들은 백두산을 백두산 혹은 장백산으로 병기하였음. 조선시대 우리 문헌에도 장백산이라는 표현이 여러 번 등장하며, 중국 생활을 하지 않고 우리나라에서만 머문 저자가 장백산이라고 표기한 것도 우리 조상들이 장백산이라는 표현을 널리 사용했음을 나타냄.

105 자성 – 평안도 자성군 (현재는 자강도)

106 눈이 많이 오는 지방에서 너와집이 발달하였다. 너와집은 지붕이 직선이고, 눈이 오면 밖으로 나가기 어려우므로 현대의 아파트처럼 한 지붕 아래 외양간과 화장실 등 모든 시설이 다 위치한다.

터리였다. 우리 일행 중 키 크고 호리호리한 조선 사람 하나가 내 앞으로 나
와서 허리를 굽혀 넙죽 절을 하고 물었다.

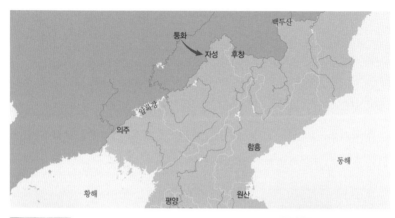

너와집

        조선, 그 마지막 10년의 기록

"오! 당신은 대체 뭐 하는 종자요?"

우리는 그를 향해 한두 발짝 앞으로 나가서는, 우리가 식인종이 사는 섬에서 온 종자라는 듯한 눈짓을 해 보였다. 그 즉시 취해진 그의 공손한 태도에 일행의 나머지 조선 사람들까지 일렬로 서서 절을 올리자, 마을 사람들은 아주 친절해져서는 온 정성을 다해 우리를 대했다. 이들은 서양 사람을 한 번도 본 적이 없었기 때문에 아직까지도 우리가 사람인지 귀신인지 알지 못하는 것이 분명했다.

다른 모든 곳에서도 그랬듯이 이곳 조선 사람들도 모두 풍선같이 생긴 바지에 솜을 누빈 웃옷으로 구성된 흰옷을 입고 있었다. 머리에는 모두 말총으로 짠 밴드[107]를 하고 있었는데, 얼마나 꽉 조여 맸는지 얼굴이 당겨져서는 거의 눈을 제대로 감을 수 없을 정도였다. 이 밴드 전체는 챙이 아주 넓은 모자 안에 들어가도록 되어 있었는데, 이 모자의 용도는 얼굴에 그늘을 드리우는 것이 아니라 자신이 존귀한 어른이라는 증거인 상투를 보호하기 위한 것이었다.

이러한 조선 옷가지들 중 가장 황당한 것은 바로 바지였는데, 입고 있을 때는 뭐 그렇게까지 놀랍지는 않았다. 하지만 빨아 널어놓은 그 바지의 라인을 보고 있노라면 그 거대함에 입을 다물 수가 없었다. 조선 사람들이 입는 이 평범한 바지의 폭이 어느 정도인고 하니 극동 지방에서 볼 수 있는 가장 큰 불상을 덮을 수 있는 것은 물론이고, 뉴욕에 있는 자유의 여신상 속옷

---

107 망건 – 갓 안에 상투를 고정하기 위해 씀.

으로 입혀도 될 정도였다.

조선에서 여행할 때마다 종종 그랬듯 이 마을에서도 우리는 곤경에 빠졌는데, 전날 밤 뱃사공이 술에 취해 배를 잃어버린 것이었다. 다행히 다음 날 아침 강 한가운데 반쯤 잠겨 바위에 걸려 있던 배는 발견했지만 백두산으로 가는 길이 막혔다는 소식을 들었다.

우리는 지방관에게 선물을 보내면서 배를 건져줄 것과 앞으로도 좀 도와줄 것을 요청하는 전갈을 함께 띄웠다. 도와주겠다는 답장이 바로 돌아왔고, 그렇게 여섯 시간쯤 지나 얼마나 진행되었나 나가 보았다. 그런데 배는 강 한가운데 버려진 채 그대로 있고 강둑에서는 사람들이 고래고래 싸우고 있는 것이 아닌가. 게다가 뱃사공은 관아에 끌려가서 땅에 묶인 채 허리를 부러뜨릴 만큼 큰 나무로 곤장을 서른 대나 맞고 말았다. 지방관의 간계에 놀아난 우리들은 다음 날 아침 녹색의 차가운 강물을 걸어서 건널 수밖에 없었는데, 우리 때문에 매를 맞은 불쌍한 뱃사공은 절망에 빠져 있었다.

조선에서 흐르는 물 위에 다리를 놓는 방식은 정말 기묘했는데, 이 사람들에게 일 년 내내 사용하는 다리를 놓는다는 것은 상상조차 할 수 없는 것 같았다. 이들은 6월 초 새로 놓은 다리를 9월 말에 교체하였는데, 그네들 이야기로는 장마철이라 그렇게 한다고 했다. 그런데 내가 아는 한 장마철은 한 달 반을 넘긴 적이 없다. 그보다는 다른 많은 것들에 그러는 것처럼 이들이 다리에도 뭔가 다른 의미를 부여하기 때문에 그러는 것이 아닌가 하는 게 내 생각이다. 여름에는 다리도 쉬어야 한다고 생각하는 것인지, 이들은 길옆에 다리를 쌓아두고 햇볕을 쬐며 쉴 수 있도록 했다. 아마도 여름에 잘

쉬고 힘을 비축해서 추운 겨울 동안 잘 견디라는 의미가 아니었을까?[108]

가장 좋은 것 기준으로, 이 다리는 약 2.4미터 정도 되는 기둥에 1.2미터 정도의 폭으로 바닥에 흙과 솔가지들을 깔아둔 형태였다. 말을 타고 이 다리 위를 지나노라면 마치 특허 받은 침대 매트리스 위를 걷는 것 같았는데, 아마 요코하마에서 지진으로 땅이 흔들리는 것과 크게 다르지 않은 느낌이지 않을까?

다리가 없는 곳에서는 보통 조선 사람들이 돈을 몇 푼 받고 등에 업어 내를 건너게 해주었는데, 이번 북방 여행에선 나는 별로 운이 좋지 않았다. 어느 날 산을 굽이치며 내려오는 계곡을 맞닥뜨렸는데 그리 깊지는 않았지만 신발이 완전히 잠길 정도였다. 마침 강둑에 맨발로 말을 끌고 가던 덩치 좋은 상놈이 있어서 "이 물 좀 건너게 도와줄래요?"라고 했더니, 경멸하는 눈빛으로 나를 보며 이렇게 말했다.

"직접 건너슈."

이토록 도도한 상놈을 한 번도 만난 적이 없던 나는 퍽이나 당황했다.

"이봐요, 돈을 낼게요!"

"돈 낼 필요 없소."

그는 나를 업고 건너기 시작했다. 물론 내가 의도적으로 상놈에게 예의 없이 군 것은 아니었지만, 그 순간 느껴졌던 감정은 어쩐지 나를 완전히 휘

---

108 실제 우리의 여름철 장마는 한 달을 넘기지 않지만, 6월부터 9월까지는 태풍의 북상에 따라 어느 때건 큰 비가 내릴 수 있으므로 저자의 생각과는 달리 늘어난 강수량에 대비하여 이렇게 조치한 것이 맞다고 본다.

감았고, 서해 바다에서 늙은 선장을 바라보았던 것 이상으로 그의 등을 뚫어져라 쳐다보았다. 그는 혼잣말로 험악한 말을 중얼거리며 천천히 개울을 건너기 시작했는데, 건너가 주지 말까 생각이라도 하는지 잠시 계곡 한가운데 멈춰 섰다가, 다시 부질없다는 듯 무사히 건너 나를 내려주었다. 나는 정중히 사과했고 기분 나빠 하지 않으면 좋겠다며 돈을 좀 더 쥐어주었는데, 그는 기가 막힌 듯 나를 쳐다보며 그대로 서 있었다. 아마 아직까지 그렇게 서 있는지도 모르겠다.

우리는 이제 극심한 기아 지역으로 들어갔다. 사람들은 여기저기 살고 있었지만, 먹을 만한 음식은 아무 것도 없었다. 수수와 양파뿐 밥도 닭도, 어떤 종류의 고기도 없었다. 물에 끓인 수수는 마치 뜨거운 물에 톱밥을 풀어놓은 것 같았다. 짐은 점점 더 무겁게 느껴졌고, 새로 고용한 두 명의 상놈 외에는 짐을 나를 수 있는 다른 수단도 없었다. 데리고 다니던 강아지 폭스테리어조차 수수 먹기를 거부했고 우리처럼 하루하루 말라갔다. 강아지가 먹는 유일한 것은 사탕수수 씨로 만든 끈적끈적한 엿뿐이었는데 이 엿에만 이를 드러내고 침을 흘리는 꼴이, 이놈을 살리겠다고 엿을 구해주는 것 또한 고역이었다.

북쪽 동토의 곡물들 사이에서 우리는 빨간 씨앗을 가진 바바다스^{Barbadas} 수수나 회색 씨앗의 원추형 수수를 발견했다. 이것들은 저지대의 늪지에 구멍을 뚫어 파종하는데, 심은 것의 약 200배 정도를 수확한다. 조선 방방곡곡에서 유통되기 때문에 이 중국 국경 지대뿐 아니라 부산에서도 살 수 있었다. 또 노란 씨앗을 가진 보통 수수는 마른 땅에 구멍을 뚫어 파종하는데, 이것의 수확량도 역시 엄청나기 때문에 대부분의 북쪽 주민들은 이것에 의존하여 살아가고 있었다.[109] 메밀 또한 골짜기마다 재배했는데, 조선에서 가장 흔한 음식인 국수를 만들 때 썼다. 콩, 팥, 보리, 귀리, 밀, 옥수수도 그 양은 적지만 재배하고 있었는데, 귀리와 감자는 조선 사람들이 특별히 싫어하는 것들이었다.

하루 종일 걸어 지쳐 있던 어느 저녁, 작은 주막에 들어서자 긴 얼굴의 늙은 주모는 먹을 것이 귀리밖에 없다고 했다. 내내 수수만 먹고 지내던 우리는 기분이 좋아서 좀 삶아달라고 주문했는데, 일행의 조선 사람들은 귀리를 먹어야 한다니 상황이 점점 더 안 좋아진다며 오히려 푸념을 했다. 귀리를 먹으면 이 세상 모든 병에 걸리고 말 거라면서.

그렇게 우리는 각자 그릇을 비운 후 잠을 청했는데, 아침이 밝아올 무렵 내 옆에서 잤던 조선인 친구 서 씨가 무슨 고민이 있는지 앉았다 일어섰다 안절부절못하고 있었다.

"뭔 일이에요?" 내가 물었다.

"여름 설사병에 걸린 것 같아요."

어제도 눈을 맞으며 40리를 걸어왔는데, 여름 설사라니 도저히 이해할 수가 없었다.

"그놈의 귀리 때문이에요."

---

109 붉은 바바다스 수수 → 찰수수, 회색 원추형 수수 → 차조, 노란 수수 → 기장으로 추정됨.

조선의 비좁은 초가집에서 잠을 잔다는 것은 처음엔 그야말로 고역이었다. 가로 세로 2미터 남짓으로 좁고 환기구 하나 없는 방은 절절 끓어올라서 이불을 걷어찰 수밖에 없었는데, 초보 여행자는 노릇하게 익어가는 동안 밤새 불꿈에 시달리고 헐떡대며 오직 아침이 오기만을 기다릴 뿐이었다. 하지만 한 일이 년 적응을 하고 나면, 추운 날 여독이 쫙 풀린다는 조선 사람들 말처럼 이 뜨끈한 방바닥을 좋아하게 되었다.

Yangban[110]의 집은 보통 아주 깔끔하고 멋진데, 방에는 종이가 잘 발라져 있고 깨끗하다. 하지만 북쪽으로 여행하는 동안 우리가 묵은 여관이나 초가는 양반 댁의 안락함과는 거리가 먼 곳들이었다.

조선 사람들의 방에서는 특유의 냄새가 났는데, 대체 무슨 냄새일까 알아내려고 몇 달 동안이나 애를 썼다. 어딜 가든 이 냄새를 맡을 수 있었는데, 마침내 냄새를 분석하는 데 성공했다. 그건 두 냄새가 합쳐진 것인데, 하나는 구석에서 타닥타닥 타고 있는 아주까리기름 냄새였고, 다른 하나는 일렬로 천장에 매달려 곰팡이를 피우고 있는 콩 덩어리에서 나는 냄새였다. 겨우내 먼지와 거미줄을 뒤집어쓴 이 콩 덩어리[111]는 발효가 될 때까지 물에 담가놓았는데, 진액이 흘러나오면 끓여 간장을 만들었다.

이런 방에서 자는 것은 정말 고역이었는데, 친구 하나가 특별 보호 갑옷을 발명함으로써 상황을 개선했다. 그 갑옷은 팔을 집어넣는 작은 가방이

---

110 양반
111 메주

달린 큰 가방 같은 것으로 목 부분은 끈으로 묶게 되어 있었다. 이 전쟁용 복장을 입은 후 우리가 기관총이라고 부르던 미국의 발명품, 가루 분사기로 얼굴과 목 그리고 베개에 벌레 퇴치 가루를 골고루 뿌렸다. 그러면 비로소 잠을 잘 수 있는 상태가 되었다. 이 현대의 발명품이 소개되기 전까지 밤마다 전쟁과 살육, 저주의 중얼거림이 얼마나 반복되었던가. 하지만 보호 갑옷도 벌레 퇴치 가루 분사기도 막을 수 없는 것이 있었으니, 그것은 질병이었다.

실례를 하나 들어보자. 조선을 누비고 다니던 지난 여행 중 어느 추운 날, 그날 일정을 마친 나는 2.4평방미터 넓이의 방에 여장을 풀었다. 그 방은 같은 크기의 다른 방 쪽으로 트여 있었는데, 단잠을 자던 나는 깊은 밤 옆방에서 들려오는 끙끙 앓는 소리에 깨고 말았다. 너무 어두워서 제대로 보이지 않았지만, 살펴보니 아이 두 명이 누비이불을 덮고 있었다. 아이들을 돌보는 할머니께 대체 무슨 일이냐고 여쭈어보니 "나리, 우리 집에 마마가 돌고 있어요."라고 했다. 할머니는 마마를 쫓는 기도를 올릴 때 쓸 떡을 만들기 위해 바쁜 기색이었다. 달리 묵을 곳이 아무 데도 없어 우리는 이 불길한 곳에서 하룻밤 묵을 수밖에 없었는데, 다행히 아무 일도 일어나지 않았다. 동방에서 겪은 다른 많은 사건들과 마찬가지로 이번에도 고향에서라면 꿈도 못 꿨을 위험한 환경 속에 무방비로 노출되어 있던 나. 아마 나를 지켜주는 거대한 기운이 함께였던 것은 아니었을까.

나는 아직까지도 조선을 싫어하거나 꺼리는 마음이 전혀 없다. 나에게 조선이란 전 세계에서 가장 마음이 끌리는 나라인데, 좋은 날씨에, 점잖고 신의 있고 마음이 따뜻한 사람들하며, 그네들의 말과 오랜 풍습은 아주 흥미로운 데다, 아름다운 자연 경관도 지천에 널려 있다. 꿩, 청둥오리, 거위, 칠면조들은 골짜기마다 지천이었고, 이뿐이랴, 사슴 떼도 먹이를 찾아 조심스레 골짜기를 내려왔다. 하지만 그 무엇보다도 제일이었던 것은 자신의 존재를 자주 드러내던 산중의 왕 호랑이였다.

여행을 하는 내내 우리는 조선 사람들이 나무와 돌로 만들어 놓았던 호랑이 덫을 조심해야 했다. 호랑이가 들어가면 문이 내려와 닫히는 것이었는데, 호랑이들도 약아서 쉽게 걸리진 않았다. 우리 바로 근처에도 호랑이들이 많이 있다는 것을 확실하게 느낄 수 있었는데, 호랑이 발자국을 보면 그네들도 우리가 다니는 길로 똑같이 다닌다는 것을 알 수 있었다. 이들의 첫째 본능은 낮에는 절대 모습을 드러내지 않는 것인 듯했고, 그렇다 보니 직접 보는 것은 어려웠다.

한번은 내가 앉아 있던 방에 누가 아주 큰 회색 고양이를 가져온 적이 있었는데, 자세히 보니 새끼 호랑이였다. 그놈은 내 슬리퍼를 물어가더니 등을 바닥에 대고 누워 하늘로 던졌다가 발로 차고 깡총깡총 굴리면서 놀았는데, 까부는 모양이 딱 고양이 같았다. 일 년 후엔가 이놈을 다시 보았을 땐 무섭게 자라서 우리에 가둬 놓은 이놈에게 주인조차 함부로 다가가지 못했다.

---

112 후창 – 평안도 후창군 (현재는 김일성 아버지의 이름을 따 '김형직군'이다.)
113 두만강은 영어로 Tumen, 압록강은 Yalu

이곳 북방 여행에서 우리는 울창한 소나무와 활엽수 숲도 만났는데, 나무 지름이 60센티에서 1미터나 되는 것이 조선에서는 보기 힘든 것들이었다. 언젠가 이 목재는 압록강을 타고 내려가 필요한 곳에 쓰일 것이다.

마을이라곤 Huchang[112]이라는 딱 한 곳을 지났는데 여기에서도 백두산으로 가는 길은 막혀 있었다. 이곳은 백두산 꼭대기의 회색빛 봉우리가 거의 보이는 곳이었는데, 봄이라 눈 녹은 물이 홍수처럼 떠내려오고 있어서 올라갈 수 없었던 것이다. 우리는 두만강과 압록강[113]의 발원지에도 가보고 싶었는데, 이 역시 산을 가로질러 가는 길은 완전히 막혀 있었다. 상황이 이렇다 보니 실망을 가득 안은 채 남쪽으로 방향을 틀 수밖에 다른 도리가 없었다.

이 후창 마을의 순박한 사람들은 바깥세상에 대해 아는 것이 전혀 없었다. 우리에게 잘 보이려던 것일까? 마을 원님이 닭을 한두 마리 가지고 와서 우리를 불렀다. 그때 시간이 정오쯤 되었는데, 원님은 내 나라에서는 지금

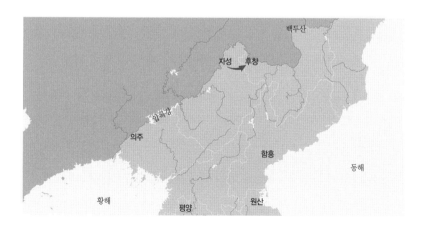

이 몇 시냐고 물었다.

"밤중이에요."

우리가 대답하자 그는 놀란 눈빛을 보내며, "여기에서 보면 어느 쪽에 나리들의 나라가 있나요?" 하고 되물었다. 우리가 지구 중심을 가리키자 원님은 아주 큰 충격에 빠졌고 혹시 우리가 땅속에 사느냐고 물었다. 우리는 지구는 둥글기 때문에 우리가 사는 곳은 지구 반대편 쪽이라고 설명했는데, 이것은 그가 수용할 수 있는 한계를 완전히 넘어버리는 것이었다. 결국 그는 급히 주제를 바꿔 안전하게 배웅해줄 테니 얼른 마을을 떠나라고 했다.

이곳에는 낚시하기 좋은 계곡이 많이 있었다. 조선 사람들은 잘 이해하지 못하지만, 낚시 고수가 된다는 것은 예술과도 같은 것 아닌가. 이들은 산란철 연어와 숭어를 잡았고 다른 고기들도 잡았다. 언제든지 고기만 잡을 수 있으면 시즌이냐 아니냐는 따지지 않았다.

동쪽 해변에 닿았을 때, 나무 기둥을 세워 길게 울타리를 치고 그물을 설치해둔 것이 눈에 띄었다. 고기를 몰아 해변 쪽에 묶어둔 칡넝쿨 그물로 넣어 잡는 것이리라. 이 그물은 일 년 중 다섯 달 동안 쳐 두는데, 원래는 청어를 잡기 위한 것이었다. 하지만 대구, 도미, 홍어, 광어, 가자미, 서대에다 독이 있는 복어까지 안 잡히는 것이 없었다. 그러나 이것은 산출이 그리 많지 않은 게으른 방식의 고기잡이였고, 이곳의 진짜 노다지는 북위 41도 위쪽 지역에서 잡는 명태였다. 이 고기는 작은 대구와 달리 정말 엄청난 양이 잡혔고, 말려서 조선 방방곡곡으로 팔려 나가 싸고 질 좋은 양식이 되었다.

우리는 후창을 떠나 남쪽으로 향했다. 점점 산에 나무가 없어지더니 마침

북어장수(1903년)

내 완전히 없어져서 가끔씩 덜 자란 소나무 몇 그루만이 눈에 띌 뿐이었다.

삼 일째 되던 날, 우리는 제련소를 갖추고 있는 한 탄광촌에 다다랐는데, 이곳에서는 광석에서 구리를 추출한 후 말에 실어 동전을 만들기 위해 평양으로 보내고 있었다. 조선의 광업은 상상할 수 있는 가장 원시적인 단계에 머물렀는데, 그들은 금을 오직 흙에서만 채취하고 있었다. 모든 산은 신성하기 때문에 그것을 파헤치거나 하는 시도는 아예 하지도 않았다.

사금 채취

나흘째 되는 날 우리는 금광 지역에 다다랐고, 우리 일행은 검게 탄 얼굴의 광부에게 금을 씻어 채취하는 시범을 좀 보여달라고 했다. 광부는 개울 한구석에 쭈그려 앉더니 나무 대야에 물을 가득 채우고 진흙이 넘쳐 사라질 때까지 한참을 앞뒤로 흔들어댔다. 그리고 나타난 맨눈으로 겨우 볼 수 있을 정도의 금 알갱이 서너 조각.

우리는 원래 짐을 말 두 마리에 나누어 옮겼었다. 그러다 뜻대로 되지 않아 말 대신 네 명의 일꾼을 붙여 겨우 챙겨 왔는데, 이제 말도 일꾼도 부릴 수 없는 상황에 이르고 말았다. 우리는 한 농부에게 짐 옮기는 데 당신 소 두 마리를 좀 쓸 수 없겠느냐고 물었지만, 소 두 마리가 지기에도 짐이 너무 무거워서 농부도 그만 포기해 버렸다. 소 세 마리는 도저히 구할 도리가 없었고, 암울한 현실에 완전히 절망한 우리는 남루한 여관방에 앉아 있을 뿐이었다. 희망과 낙담이 나를 들었다 놨다 했던 그 당시 여관을 나는 아직도 똑똑히 기억한다.

혹시 좋은 책 없느냐며 늙은 할머니가 물었다. "왜요? 없어요. 이미 오래 전에 다 줘버렸어요. 그런데 좋은 책 이야기는 어디서 들은 거예요?" 하고 되묻자 "오!" 하더니 할머니는 울면서 말했다.

"난 서양 책들에 대해 알고 있수다. 그리고 서양 사람들이 좋은 사람이고, 우리를 해치려고 온 게 아니라는 것도 알고 있지."

몇 주 동안 양귀자니 뭐니 하며 손가락질을 받은 끝에 들었던 이 말은, 마치 마른 땅에 비가 내리는 것과 같은 큰 위로이며 격려였다. 이 마음씨 좋은 할머니는 내 마음을 사로잡았고, 비록 이 집 할아버지는 그 정도는 아니었지만 나는 내 집인 듯 편하게 느끼며 스트레스도 풀 겸 낚싯대를 꺼냈다. 이미 가족의 일원인데 낚시하러 간다고 허락까지 받을 필요는 없겠지, 하는 생각으로 나는 낚싯대를 챙겨 바위 위에 편안히 자리를 잡았다. 낚시. 파리 한 마리와 물만 있으면 족한, 아주 즐거운 여가라고 존슨 박사도 이야기하지 않았던가.

그렇게 감상에 빠져 있던 나는 깜짝 놀라고 말았는데, 물고기가 낚시찌를 물어서 그랬던 것이 아니라 낚싯대 가지고 집으로 돌아오라며 등 뒤에서 부르는 소리 때문이었다. 곧 폭풍이 불어올 것이라고 했지만 나는 못 들은 척했다. 아! 그래, 입질이 최고로 좋을 거라 이 말이지?

바로 그때, 갑자기 휘몰아친 회오리바람에 나는 고기도 잃고, 낚싯줄도

끊어 먹고, 재미도 잃고, 모든 것을 다 잃어버리고 말았다. 그렇게 돌아오니
일흔의 할아버지는 아무 말 않고 그지 낚싯대를 제자리에 가져다 둘 뿐이었
다. 나는 강둑에서 양파를 캐는 척했는데, 마을 사람들은 그런 나에게 위로
의 눈길을 보내주었다.

다시 이야기로 돌아와서, 짐을 나를 방도가 없어 우리는 발이 묶여 있었
다. 아직 목적지인 함흥까지는 240킬로미터나 더 가야 했다. 함흥은 조선의
동해 쪽에 있는 도시이다.

도대체 그 먼 길을 어떻게 가야 할까? 여윈 소를 끌고 함흥으로 가고 있
다는 순해 보이는 사람이 그 답을 가지고 있었다. 우리 일행 중 조선 사람인
백 씨가 이 사람에게 혹시 우리 짐을 그곳까지 옮길 방도가 없겠느냐고 물
어보았는데, 짐을 살피며 잠시 생각을 하더니 자기 소를 가지고 모든 짐을
다 날라다 주겠다고 했다. 하지만 우리는 반대할 수밖에 없었다.

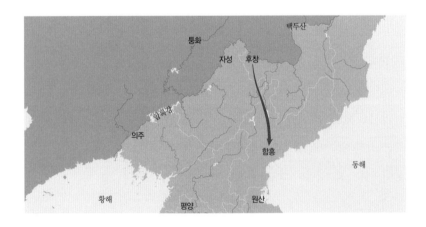

조선, 그 마지막 10년의 기록

(イ205)　　　A FIREWOOD MARKET.　　柴　市　場　　（俗風鮮朝）

나뭇짐을 진 소

"소 두 마리도 못 나르는 짐을 어떻게 이렇게 마른 소 한 마리가 지고 나른단 말이요?"

"내 소는 황소 두 마리가 나르는 것보다 더 많은 짐을 혼자 지고도 이 산길을 갈 수 있소."

그는 이렇게 대답했는데, 아침이 오자 소 등에 짐을 얼마나 쌓아 올렸는지 그 모습이 마치 소 다리를 가진 전설 속의 괴물처럼 보였다. 마치 배가 천천히 나아가듯 암소는 뚜벅뚜벅 걸어갔는데 우리 모두는 입이 떡 벌어지고 말았다. 그렇게 하루에 50킬로미터씩을 갔고, 여정의 끝 무렵 소에게 먹일 콩이 부족해졌을 때에 이르러서야 그 다리가 떨리는 모습을 보일 뿐이었다. 우리 모두는 이 암소의 갈색 얼굴에 서린 고된 노동에 깊은 감동을 받았다.

하루 이틀 뒤 마침내 집에 무사히 당도하자 나는 암소가 괜찮은지 염려되어 마구간을 찾았다. 이놈은 평화롭게 옥수숫대를 해치우고 디저트로 콩까지 곁들인 후 저녁 공기를 음미하는 듯 깊은 숨을 들이쉬고 있었다. 마치 평생을 이렇게 풍족한 환경과 끝없이 펼쳐진 목장에서 지내기라도 한 듯이.

함흥에 도착하기 전날 밤 우리는 산꼭대기 부근의 참담한 마을을 지났다. 그들은 먹을 것이 너무 없어서 삶은 감자와 소금밖에 줄 것이 없었는데, 앞으로 50킬로미터를 더 걸어가야 했던 우리에게는 좀 부실해 보이는 아침 식사였다. 그때가 5월 1일이었는데 아직도 산에는 눈이 쌓여 있었다.

열 시쯤 우리는 600미터 고지 정상에 다다랐다. 아래쪽에 푸르게 물들어가는 계곡 사이로 저 멀리 동해가 보였다. 산 정상에서부터 한 시간여 내려가니 어느새 겨울이던 계절은 잎이 나고 꽃이 피는 시절로 바뀌어 있었다.

함흥에는 먹을 것이 아주 많았다. 수 주간 굶주려온 우리 일행이 쇠고기와 흰 쌀밥을 얼마나 즐겼을지는 당신의 상상에 맡기도록 하겠다.

이렇게 평범했던 우리의 여행은 끝이 났다. 바다에서 그물을 치고 있던 노인 외에는 어떤 특별한 영웅도 만나지 못했고, 요정나라 왕의 자취는 물론 잃어버린 도시도 발견하지 못했다. 말할 것도 없이 그물 치던 늙은 어부는 조선 사람이었다. 아마 기자의 먼 손자일 수도 있지 않을까? 하지만 그 노인마저 제외하고 나면, 우리가 이번 여행에서 보았던 것이라곤 황량한 산과 낮은 초가, 수수, 그리고 호랑이 발자국이 전부였다.

함흥 장터

조선 보이(The Korean Boy)

도
저
히　미
워
할　수　없
는

만
능　해
결
사

'보이boy'란 보통 열다섯에서 쉰다섯 살 사이이며, 결혼은 했을 수도 안 했을 수도 있다. 또 남자가 아닌 여자일 수도 있는데, 프랑스어로 garcon이라 부르는 보이는 서양인이 개인적으로 부리는 종이다. 보이는 햇볕 쨍쨍한 날뿐 아니라 구름 낀 날에도 항상 우리 곁을 지키는 그림자이며, 극동 지방에 사는 모든 서양인의 삶에서 항상 그 중심을 차지하고 있는 역사의 산증인이다. 보이 없이 생활하는 외국인을 찾는다는 것은 마치 신이 없는 신전, 혹은 수도가 없는 나라를 찾는 것과 같다고 나는 생각한다.

사실 보이는 서양인들의 삶을 좌지우지하는 걸어 다니는 법전과도 같았다. 보이의 허락 없이는 아무 것도 할 수 없고, 보이가 강짜를 놓으면 아무 것도 이루어지지 않는다. 이렇듯 외국인은 보이 없이는 아무 것도 할 수 없는 존재이기 때문에, 마치 폭정이 만연했던 시절처럼 보이를 작은 신과 같이 떠받들 수밖에 없게 되었다.

아시아에 사는 모든 서양인이 하루 24시간 언제든 부르면 즉각 달려오는 전례 없는 최고의 보이를 데리고 있다는 점은 주목할 만한 사실이었다. 또 모든 서양인은 자신의 경험이나 지적 능력을 총 동원한 결과 아래와 같이 믿고 있었다.

'이웃의 모든 보이는 주인에게 누가 되는 존재이지만, 나의 보이만은 완벽하다.'

그들은 왜 다른 선교사들이 그러한 보이를 고용하는지 이해하지 못했다. 다만 자기는 다른 사람들과는 다르다고 생각하며 안도할 뿐이었다. 아마 그의 보이는 기름기 흐르는 얼굴로 씻지도 않고 일어나 한 손으로 빵을 반죽하면서 다른 손으론 기름이 떡진 머리를 매만질 것이며, 또 보이가 이런 식으로 잔뜩 쌓인 일들을 잘 처리하는 동안 주인은 자신이 보이보다 우월하다는 것을 장황하게 늘어놓을 것이다.

보이는 부엌의 신이었다. 그가 부엌으로 자비롭게 임하심으로 인해 방에 들어앉은 백인의 생명이 유지되었다. 보통 보이의 손길을 기다리는 자그맣고 더러운 신이 한둘 더 있었는데, 천지신명을 받드는 사람들이 tokgabi[114] goblins를 혐오하듯 미국인이나 유럽인은 이 신들을 혐오했다. 서양인은 불편함을 토로하며 그것들을 없애라고 시켰지만, 그럴 때면 보이는 "네-이-이-이-이very well"라고 대답할 뿐 늘 그대로 두었다.

---

114 도깨비

만약 보이에게 막 대했다가는 다른 사람들도 다 그렇듯 그 즉시 떠나버릴 것이다. 대개 보이는 돈을 더 받는 조건으로 다시 돌아오지만, 이미 기분이 상한 보이의 머릿속에선 주인에 대한 신뢰에 균열이 생겨 더 이상 마음에서 우러나는 자비를 기대하기 어렵다.

서양인들은 동양인들이 무정한 천지신명을 얼마나 신실하게 모시는지를 보며 비웃는다. 아마 이들은 죽음에 처하더라도 천지신명을 위해 싸울 것이었다. 마찬가지로 나는 미국인들이 서로 싸우는 것도 본 적 있는데, 뒷마당에서 떡진 머리로 음식을 준비하는 보이를 본 미국인이 자기 음식에 세균과 박테리아를 집어넣고 있다며 욕을 하자, 주인이 이를 듣고 시비가 붙은 것이었다.

다른 조선 사람들과 마찬가지로 보이는 무엇이든 반도 가르치기 전에 전부를 다 알아듣고, 거기에 항상 자신만의 감각을 더해 완성도 있게 일을 처리해냈다. 조선에서 서양인의 삶은 이 보이의 신비한 마음속을 얼마나 이해하느냐에 달려 있다고 해도 과언이 아니었다. 서양인 안주인이 지침과 범위를 제대로 정해줄 때 보이는 자신의 능력을 드러내는데, 그러면 대학 졸업자보다도 훨씬 대단한 능력을 발휘했다.

한번은 아내가 서울에 사는 저명한 서양인들의 저녁 만찬을 준비한 적이 있었다. 전체 참석자라고 해봐야 원형 탁자 하나를 다 채우지 못할 정도였고, 미리 정해진 메뉴에 맞춰 부엌에선 선별된 음식을 준비하고 있었다. 비록 미국에서처럼 쉽게 구할 수 있는 것은 아니었지만, 요청이 있었기에 야채 통조림도 준비했다.

아내가 말했다. "보이, 이 통조림 조심해서 따요. 그리고 콩을 난로에 데우 도록 해요."

"콩을 난로에 데우고 캔을 딴다."

보이는 이렇게 지시를 다시 한 번 자신에게 말했다. 그리고 내 아내는 마침내 손님을 맞을 모든 준비를 마친 것에 만족스러워하며 식당으로 자리를 옮겼다. 한옥은 아름다웠다. 나무로 된 갈색의 서까래와 창호의 살들, 그리고 흰 종이가 발라진 실내. 이 모두는 꽃과 냅킨으로 장식하고 초를 밝힌 테이블과 어우러져 아름다운 조화를 이루었다. 그런데 바로 그때, 빵! 갑자기 터진 폭발 소리에 부엌으로 가보니 폭격을 맞은 것 같았다. 소란 속에서, 아 아! 자욱한 어둠이 모든 기구를 뒤덮고 있었다. 연기와 터진 콩 조각들이 좀 걷히고 난 후 안으로 들어가자 난로 뒤에 상투를 튼 보이가 있었다. 보이는 이렇게 중얼거리고 있었다.

"조선 보이 아무 것도 몰라요."

그날 저녁의 모든 코스에서 통조림 콩은 빠지면 안 되는 것이었기에 아내는 고통스러워했지만, 사연을 들은 참석자들은 진심으로 그 상황을 이해해주었다.

보이는 캔이 폭발할 때 화상을 입었는데, 귀신이 한 게 아니라면 그런 일이 어떻게 생기겠냐며 아직까지도 그날의 상황을 이해하지 못하고 있다. 그렇게 보이는 모든 상황을 자신의 방식대로 이해했다.

"Amnaita[115] I know"는 그가 가장 자주 하는 말이었다. 그는 다른 누구의 가르침이나 인도를 따라서가 아니라 자기 자신의 확고한 신념으로 나아가는 사람이었다. 그는 복잡한 부엌일을 헤쳐 나가는 데 스스로에게 무한한 자신감이 있있다. 어느 날 내 아내는 거의 다 되어가는 케첩 한 솥을 살피고 있었고, 보이는 저녁에 먹을 닭고기를 찢고 있었다.

"그 빨간 양념장은 뭔가요, 마님?" 보이가 물었다.

"고기랑 같이 먹는 거예요. 예를 들면, 닭하고 같이 먹죠." 내 아내가 말하자, 보이는 "오, 압네다! Know."라고 했다.

삼십 분 뒤 아내가 부엌으로 돌아왔을 때 케첩 솥 속에서 끓고 있던 축 늘어진 닭고기와, 꾀죄죄한 얼굴의 아랫사람들에게 양식 요리의 오묘함에 대한 설명이 한창이던 보이.

보이의 기지와 재치는 끝이 없었다. 보이를 완전히 당황시킬 만한 상황이라는 건 상상하기 힘들었다. 보이는 논에서 짚을 몇 대 엮어 순식간에 노끈을 만들어내기도 했고, 황량한 벌판에서 편안한 안장도 만들어냈다. 그의 세계는 아담이 살던 시기에나 있었을 법한 단순함으로 가득 차 있었다. 물론, 필요할 때면 현대의 편리한 기술들을 활용하는 것은 말할 나위 없지만.

한번은 세관 감독관이 오후에 우리 집을 방문하게 되어, 남아서 저녁 준비를 좀 해줄 것을 보이에게 부탁한 적이 있었다. 감독관께서 오실 예정이라고 아내가 이야기하는 순간 보이는 이렇게 말했다.

"대인께 대접할 게 아무 것도 없어요. 빵도 없고, 고기도 없으니, 우리는 다 죽을 거예요."

---
115 압네다

아내는, 자기는 빵도 안 먹을 것이고 고기는 통조림이 있으니 간단한 '식사 대접'에는 그것만으로 충분할 것이라고 하면서, 감독관님은 아주 인자하신 양반이기 때문에 아무 일도 없을 것이고 아무도 죽지 않을 것이라 타일렀다.

"우리는 다 죽어서 지옥으로 떨어질 거예요."

보이는 다시 이렇게 이야기했는데, 우리 집 체면이 떨어질 것이라는 의미였다.

그렇게 저녁이 준비되었고, 보이가 수프를 가지고 들어왔는데 쏜살같은 폼이 마치 음식을 많이 준비한 것 같은 분위기를 풍겼다. 잠시 뒤, 우리가 이제 약간의 빵과 고기 통조림이 나오기를 기다리고 있던 찰나 끼익— 문이 열렸고, 보이가 기름때 흐르는 특유의 조선 얼굴을 번쩍거리면서 들고 온 것은 공자님 제사에나 바칠 법한 엄청난 양의 쇠고기였다. 게다가 먹고도 남을 만큼 충분한 빵까지 함께 들어오는 것이 아닌가! 일단 자기 몫의 고기는 받았지만 아내는 이미 거의 넋이 나가버렸고, 감독관에게 자신이 당황한 것에 대해 양해를 구해야만 했을 정도였다.

저녁으로서는 정말 훌륭한 식사였음에 분명하나, 의문은 도대체 빵집 하나 없는 이 가난한 도시 어디에서 저 빵과 서양인이 먹는 쇠고기를 구해 올 수 있었는가였다. 도무지 상상조차 할 수 없는 일이었기에 아내는 너무나 당황했고, 이러한 생각은 단순한 궁금증을 넘어 이제는 공포가 되어 아내의 영혼을 뒤덮고 있었다.

커피를 마시기 위해 자리를 물리는 동안, 아내는 긴장해서 숨도 제대로 못 쉬는 상태로 물었다.

"Kam-yongi[116], 대체 빵하고 고기를 어디서 구해 왔어요?"

"그냥 감독관 나리 댁에 사람 하나 보내서, 'tain[117] great man께서 오늘 우리 집에서 식사를 하실 예정이니 음식이 있으면 무엇이든 내 와라.'라고 했지요."

아내는 하얗게 질려서는 너무나 불쌍한 얼굴로 감독관께 모든 걸 밝히고 용서를 구할 수밖에 없었다. 최고의 재치로 그날 밤 저녁 식사를 무엇보다 짜릿하게 만들었듯이, 감용이는 그 눈 속에 찬란했던 과거가 반짝반짝 빛나는 사람이었다.

비록 고통에 빠뜨릴 때도 많았지만, 보이는 백인들의 수호천사라고 할 수 있었다. 온 사방의 이웃들에게 피해를 끼치더라도 보이는 주인에게 충성을 다했다. 나를 보호하기 위해서 보이가 다른 사람들과 싸움에 말려드는 경우가 많았는데, 나는 항상 그 점을 염려했다. 보이는 주변 환경이 내게 조금이라도 불편할까 싶어 챙겨주는 것에 도가 터 있었다. 보이는 여관 주인에게 이런 식으로 이야기하곤 했다.

"이것 보쇼, 저 방 쪽마루에서 지네를 열세 마리나 잡았수다."

"아, 그래요? 그놈들이 대체 어디서 기어 들어왔을까요? 혹시 벼룩들도 있었소?" 여관 주인이 이렇게 답하면,

---

116 김용이 – 보이의 이름
117 대인

"아니, 뭐, 벼룩은 없었수다. 그건 그렇고, 여기가 대체 돼지우리요, 사람 사는 방이요?" 보이는 또 이렇게 물었다.

"비천하지만 우리 동네 이름이 Kamal[118 dog town]이요." 주인이 이야기하면,

"나도 그렇게 생각하고 있었소." 보이가 이렇게 받았다.

바로 이러한 대화는 주변의 보통 사람들보다 내가 얼마나 존귀한 존재인지를 알리고 싶어 했던 우리 보이의 충성의 발로였다.

평균적으로 보이들은 믿을 만했다. 보이는 항상 그의 '몫'을 알아서 챙겼는데, 이것은 마치 월급을 집으로 가져가는 것과 비슷한 극동 지방의 관습이어서 주인에게 행운이나 횡재가 생기면 보이는 당연히 자기 몫이 있다고 생각했다. 그러니 이것을 나쁜 짓이라고 생각하지 않는 것은 물론이다. 하지만 우리가 살다 보면 이상한 사람을 만날 수밖에 없듯 조금 의심스럽고 이상한 보이도 있었으며, 다음의 사례들은 이들이 주인의 돈을 어떻게 가로채는지를 보여준다.

내가 알고 있는 가장 가슴 아픈 이야기는 사업 차 이곳에 온 스코틀랜드인에게 일어났다. 그는 일도 돕고, 요리도 하고, 시중도 들 사람이 필요했기에 보이를 하나 고용했다. 이 보이는 그날 쓴 비용을 보고하고 다음 날 해야 할 일을 듣기 위해 매일 밤 찾아왔는데, 이 인내심 없는 외국인에게 한문으로 가득 찬 장부를 들고 오는 보이의 방문보다 더 지겨운 것은 없었다. 스코틀랜드 남자는 이렇게 말하곤 했다.

---

118 개말 – 개마을

"아, 오늘 밤은 피곤하니까 신경 쓰지 말고, 내일 밤에 와요."

그런데 이런 식으로 며칠이 지나고 나면, 뒤죽박죽 엉켜 있는 비용 장부를 어떻게든 정리해보려고 싸우고 난리를 치는 헛된 노력의 순간이 찾아오게 마련이다.

"하지만, 난 하루에 사십 개의 달걀을 먹은 적이 없어요." 스코틀랜드인이 이렇게 이야기하면,

"아! 당연하죠! 브래드 푸딩을 만들려면 당연히 달걀이 엄청 필요합니다." 보이는 이렇게 받았다.

비록 하나도 믿기지 않았지만 스코틀랜드인은 침묵할 수밖에 없었다. 이런 식의 장부 정리는 점점 더 심해져만 갔고, 엄청나게 많은 식량 목록이 이어졌다. 쇠고기, 양갈비, 햄, 과일, 밀가루 그리고 달걀까지, 대단한 양이었다. 물론 그가 이것들을 조금 먹기는 했지만, 아침과 점심, 저녁 식사로 나온 빈약하기 그지없는 그 자투리들은 저녁에 가져오는 장부상의 말도 안 되는 과소비와는 거리가 먼 것이었다.

결국 스코틀랜드인은 그 재료의 양이 요리가 안 된 상태에서는 얼마나 될까 조사나 한번 해볼 요량으로 오전 열한 시쯤 사무실에서 나와 집에 들렀다. 그가 보이를 불러 오늘 무얼 샀는지를 묻자 보이는 "쇠고기 좋은 것하고 닭 한 마리, 그리고 많이 샀어요."라고 답했다.

"가져와 보세요." 그가 말하자, 보이는 물러갔다.

한참 동안을 참을성 있게 기다리던 스코틀랜드인이 결국 소리쳤다.

"보이!"

하지만 아무 대답이 없었고, 이제 이 모든 걸 끝내야겠다고 결심한 그는 부엌으로 갔다가 다시 뒷마당으로 나갔다. 그리고 거기에는 스코틀랜드인이 가장 좋아하는 닭을 잡아 털을 뽑고 있는 보이가 있었다. 장부와 실물을 맞추기 위한 필사적인 노력의 일환이었다. 게다가 이미 이웃에서 고기를 빌려다가 접시에 몇 조각 올려두기까지 한 터였다. 화가 머리끝까지 난 스코틀랜드인은 접시를 집어 고기고 뭐고 할 것 없이 그대로 보이의 머리통을 향해 던져버렸지만, 보이는 재빨리 한 바퀴 굴러 피하고는 스코틀랜드인이 퍼붓는 저주를 뒤로하고 뒷문 밖 해탈의 세계 속으로 사라져버렸다.

이 집의 두 번째 보이는 자신의 '직업'을 수행하면서 지켜야 할 것들을 미리 배워왔기에, 자신의 어머니가 돌아가셔서 일을 그만둬야 할 때까지 모든 것은 순조롭게 흘러갔다. 그런데 이 보이에게는 자기 자리를 넘겨주고 싶은 사람이 있었다.

"제일로, 아주 좋은 보이예요."

"당신이 신경 쓸 게 아니요. 만약 당신이 그만둘 수밖에 없다면, 다음 보이는 내가 직접 고를 거요." 스코틀랜드인이 말했다.

"하지만 진짜 훨씬 더 좋은, 제일인 사람을 구해놨어요." 보이가 말한 제일로 좋은 사람은, 자기 아버지 이복누나의 사촌의 아들이었다.

"그게 당신 증조할머니의 아들이어도 상관없소. 난 절대 그 사람하고 일 안 할 거요."

스코틀랜드인이 말했고, 보이는 돌아갔다. 하지만 다시 돌아와서는 한 발로 섰다가 좀 있다가는 다른 발로 섰다가 안절부절못하며 머뭇대더니 마침내 이렇게 말했다.

"이유가 있어요."

"물론 그러시겠지. 그렇고말고." 스코틀랜드인이 말했다.

"그 사람한테 자리를 넘겨주는 조건으로 20달러를 받기로 했단 말이에요. 이제 돈도 못 받게 생겼으니 난 무엇으로 보상받나요?"

더 이상 자신을 자제할 수 없는 상황에까지 이른 스코틀랜드인은 폭발했다. 도저히 참을 수 없었다. 미친 듯이 달려들어 보이와 그의 물건을 뒷문으로 던져 내쫓았고, 이렇게 그는 다시 한 번 조선에서의 삶을 새롭게 시작해야 했다.

이제는 그가 새롭게 뽑은 보이도 부엌일에 적응했고, 얼마간 일상은 순조롭게 흘러갔다. 이제 스코틀랜드인에게도 새 시대가 열린 것이다.

어느 날 아침, 보이가 공손하게 예를 갖추더니 할 이야기가 있다고 했다.

"빠르고 간단히 말하세요." 인내심 없는 스코틀랜드인이 대답했다.

"나리, 제일 좋은 크림을 얻을 수 있게 소를 한 마리 사요."

"제일 좋은 뭐?"

"크림요. 좋은 커피, 크림."

보이는 마침내 그를 설득하는 데 성공했고, 그렇게 소를 한 마리 사게 되었다.

보이는 곧 결혼을 했는데, 가까운 곳에 초가를 하나 얻었다. 그리고 대체 어디서 났는지 아무도 모르는 소를 한 마리 끌고 오더니 주인의 뜰에서 풀을 뜯겼다.

"이거 뉘 집 소요?"

"제 겁니다요." 보이가 말했다.

"알겠으니, 내 꽃밭에서 끌어내세요."

얼마 지나지 않아 보이는 주변에 우유를 팔기 시작했다. 스코틀랜드인이 소를 맡겨놨더니 개인적으로 우유 장사를 시작한 것이었다. 매일 올라오는 크림은 하루하루 부실해졌고, 마침내 내오는 것은 말라리아 병균만 득실거릴 것 같은 푸르딩딩한 액체였다.

"보이, 난 크림을 원해요, 이런 우유 거품 말고."

"알겠습니다. 그렇게 하겠습니다."

다음 날 아침, 다행히 상황이 개선되어 제대로 된 한 잔의 커피를 즐기고 있던 그에게 영사 부인이 보낸 메모가 날아들었다.

"친애하는 샌드 씨, 당신 보이가 우리에게 파는 우유에 물을 탄 것 같아요. 좀 알아보고 해결해주세요."

혼란과 슬픔이 이 저주받은 스코틀랜드인의 머리를 가득 채웠다. 키우는 소는 이제 여섯 마리로 불어나 자신의 땅에서 엄청나게 풀을 뜯어먹고 있는데, 그가 받을 수 있는 보상이라곤 마시는 커피에 들어가는 몇 스푼의 크림이 전부라니! 보이는 스코틀랜드인에게 주는 크림을 엄청나게 절약하고 있었다. 사실 절약이라고 하면 이 스코틀랜드인이 평생을 추구해온 가치가 아닌가.

다음 날 아침, 커피나 설탕은 충분했지만 이제는 크림이 아예 없었다.

"보이! 크림 어디 있어요?"

"나리, 죄송, 죄송합니다. 오늘 크림을 얻지 못했어요."

"소가 이렇게 많은데 크림이 없다고?"

보이는 짜낸 우유를 다 이웃으로 보내기로 되어 있어 어쩔 수 없다고 설명했다.

"이런 망할! 이렇게 많은 소를 내 돈으로 키우면서 크림이 없어?"

보이는 눈물을 쏟으면서, 우유에 물을 타면 사람들이 안 된다고 하고, 또 우유를 충분히 대지 못하면 그것도 불평한다고 했다. 이곳에서 자신이 최선을 다해 의무를 수행하고 있음에도 불구하고 모든 사람이, 심지어 자신의 주인마저도 자신을 욕하고 있으니 죽을 것 같다며 말이다.

"뭐라고? 이 멍청아! 대체 뭔 소리야?"

보이는 차라리 자기가 죽었으면 좋겠다고 했다.

결국 하루 이틀이 지나자 아침에 우유를 받지 못한 사람들로부터 "샌드 씨, 도대체 무슨 일이에요?" 하는 식의 불만이 밀려들기 시작했고, 보이가 또 불려왔다.

"오늘 아침 왜 우유가 없지?"

"보이 잘못 없어요. 제 말이…… 제 마누라가…… 보세요. 보시라고요.[119]"

"결심했다. 너희 소 다 데리고, 너희 둘 다, 내 눈앞에서 당장 사라져!" 짜증이 머리끝까지 난 스코틀랜드인이 말했다.

이윽고 다음 날 아침, 이제 아무도 우유를 받지 못했고 스코틀랜드인에게

---

119 보이가 엉터리 영어로 변명을 하고 있는 모습이다. 원문 – "My no savez, my tell my wife look, see."

는 아침 식사조차 없었다. 그의 부엌은 무덤처럼 조용했으며 라플란드처럼 찬바람이 불었다. 보이는 어디로 갔을까? 진절머리가 난 여인들로부터 다시 한 번 불만의 편지들이 날아들었다.

"나리, 우리 우유를 가로채실 건가요? 우리는 일련의 상황을 아주 불쾌한 일로 간주하고 있습니다."

이 스코틀랜드인은 총각이었기 때문에 피가 솟구쳤다. 보이가 자신의 여자 친구들을 모두 돌아서게 만든 원인이라는 데까지 생각이 미치자 그는 참을 수가 없었다. 미친 듯 뛰쳐나가 채찍질을 하며 소를 몰았다.

그런데 막상 보이의 초가집에 도착해보니 보이의 마누라는 전날 밤 우유를 제대로 준비하지 못했다며 맞아서 널브러져 있었고, 보이는 마누라를 때린 것 때문에 체포되어 감옥에 갇혀 있었다. 스코틀랜드인이 할 수 있는 것은 끓어오르는 불길을 가슴에 품고 이 추운 세상에 맞서 홀로 서 있는 것뿐, 달리 할 수 있는 것이 아무 것도 없었다.

보이는 정말로 이 나라의 만능 해결사였다. 양반들이 막막해하며 쩔쩔맬 흥정이나 분쟁을 보이는 거뜬히 해결했다. 흥정이든 분쟁이든 뭐든 간에, 문제를 완전히 뒤죽박죽으로 만드는 것이 목적이 아니라면 절대로 양반에게 맡겨선 안 되었다. 대신 보이를 투입하라. 그리고 전권을 주어라. 그러면 보이의 헌신과 만능 해결 능력이 당신의 믿음에 완전히 부응할 것이다.

나는 단 한 번도 보이가 신뢰를 배신으로 되돌려주는 것을 본 적이 없다. 보이의 지치지 않는 두 다리는 아무리 먼 거리라도 당신 대신 달려갈 것이며, 의심하는 사람들에게 보이는 혀의 침이 마를 때까지 당신이 얼마나 위대한지, 얼마나 현명한지, 얼마나 관대하며 또 얼마나 부유한지, 그리고 당신을 모신다는 게 얼마나 영광된 일인지 등을 칭송할 것이다. 나는 보이가 다른 사람들에게 내 칭송을 그렇게 늘어놓고 있는 것을 늘 들어왔을 뿐 아니라, 어떤 때는 우리한테까지 직접 칭송을 올리는 것도 경험했다. 보이에게 축복을!

예전에 밤이 엄습한 후 조악한 움막촌에 들었을 때 우리 Yongchuni[120]가 그랬듯, 만약 사람들이 당신을 '미개인'이라 부르기라도 했다가는 보이는 마을 사람 모두와도 기꺼이 싸울 것이다. 호리호리한 체구의 대표를 통해 화전민 마을 사람 모두가 미개인이 묵을 방은 없다고 이야기했을 때, 영춘이는 어느 안전이라고 건방지게 구냐며 번개처럼 빠르게 그 대표의 왼쪽 얼굴을 후려쳤었다. 이것은 마치 잠자는 사자의 코털을 건드린 것과 같이 고삐 풀린 이들에게 불을 붙였고, 마을 사람들은 먹이를 발견한 사냥개 떼마냥 달려들었다. 불쌍한 영춘이는 먹잇감이었다. 완전히 파묻혀 보이지도 않게 되어서는 폭력 속으로 매몰되었다. 이 모두가 나를 위한 것이었다. 나는 그를 돕기 위해 뛰어들 수밖에 없었다. 우리가 어떻게 살아남을 수 있었던가! 그것은 아직까지도 미스터리로 남아 있다. 그리고 그곳에서 겨우 도망쳐 나왔을 때, 나는 영춘이에게 성질을 좀 죽이라고 했다.

"하지만 나리, 그 사람들이 나리를 욕보였어요. 제가 어떻게 참을 수가 있어요?"

---

120 영춘이

"하지만 우린 절대로 싸우면 안 돼요."

사람들에게 말도 못하게 맞았다는 것은 영춘이를 단지 화나게 만들 뿐이었지만, 그를 향한 나의 책망은 그에게 눈물을 흘리게 했다. 나는 나를 위해 몸을 아끼지 않은 그 헌신을 높이 산다고 영춘이에게 말해주었다.

그 사건, 그리고 영춘이가 왜 그렇게 행동했는지를 곰곰이 생각하던 나는 중요한 깨달음을 얻을 수 있었는데, 그것은 여태까지 내가 살아온 방식대로 성질을 속으로 삭이고 마는 것보다 다른 사람을 위해 기꺼이 싸우는 편이 나을 수도 있다는 것이었다.

나는 이 동방 사람들을 보면서 그것이 어떤 것이든 너무 영적인 것에 집착하면 반드시 재앙으로 귀결된다는 걸 이해하게 되었다. 삶을 살아가는 과정에서 물질적 번영뿐 아니라 영적 풍요도 필요함은 자명한 사실이나, 그렇다고 해서 시도 때도 없이 이를 들먹이거나 여기에 의존해선 안 된다. 적당히 거리를 두고 각자 제자리를 지킬 때 가정은 번창하고 이름은 빛날 것이다. 귀신에 의존하는 것이 먼저여선 안 되며, 정해진 때, 정해진 절차에 맞게 기도든 무엇이든 행해야 한다.

귀신에 적용하는 위와 같은 원칙들은 보이에게도 똑같이 적용되는데, 물론 이것은 보이가 귀신이거나 귀신이 쓰인 존재이기 때문은 아니다. 다른 이들과 마찬가지로 보이는 그 자체로 하나의 존재이며, 고유의 생명이었다. 하지만 역시 귀신과 마찬가지로 주인에게 기쁨이나 행복을 가져다줄 수도, 펄펄 끓는 물에 집어넣을 수도 있었다.

조선의 새해맞이

조선 사람들은 해를 셀 때 중국 사람들처럼 양력이 아닌 음력을 따른다. 양력과 음력 사이에서 일고 있는 혼란을 바라보자니 스코틀랜드 이야기가 하나 떠오른다.

어떤 이들이 시장을 보고 집으로 돌아가다가 엎어졌는데, 머리 위에서 밝게 빛나고 있는 것을 두고 다투게 되었다. 한 사람은 그것이 해라고 했고, 다른 사람은 달이라 했다. 싸움이 커질 정도로 둘 다 확신이 있던 것은 아니었기에 두 사람은 마침 지나가던 사람에게 누구의 말이 맞는지 물어보기로 했고, 지나가던 이는 한참을 고민하다가 이렇게 이야기했다.

"이 분야에 대해 사실 저는 잘 몰라요. 한마디로 문외한이죠. 하지만 제가 보기엔 저 위에 두 개가 다 있는 것 같아요. 그게 해인지 달인지는 모르겠지만."

요즘 조선 사람들이 시간과 조수에 대해 느끼고 있는 혼란에 대해 위 이 야기보다 더 잘 표현한 것이 있을까? 오랫동안 미신으로 불안하게 길들여 져 있었던 그들의 눈이, 어슴푸레한 어둠이 아닌 태양의 밝은 빛 앞으로 갑자기 나온 듯 휘청거리고 있었다.

　이들의 새해맞이에 대해 좀 더 자세히 살펴보자. 정월 보름날 밤이면 조선 사람들은 가까운 다리 위에 자리를 펼치고 달을 향해 절을 세 번 한다. 새해에도 그 밝은 빛으로 잘 인도해주길 기원하는 것이다. 시기에 따른 달의 모양이나 단계에 대해서는 수백 년간 기록되어 왔기 때문에, 마치 영국 사람들이 자기 말에 대해 훤히 알고 있는 것처럼 이 땅의 모든 무당들은 달을 보고 위험성이나 좋은 징조 혹은 특별한 변화에 이르기까지 모든 것을 알 수 있었다. 왜군이 평양으로 진군해 들어가던 때, 아직 달이 싸움을 나타내지 않고 있기 때문에 중국 군대는 안심해도 된다고 이야기하던 조선 사람들이 생각난다.

　그리고 아직 달의 모양이 불길한 상태라면 달은 귀신 좋은 일만 했다. 음력에서는 매 삼 년마다 부족한 날짜를 채우기 위해 윤달을 집어넣는데, 한번은 이것이 씨 뿌리는 일에 영향을 주는 것을 본 적이 있다. 당시 단 한 사람도 밭에다 씨를 뿌리고 있는 이가 없었고, 때를 놓치는 것 아니냐는 나의 물음에 이런 대답이 돌아왔다.

　"윤달은 시간으로 안 쳐요. 윤달이 끝나고 다시 날짜가 시작될 때까지 기다려야죠."

　결국 조선 사람들은 한 달이나 지나서야 씨를 뿌렸고, 그 해 기근이 들었다.

밤하늘에 초승달이 빛나는 음력 정월 초하루는 특별하다. 새롭게 맞이하는 이날, 이 땅의 모든 사람들은 낡은 것은 다 지나가고 모든 것이 새롭게 시작될 것이라 믿었다. 빚을 갚고, 새 옷을 해 입으며, 마을 어른들에게 새해 맞이를 축하드리며 절을 하고, 어린 사람들에게 절을 받았다. 하지만 이 모든 것들을 한 뒤에도 아직 부족하고 불편한 것이 있었으니, 이들은 다음과 같이 기록된 〈욥〉과 다르지 않아 보였다.

내가 눈 녹은 물로 몸을 씻고 잿물로 손을 깨끗하게 할지라도 주께서 나를 개천에 빠지게 하시리니 내 옷이라도 나를 싫어하리이다.[121]

이들이 지우려 하는 과거를 쫓는 무엇인가가 아직 있는 듯했다. 이들은 박수나 무당을 불러서 굿을 하고 조언을 구했다. 우리가 조선에서 고용했던 한 요리사는, 그런 일을 피하려는 노력에도 불구하고 여러 차례 싸움에 휘말렸었다. 우리는 기독교인들이 그런 불운에 맞서 어떻게 극복하는지 알려주었는데, 이 요리사에게는 별로 먹혀들지 않았다. 대신 조선 사람은 조선 사람의 방식이 있다며 그렇게 하기 위해 새해까지 기다려야 한다고 했다.

드디어 새해가 밝아왔고, 그날 밤 늦게 마당에서 연을 날리고 있는 요리사를 볼 수 있었다. 그 연에는 새해 처음으로 쓴 글씨로 다음과 같이 쓰여

---

121 〈욥기〉 9장 30~31절

있었다.

악귀, 조바심, 쌍욕, 싸움……

너무 어두워서 연은 전혀 보이지 않았는데, 연줄을 끝까지 풀어 하늘 가장 높이 날렸을 때 요리사는 줄을 잘라 연을 날려 보냈다. 이런 식으로 그는 그 자신 안에 있는 적을 없애고 새로운 마음으로 새로운 해를 시작할 수 있는 것이다.

새해를 새롭게 시작하기 위해 흔히 행하는 다른 풍습은 짚으로 사람 모양을 만드는 것인데, 그 가장 안쪽에 자신의 단점과 죄를 적은 종이와 함께 약간의 돈을 넣었다. 새해 첫날 밤이면 희생양을 자처하는 거지들이 cheyong[122]을 달라며 찾아왔는데, 이때 짚으로 만든 형상이 거지에게 건네지며 그 악령 또한 거지들이 가져가게 되는 것이었다. 거지들은 그 안에 든 돈을 받는 대신, 자신들의 선한 영혼을 팔았다.

평화를 구하는 또 다른 방법은 산신단 앞에서 기도를 올리는 것이었다. 우리 집 문 앞에도 산신단이 하나 있었는데, 다른 여러 사람들과 마찬가지로 자신의 액운과 인생의 짐을 좀 덜어보고자 닭과 밥 한 사발을 가지고 할머니 한 분이 찾아왔다. 할머니는 살아 있는 제물인 닭을 나무에 묶어두고 돌아갔고, "꼬꼬꼬!" 하는 소리에 결국 우리 집 요리사가 나와 줄을 끊어 닭

---

122 제용(제웅, 처용) – 짚으로 만든 인형

산신단

을 닭장에 넣어두었다. 그리고 할머니가 그 자리로 다시 돌아오자 이렇게 말했다.

"어무이! 여기 어무이 닭이요."

하지만 그녀는 소스라치게 놀라 손을 번쩍 들면서 닭을 다시 받기를 거부하는 것 아닌가. 그러고는 연으로 날려보낸 것보다 훨씬 더 큰 재앙이 찾아올 것이라며 우리 요리사에게 저주를 퍼부었다.

조선 사람들의 숫자 계산법을 보면 놀라움을 금할 수가 없는데, 나는 장사치에게 한번 이렇게 물었던 생각이 난다.

"이 자리 얼마예요?"

"오백 푼이요."

"좋아요, 스무 개 주세요."

"말도 안 돼요!" 장사치는 화를 내며 이렇게 말했다. "그렇게 많은 양은 육백 푼 밑으로는 못 팔아요."

이곳에선 산수라는 놈이 파멸하여 영원히 사라져버린 것인가? 도무지 설명이 되지 않았다. 이들의 나이 계산법도 이상하긴 마찬가지여서, 나이 먹는 걸 태양이나 달의 절기에 근거하여 계산하는 것이 아니라 설날 떡국을 몇 번 먹었느냐로 결정했다. 이런 식으로 나이를 더 먹는다는 것을 나는 도저히 이해할 수가 없었다. 이 계산법에 따르면 아기가 만약 12월에 태어나서 설날에 차례를 드리기 위해 가족 모임에 참석했다면, 아기는 벌써 두 살이었다. 실제로는 태어난 지 오륙 일밖에 되지 않은 아기가 말이다.

비록 산수에는 좀 문제가 있었지만, 조선 사람들은 다른 방면에서 이를 상쇄할 만한 뛰어남을 갖추고 있었다. 우리들 종교 법원에서 근무하는 사람 중에 조선 사람이 아무도 없다는 것은 너무나 다행스러운 일이다. 하지만 만약 우리에게 국민의 오락을 증진하는 관청이 있다면, 반드시 조선 사람을 데려와서 새해 연을 날리게 하고 싶다.

연날리기는 조선 사람들이 특히 뛰어나게 잘하는 놀이인데, 새해 무렵 서울의 위쪽 하늘에선 떼를 이뤄 경쾌하게 춤을 추거나, 신기할 정도로 여기저기 날아다니는 연들로 생기가 넘쳤다. 이들의 연은 날개나 꼬리 없이 네모난 조그마한 것이었는데, 날아가는 모양을 보면 그야말로 입이 떡 벌어졌다. 바람이 잠잠한 날 기술 좋은 사람은 연으로 90도 직각 회전을 할 수 있었다. 손목 회전과 빠른 손짓을 섞으면 연은 로켓처럼 하늘에서 수직으로 상승했고, 손놀림을 달리하면 마치 공중제비 비둘기처럼 180도 공중제비를 도는데 이걸 계속해서 반복할 수 있었다. 그러고는 줄이 모두 풀릴 때까지 엄청난 노력을 들여 하늘 끝 저 멀리까지 연을 올려 보낸 다음, 잠시 숨을 고른 후 내리꽂던 엄청난 속도의 수직 하강까지.

매년 새해에는 연싸움 대회가 열리는데, 상대의 연줄을 끊고 연을 떨구는 경기였다. 경기를 준비할 때 이들은 비단을 꼬아 만든 연실 위에 풀을 먹여 유리와 도자기 조각 섞은 것을 발랐다. 이렇게 풀 먹인 연실이 풀리며 연이 하늘로 치솟을 때 나던 소리는 마치 벽에 가둔 새를 유리병으로 덮었을 때 나는 소리와 비슷했다.

이 대회는 미국에서 야구 경기를 보는 것만큼이나 짜릿했다. 보통의 구경꾼들이 거리를 꽉 채우는 동안 노인들은 두껍게 누빈 두루마기를 입고 시야가 탁 트인 곳에 자리를 깔고 앉았다. 그리고 그 동네에서 연을 가장 잘 날리는 사람이 연을 손에 쥐고 서는데, 이 행사의 안전장치 중 하나는 실제 경기를 치르는 상대방은 꽤 멀리 떨어져 있다는 것이었다. 가끔은 거의 400미터까지 떨어져 서기도 하기 때문에, 종국에 시빗거리가 발생해서 싸움으로 번질 위험이 없었다.

끊어진 줄이나 떨어진 연이라도 줍겠다고 까치발을 하고 있는 빨간 두루마기에 흰 바지를 입은 어린아이들이 사방에서 우글거렸다.

나는 서울에서 열렸던 어느 연싸움을 아직도 생생히 기억한다. 서울의 각 동네 별로 선수 등록을 마쳤고, 상놈들마저도 흥분에 휩싸여 있었다. 대회 개회사가 끝나자 정해진 장소에서 천천히 연들이 솟아오르기 시작했다. 이때 연들은 서로 아주 멀리 떨어져 있었기 때문에 이후 펼쳐질 절정의 광기는 전혀 없이 평화로워 보이기만 했다. 연줄이 충분히 풀릴 때까지는 그렇게 멀찍이 떨어져서 날던 연은, 줄 사이가 한 뼘 정도 될 때까지 서서히 가까워지기 시작했다.

이제 연은 바로 앞에서 서로 마주 보고 있었다. 공손하게 서로 절을 하고, 앞뒤로 춤을 추며 분위기를 점점 고조시키더니, 마침내 고원 위의 두 마리 새가 되어 날았다. 맹렬히 상대를 덮친다. 획 지나가고 또 획 지나가고, 번개 같은 속도로 강타하고 나면 연 하나가 잠시 동안 빙글빙글 돌다가 아래로 내려가는데, 구경꾼들은 그제야 참았던 숨을 내쉴 수 있었다.

이제 줄끼리 교차하면서 싸움이 시작된다. 각 진영에서 줄을 풀었다 감았다 하는데 너무나 빨라서 얼레가 혼자서 도는 것 같았다. 마침내 남은 힘을 짜낸 마지막 공격. 잠시 뒤, 연 하나는 승리에 취해 하늘을 날아다니고 다른 연은 비틀비틀 푸른 하늘 저 너머로 떨어지기 시작했다. 그렇게 끊어진 연줄은 지붕 위로 떨어졌다.

빨간 두루마기를 입은 개구쟁이 꼬마가 그 연줄을 잡는다. 이내 집으로 냅다 달린다. 잡은 연줄에 풀을 먹여 유리를 발라놓았다는 건 까맣게 잊은 지 오래였다. 그때, 다른 사람이 갑자기 줄 한쪽을 잡아 낚아챈다. 연줄이 꼬마의 손에서 당겨져 나간다. 찰나의 순간 꼬마는 줄을 놓쳤고, 손바닥을 들여다본다. 토실토실한 손가락 위로 스며 나오는, 설빔으로 해 입은 두루마기보다 붉은 선 하나. 얼굴 표정이 급격히 변한다. 그렇게 꼬마는 불행과 고통에 휩싸여 집으로 돌아간다. 엄마에게 이야기할 것은 설날부터 맛보게 된 슬픔과 좌절이었다. 하지만 다른 편에선 풍악이 울려 퍼지고, 삼삼오오 모인 아낙네들은 조선 건국 이래 이렇게 멋진 연날리기는 없었다고 떠들어댄다.

저녁이 되면 조선 사람들은 Angwangi[123]라고 부르는 산타클로스를 막기 위해 문단속을 철저히 했다. 앙광이는 저 하늘 위에 살면서 새해 선물을 가져간다는 늙은이다. 동방의 다른 나라들과 마찬가지로 조선 사람들은 신발을 문 밖에 벗어두는데, 새해로 넘어가는 그믐날 밤 앙광이가 내려와 자기가 다녀간다는 기념으로 신발을 신고 가버린다는 것이었다. 앙광이는 우리

---

123 앙광이(야광귀)

가 알고 있는 후덕한 산타클로스가 아니다. 오히려 장티푸스, 콜레라, 문둥병 같은 것들을 선물로 주고 가는 아주 사악한 늙은이였다. 당연히 기쁨 속에서 산타를 기다리는 광경은 없으며, 온 집 안을 가득 채운 건 앙광이에 대한 극심한 공포였다. 아기가 울 때 프랑스 엄마들이 "말보로가 온다"고 하듯 조선의 엄마들은 "뚝! 안 그럼 앙광이가 잡아간다"고 이야기했다.

　이곳 동방에 다른 귀신들에 대한 대처법이 존재하듯 앙광이 막는 법도 있었다. 첫 번째 방법은 신발을 전부 안으로 들여놓고 밤새 불을 밝혀두는 것이었다. 하지만 이렇게 신발을 안으로 들이면 집안사람들에게 또 다른 액운이 닥칠 수도 있기 때문에 이 방법으로 앙광이에 대항할 때는 세심한 주

앙광이를 막기 위해 문 위에 걸어놓은 체

의와 공부가 필요했다.

앙광이를 달래고 꾀려는 다른 시도가 모두 소용없다는 것을 경험한 후, 조선 사람들은 마침내 체가 앙광이의 주의를 빼앗고 신발을 싹 잊어버리게 한다는 것을 알아냈다. 앙광이는 체의 그물망 하나하나를 다 세는 집착이 있었던 것이다. 앙광이는 쳇불[124]을 세고 또 세느라 날이 밝아오는 것도 모르다가 새해를 맞는 바람에 사람들을 괴롭힐 기회를 놓쳐버리는 것이었다. 그러다 보니 새해 전날 밤이면 신을 벗는 댓돌 옆엔 항상 체가 놓여 있었다.

내가 앞서 다른 장에서 언급했듯이, 돌싸움은 조선의 설 무렵 벌어지는 아주 큰 행사였다. 자기들이 진짜 싸움에 참가할 수 있는 나이가 될 때를 미리 대비하는 것인지, 아직 열 살이나 열두 살밖에 되지 않은 꼬마들도 돌싸움에 빠져들었다.

하루는 친구와 서대문 근처 성곽을 따라 걷다가 여섯 명쯤 되는 아이들이 다른 쪽 벽 흙무더기 뒤에 숨어 있는 아이들 몇 명에게 돌멩이를 던지고 있는 것을 보았다. 단호한 데가 있던 내 친구는 아이들에게 하지 말라고 다그쳤는데, 아이들은 히죽 웃고는 다시 돌을 던지는 것이었다. 대체 일이 어떻게 흘러가는가 호기심으로 지켜보자니, 마침내 돌 하나가 성벽을 스치고는 가장 큰 아이의 입을 무섭도록 강타해버렸다. 단호한 내 친구는 그 아이를 흔들며 "그러게 내가 하지 말라고 했잖니?"라고 했는데 아이는 아무런

---

124 쳇바퀴에 메워 액체나 가루 따위를 거르는 그물 모양의 물건

대답이 없었다. 다만 아래 Bret Harte[125]가 남긴 말과 같을 뿐이었다.

그는 병들어 아픈 것 같은 미소를 지었고, 바닥에 몸을 웅크렸다.

그 후 벌어진 일들은, 전혀 그의 주의를 끌지 못했다.

한번은 그 어떤 외국인도 발을 들여놓은 적 없는 남쪽 지방으로 여행을 떠난 적이 있었는데, 시기가 딱 연말연시와 겹쳤다. 그다지 행복했다고 할 수 없는 이때가 아직도 떠오른다. 그 지역에선 외국인을 한 번도 본 적이 없었기 때문에 사람들의 호기심은 나를 미쳐버리기 직전까지 몰고 갔다. 어디 사람뿐이랴! 온 마을의 개들도 사람과 똑같았다. 개들은 지쳐서 더 이상 짖을 수 없을 때까지, 또 나를 물어뜯어 심판할 수 없다는 걸 알고 절망해서 늘어져 누울 수밖에 없을 때까지 나를 향해 짖어댔다. 가는 마을마다 내 앞을 막고 전혀 움직일 생각이 없는 사람들이 모여들었고, 만지고 밀면서 그렇게 수 초 동안씩 검사를 했다. 이러기를 일주일여.

조선 친구 하나와 나는 새해를 이틀 앞둔 그날 남동 지방의 중심지인 대구에 도착했다. 관찰사는 우리 일행이 오고 있다는 소식을 들었고, 우리가 들어오는 것을 막기 위해 포졸들을 보냈다. 휘날리는 두루마기와 모자 끝에 달린 빨간 술 때문에 우리는 멀리서도 그들이 오고 있다는 걸 알 수 있었다. 명을 받은 장교는 조각이 새겨진 칼을 들고 있었는데, 큰 소리로 명령을 하

---

125 브렛 하트, 미국의 소설가

달했다. 그는 나를 멈춰 세우고는 통행증을 달라고 했다. 통행증을 건네고 나자, 관찰사가 내 통행증을 보고 처분을 내릴 때까지 남대문 근처의 작은 방에서 기다리고 있으라고 명령했다.

그 방에서 기다리고 있는 동안 마을 사람들이 이 작은 방으로 우르르 몰려들기 시작하더니 곧 사방 모든 골목 틈새까지 나를 보려는 얼굴들로 가득 들어차 버렸는데, 구경꾼들은 서로 좋은 자리를 차지하려고 극도로 난폭해지고 있었다. 새해를 앞둔 그때, 나를 보고 구경꾼들이 떠들었던 "저 눈 좀 봐! 초록색에 뒤집어졌다. 코가 어떻게 저렇게 커! 저 짧은 두루마기하며 바지 품 좁은 것 보게. 저 나라에는 옷감이 없나 보네. 저 오랑캐 보소!" 하는 외침들. 이 이야기들은 그동안 내가 외모를 가꾸기 위해 들인 노력이 얼마나 부질없는 것이었는지를 깨닫게 해주었다.

얼마 후 감사하게도 관찰사가 보낸 빨간 카드를 들고 장교가 돌아왔는데, 즉시 들어오라는 명이었다. 내가 동방에서 배워 알았던 것은, 권리나 명예에 대해 어떻게 이야기해볼 수 있는 상황이 아닐 때에는 무슨 수를 쓰든 이 엄청난 인파로부터

무관

조선, 그 마지막 10년의 기록

자연스럽고 조용히 빠져나가는 게 최선이라는 사실이었다.

나는 말에 올랐고 포졸 두 명이 내 앞에 서 있었는데, 그들은 군함에서 쓰는 것 같은 큰 노를 들고 있었다. 이 노는 노를 젓는다는 뜻의 단어 row와는 관련이 없고 소란, 난동이라는 뜻의 단어 row와 연관되어 쓰였다. 즉, 이것은 배를 나아가게 하는 데 쓰는 것이 아니라 폭력을 행사하기 위해 쓰는 것, 곧 공권력을 집행하는 무기였다.

급히 골목을 빠져나가면서 나는 그전에는 전혀 이해할 수 없었던 성경 구절 '그의 말소리는 무리의 소리와 같더라.[126]'를 이해할 수 있게 되었다. 지난 몇 시간 동안 모여든 사람 무리들은 우리 뒤에서 아수라장이 되어 있었다. 우리는 관찰사가 머물고 있는 관청 앞 구역에 도착했고, 기다리라는 명을 받았다.

군중(1898년)

---

126 〈다니엘서〉 10장 6절, 원문 – The sound of a great multitude.

여기에서 말로는 도저히 표현할 수 없는 무질서와 아수라장이 연출되었는데, 나는 말에서 내린 상태였으므로 빙산에 둘러싸인 배처럼 홀로 갇혀 있을 수밖에 없었다. 하지만 지난 잘못을 갚기라도 하려던 것이었을까? 일주일간 내 인내심을 시험하던 조랑말이 친구처럼 옆에 있어주었다. 조랑말 발뒤꿈치 바로 뒤에 서면 반경 2~3킬로미터의 구역 전체를 다 볼 수 있었는데, 나를 구경하는 사람들이 서로 들쳐 업고, 소리 지르고, 싸우고, 발버둥 치는 모양을 보고 있자니 난리도 아니었다. "저게 사람이야, 귀신이야?" 하는 사람들의 소리를 들었을 때, 내 유일한 위안은 테니슨[127]의 시 〈영웅〉의 한 구절, '그들이 알고 있어야만 하는 귀신'과 내가 뭔가 연결되어 있는 것이 아닌가 하는 느낌이었다.

내 조선 친구는 그 하얗던 옷과 인내심이 모두 완전히 짓밟혀 구깃구깃해진 채 말에서 내렸는데, 구경꾼들을 향해 "하고 있는 꼬라지를 보니 소 돼지나 다름없는 놈들!"이라고 소리쳤다. 그의 말은 부싯돌에 성냥을 그은 꼴이었고, 우리는 곧 이 작은 불씨가 얼마나 크게 번질 수 있는지 몸으로 느낄 수 있었다. 구경꾼들은 모두 이 말에 분개했고, 우리가 조랑말을 놔두고 관청 옆문으로 나서 잠시 쉴 곳을 구하려 할 땐, 우리를 마을 밖으로 완전히 쫓아내려고 했다.

숙소에 들어서자 딸기코의 땅딸막한 집주인은 진정한 동양식 환대를 보여주었는데, 안마당에서 사람들이 돌 던지는 것을 도울 수도 있던 집주인은

---

127 Alfred Tennyson – 19세기 영국 시인

대구(1890년대)

위 사진과 같은 장소에 꽉 들어찬 사람들

대신 대가 없이 쉴 장소를 제공해주는 것은 물론 누추한 자신의 집에서 우리를 보호해주겠다고 했다.

방은 냄새가 꿉꿉한 것이 춥고 눅눅했다. 하지만 주인은 전혀 춥다고 느끼지 않았는데 술을 마셔서 속이 더웠기 때문이었다. 그가 말할 때마다 사방에 술 냄새가 진동했다. 주인은 앉으라며 내게 자리를 내어줬고, 대문이 구경꾼들로 완전히 들어차는 동안 내 옆에 바짝 붙어서 있는 힘껏 큰 소리로 내가 몇 살이며 어디에서 왔는지를 물었다.

이렇게 '무엇이든 물어보세요'를 하고 있는 사이 관찰사께서 준비되셨다는 전갈을 받았고, 푸른 두루마기와 붉은 술이 달린 모자를 쓴 포졸들의 보호 아래 조선 친구와 나는 관청 문을 지나, 열두 단쯤 되는 돌계단을 올라, 복도를 통해 관찰사 앞으로 나아갔다.

관찰사 양편으로는 부하들이 쭉 늘어서 있었다. 관찰사는 질문을 한두 개 던졌는데 내가 기억하기로는 이런 것이었다. 우리나라에 애꾸눈 부족이 살고 있느냐? 아니면 모든 사람에게 눈이 두 개씩 달려 있느냐? 서양 사람들은 이빨을 아무 때나 뽑았다가 다시 집어넣었다가 할 수 있다는데 과연 사실이냐? 이 외에도 몇몇 다른 인종학적, 과학적 질문이 이어진 후 면담은 끝이 났다. 그러고는 우리를 대구목사[128]에게 보냈는데 관례에 맞게 안전하게 경호해주었다.

이와 같은 호위를 받으며 우리는 목사가 있는 관청 문을 지났는데, 처마

---

128 현재의 시장(The mayor of the city)

조선의 죄인이 쓴 칼과 중세 서양인의 칼라

밑바닥에 칼을 쓴 죄인이 한 줄로 앉아 있었다. 칼은 서양의 족쇄나 발목 비트는 기구와 같은 류의 도구인데 목에다 채우도록 되어 있었다. 칼은 폭이 30센티미터 정도에 길이가 1.2미터 정도 되는 것으로 가운데 구멍이 뚫려 있다. 경첩을 통해 열리고 목에다 채울 수 있는 것으로서, 그 폭으로 보나 역사성으로 보나 프랑스의 앙리 4세나 영국의 엘리자베스 여왕이 한 것보다 더 나은 칼라[129]를 목에 차게 되는 것이다. 이 엄숙한 죄인들 앞을 지나가노라니, 나무 밖으로 줄 지어 나온 머리에서 80개의 눈이 깜빡거리는 것이 마치 일본 여자들이 옷을 입고 누워 있는 것을 보는 것만 같았다. 몸의 다른 부분은 칼에 가려져서 머리밖에 보이지 않았기 때문에 새해 전날 세상 어디에서도 느끼지 못할 이 엄숙한 형벌의 분위기에 나는 우울해지기 시작했다. 서양인들은 칼라가 외모의 단점을 채워준다고 느끼면서 다양한 스타일의

129 카라(옷깃) – 목걸이 같은 장식물

칼라를 만족스럽게 입어왔다. 하지만 이 관청 안마당에서 본 칼라들은 숙녀들이나 우아한 사회를 떠올리기 힘든 그런 것들이었다.

대구목사는 나를 접견하는 내내 쌀쌀맞게 대했다. 내가 들어갔을 때 목사는 미친 듯이 기침을 하고 있었는데, 기침은 접견이 끝날 때까지 계속되었다. 접견 중 잠시 쉬는 동안 목사는 죄인 하나를 불러 그가 앉은 창 앞에 엎드리게 하고는 나를 호위하던 포졸들이 가지고 있었던 것과 똑같은 곤장으로 내리쳤다. 포졸은 곤장을 내리치는 속도에 맞추어 아주 독특한 소리를 길게 뽑았고, 죄인은 고통 속에서 천지신명과 조상님 전에 맹세코 자신은 죄가 없다고 울부짖었다. 하지만 이 불쌍한 사람이 곤장에 거의 과육처럼 짓이겨졌을 때, 마침내 그는 그 일을 자기가 했다고 자백했고 곧바로 다시 칼이 채워졌다. 그는 오늘 밤도 처마 밑에서 밤이슬을 맞으며 보낼 것이다. 우리는 목사를 접견하는 내내 느껴지는 우호적이지 않은 기운을 알았기에 별다른 추가 행사 없이 그곳을 떠나왔다.

호위병 하나 없이 조선 친구와 나는 처량했다. 그렇게 문을 나서는 순간 많은 사람들이 달려들었고, 이 씨를 붙들어 칼을 씌웠다. 밤이슬을 맞히겠다고 협박하며 우리를 다시 관청 뜰로 끌고 가려는 것이었다. 하지만 우리는 그렇게 붙드는 사람과 따라붙는 사람들을 떼어내고 딸기코에 묻기 좋아하던 땅딸막한 사람이 사는 작은 방으로 다시 도망쳐 올 수 있었다. 조선 사람들은 보통 굉장히 느리게 움직이지만 한 번 흥분하면, 특히 아무 것도 아닌 일에 아주 난폭하게 변했다. 그리고 지금 나는 내 친구 이 씨가 무심코 내뱉은 말들이, 특히 돼지 같다고 한 부분이 엄청난 폭풍이 되어 우리 앞을 가로막고 있음을 깨닫고 있었다.

그때 안마당까지 밀고 들어왔던 폭도들 사이에서 고을 이방을 발견했다. 각 벼슬아치마다 품계에 맞는 의복이 정해져 있기 때문에 그를 구별해낼 수 있었던 것이다. 내가 그의 주의를 끌 수만 있다면 이방과 한두 마디 하는 것으로 이 상황을 개선시킬 수가 있었다. 잠시 뒤 인파를 헤치고 이방이 가까이 왔고, 나는 그에게 우리를 도와줄 수 없는가를 물어보았다.

"구체적으로 뭘 도와달란 말이요?" 그가 말했다.

"이거 말이에요. 오늘 밤이 지나면 서양 달력으로 새해가 되는 거예요. 이 상황을 잠잠하게 할 수만 있다면, 한 해의 마지막 날에 늘 그래 왔듯이 우리 부모님께 편지를 쓰고 싶어요."

"아버지가 살아 계신다고 했소?" 좀 놀란 이방이 물었다.

"네, 살아 계세요. 거기다가 조선을 아주 깊이 좋아하세요."

곤장

<칼>

<법률 집행>

이방은 즉시 주변 사람들에게 내 부모님이 살아 계신다는 것과, 내가 부모님께 이 고요한 아침의 나라에 대해 편지를 쓸 것이라는 걸 전했다. 내가 부모님으로부터 태어난 것이 틀림없는 데다 효까지 행하려 한다는 것을 알게 되자, 나는 믿을 만한 사람이라는 이야기가 퍼져 나갔다. 점차 소동은 조용해졌고, 사람들은 떠나기 시작했다. 그리고 몇몇 할머니들은 문간 앞에까지 와서 모국에 있는 우리 조상에 대해 큰 소리로 묻기도 했다. 이 동방 사람들이 어머니와 아버지라는 그 신성한 이름을 듣기만 한다면 그 순간부터 당신은 완벽하게 보호받을 수 있는데, 당신이 부모님을 떠나온 지 얼마나 오랜 시간이 흘렀는지 혹은 그들과 얼마나 멀리 떨어져 있는지는 전혀 상관이 없었다.

이 씨는 사형을 선고당했다가 집행유예를 받은 사람 같았다. 이 씨는 이방에게 자신을 소개한 다음 우리는 정말 평화를 전하러 왔지 전쟁을 하러 온 것이 아니라고, 이 모든 소동은 오해임을 강변했다.

나는 이제 편지를 쓸 수 있는 자유를 얻었고, 내가 글씨를 쓰는 것을 본 이방은 굉장히 감명한 듯했다. 글을 잘 쓴다는 것은 조선 양반에게 최고의 가치였기 때문이다. 글을 쓴다는 것은 그에게 나는 야만인이 아니라 오히려 환대해야 할 저명한 존재라는 의미였다.

이방은 공들여 새해 상을 차려주었을 뿐 아니라 여흥을 함께하자며 자신의 친구 몇과 함께 다시 찾아왔다. 게다가 이방의 보고를 받은 마을 원님은 대추와 감으로 선물까지 내려주었으니, 딸기코에 땅딸막했던 이 집 주인은 그 기세가 하늘을 찔렀다. 그가 보호해주던 난민이 한순간에 고을의 귀빈이

된 것이었다. 주인은 아주 기뻐했는데, 그러는 동안 그의 웃음 속에서는 엑스레이 같은 아주 특별한 광선이 엄청나게 뿜어져 나오고 있었다.

조선에는 한 해를 보내는 의식이 있었는데, 우리에게 그 영광스런 의식을 해주기 위해 밤까지 엄청나게 많은 인파가 남아 있었다. 그렇게 그들은 덕담을 해주었고, 우리의 풍습과 믿음에 대해서도 질문했다.

우리는 다음 날 그곳을 떠났다. 특별하게 새해를 맞이했던 그 추억이 나를 자꾸 그곳으로 이끌었지만, 그 후로 아직까지 난 오래된 도시 대구를 다시 찾지 못했다. 우리가 떠나던 날, 그곳의 정 많던 이들이 "안녕히 가세요!" 그리고 "건강하게 다시 만나요!" 하며 성문 뒤에서 우리의 안녕을 빌어주었던 그곳을.

조선 사람의 사고방식

설
명
서
가

필
요
해

극동 지역에서 일을 할 때 맞닥뜨리게 되는 심각한 문제는 바로 동양식 사고방식이었다. 사람들로부터 애정을 얻고 존경 받는 것은 상대적으로 쉬웠다. 하지만 동시에 이들의 본바탕을 이루는 기묘한 사고방식으로 인해 완전히 혼란스럽기도 했다. 사고 체계란 어떤 일을 하든 그 근본이 되는 것 아닌가. 이 세상이 실제로 그렇지만, 이들의 생각은 삶의 많은 부분에서 서양인들과 완전히 반대로 뒤집혀 있었다.

조선 사람들은 이렇게 이야기한다. 세계가 둥근 것이 정말 사실이라면 서양 사람들은 반드시 파리와 같은 힘이 있어야 한다고. 지구 반대쪽의 천장에 매달려 있어야 하니까 말이다. 이럴 때마다 나는 아니라고, 거꾸로 된 것은 당신들이라고 강변해왔다. 이렇게 정반대로 태어난 우리 서양인들이 머리로 설 능력이라도 지녔다면 모든 사람을 만족시킬 수 있었겠지만, 그런 것도 아니니 그냥 이대로 살아갈 수밖에는 없을 것이다. 하지만 우리 동방 형제들의 사고방식도 제대로 연구해봐야 하지 않겠는가.

이런 측면에서, 지금껏 당연하다고 여겨왔지만 동방에서는 완전히 뒤집 어져 있는 삶의 공리들을 살펴볼 필요가 있다. 물론 조선을 존중하지만, 이 곳에서는 사랑보다는 실생활의 쓰임새가 먼저였다. 동양 사람들 사고방식 으로는 아낌없이 주는 사랑이란 개념 자체가 완전히 이질적인 것인데, 사실 조선에서는 사랑을 뜻하는 딱 맞는 단어조차 존재하지 않는다. 사랑이란 단 어 하나를 설명하기 위해서는 여러 단어를 동원해서 그 뜻을 유추해야만 했 는데, 조선 사람들에게는 정중하다, 존경하다, 아끼다, 뭐 이런 말들은 있지 만 딱 사랑을 뜻하는 단어는 없기 때문이다.

남편은 사랑하지 않는 아내와 결혼하는데, 이것은 동양인들의 사고방식 으로는 당연한 것이었다. 하지만 첫 번째 부인이 죽고 나면 두 번째 부인은 사랑하는 사람으로 얻었는데, 이것은 또 완전히 잘못된 것으로 사실상 죄 악으로 여겨지기 때문에 남편은 자신의 행위에 대해 상당한 양심의 가책을 느꼈다. 이들에게 아내는 사랑해야 할 대상이 아니라 아버지로부터 아들로, 한 집안의 대를 이어주는 데 필요한 수동적인 존재일 뿐이었다. 아내는 이 렇게 진창 속에 깊이 박힌 채 조상으로부터 후손을 이어주는 다리 역할로, 자신에게 지워진 삶의 무게를 묵묵히 견뎌내고 있었다.

한번은 아내와 함께 길을 걷다가 고대 뱃사람 같은 분위기를 풍기는 남 자가 바위에 앉아 절망하여 펑펑 우는 것을 본 적이 있었다.

"무슨 일이에요?"

　　　　　　　　　조선, 그 마지막 10년의 기록

남자는 잠깐 눈을 들더니 다시 고개를 숙이고 엉엉 울기만 했다. 대체 무슨 일이냐는 우리의 계속된 물음에야 그는 아내가 죽었다며 "아이고! 아이고!" 하고 곡을 했다. 드디어 우리가 이곳에서 진짜 사랑을 찾아낸 것이었다. 우리는 사랑의 실체를 제대로 찾아낸 것이 맞는지 확인하기 위해 다시 이렇게 물었다.

"하지만 아내가 당신을 사랑하지 않았을 텐데, 왜 아내를 사랑하나요?"

"사랑? 누가 마누라를 사랑한다 그랬어요? 마누라가 내 옷도 지어주고 밥도 해줬는데, 이제 마누라 없이 어찌 살란 말이요? 아이고! 아이고!"

서양에서 중요한 가치가 부여되는 개인의 독립성 또한 조선 사람들에게는 전혀 가치를 지니지 못했다. 우리 미국의 영광스런 표어 '여럿이 모여 이루어내는 하나'는 이 사람들이 생각하기엔 완전히 정신 나간 생각일 뿐이었다. 왜 인간이 서로 경쟁하며 치열하게 생존해나가야 하는가? 이들은 그것을 상상조차 할 수 없었다. 조선 사람들에게 삶이란 다른 인간과의 관계 속에서만 존재할 수 있는 것이었다. 개인의 독립성이라는 것은 불신이며 의심이고 인간의 기본 도리도 모른다는 것을 의미했다. "어디 가세요?"는 길거리에서 늘 듣는 질문이었는데, 여기에 보통 "무슨 일 있어요?"가 따라왔다. 글을 읽느라고 모든 사람이 모여 있을 땐 또 이렇게 묻는다. "글공부는 어느 분한테 배우셨나요?" 길에서 마주치는 모든 사람이 던지는 이러한 질문에 대답하지 않는다는 것은 아주 무례한 것이었다. 마치 아이들이 꼭 모여서 노는 것처럼, 이들은 혼자 있으면 두 배로 편할 수 있는 상황에서도 불편한 것을 감내해가며 반드시 함께 어울렸다. 그것 때문에 일이 두 배로 어렵게 되기도 하지만, 이것은 그들이 혼자 있음을 두려워해서 그런 것이라기보다는 그냥 이들 사고방식 자체가 서양인들과는 정반대이기 때문이다.

교육에서도 마찬가지로 우리는 서로 대척점에 있다. 서양에서는 한 사람 앞에 펼쳐질 삶을 대비하고 발전을 도모하는 것을 교육의 목적으로 삼지만 조선 사람들에겐 이러한 생각이 없었다. 그들은 현재에 눈 감고 과거만 바라보고 살도록, 한 사람의 정신을 개조하거나 압사시키는 것을 목적으로 했다. 우리는 발전을 생각하지만, 그들은 통제를 생각한다. 서양의 학생은 다양한 학업 성취와 새로 알게 된 갖가지 것에 기쁨을 느끼지만, 조선 사람들은 무엇을 배워 안다는 것보다 단지 한자를 읽고 쓰는 것에서만 성취를 느꼈다.[130] 단지 한자를 익히기 위해 20년을 독거하면서 공부하는데, 이렇게 오랜 기간을 공부하고도 많은 수의 학생은 한자 공부조차 실패하고 말았다. 서양에서 교육이란 정신을 함양하기 위한 재능의 연마임에 반해, 조선에서 교육이란 발에 붕대를 감는 것처럼 정신에 석고 깁스를 둘러치는 것이었다. 이 깁스가 한 번 굳고 나면 성장이나 발전은 완전히 멈추게 되는데, 상황이 이렇다 보니 다른 누구보다도 유학자들이 더 기독교의 전도에 반대했다.

아무리 생각 없는 미국인이라 할지라도 그 마음 깊은 곳에는 노동이란 존귀한 것이라는 느낌이 있다. 교육을 할 때도 어린이들은 어떤 식으로든 노동의 존엄성에 대해 배운다. 하지만 조선에서는 완전히 반대로 생각했다.

---

130 사실 공자께서 가장 자부심을 가지고 강조한 것은, 늘 배움을 좋아하는 호학의 마음이었다. ('배워 때로 익히니 또한 즐겁지 아니한가?'〈논어〉 1장) 조선이 비록 공자를 숭상하는 유교 국가였으나, 세월이 흐름에 따라 그 원의가 변질되고 타락하여 한자와 고대 경전의 해석과 적용에만 매달리고 새로운 배움을 제대로 하지 않은 조선 말의 타락한 모습에서 저자의 이런 지적이 나온 것으로 보인다.

조선말로 노동을 뜻하는 말은 il[131]인데, 이 단어는 손실, 손상, 나쁜, 불길한 등의 뜻을 함축하고 있으며 이러한 것들을 표현하는 데 쓴다. 게다가 아무 일도 하지 않고 지내는 사람도 양심의 가책을 전혀 느끼지 않았는데, 아무 것도 하지 않아도 되는 사람이라는 사실은 그가 의심의 여지없이 고대로부터 귀한 신분이라는 것의 증명이었기 때문이다.

우리의 정신 작용이란 마치 속마음과 겉에 드러나는 표정 사이를 이어주는 통신수단 같은 것이 아닐까? 우리에게 닥친 기쁨이나 슬픔의 빛은 마음에서 시작되어 표정까지 드러나게 되고, 또 겉으로 드러난 얼굴빛의 명암으로 자연스럽게 그 속마음을 읽을 수 있다.

반면 조선에서 정신은 다른 역할을 수행했는데, 그 첫 번째 역할은 속마음과 겉 표정 사이의 소통을 끊고 그 둘을 완전히 독립적으로 만드는 것이었다. 그것은 겉으로만 넘치는 표정을 짓거나, 상황에 따라 표정을 전혀 드러내지 않는 것인데, 배우자나 부모님이 돌아가신 경우 서양 사람은 그 감정에 충실하여 목소리나 표정 등으로 속마음이 겪고 있는 것을 완전히 표현하는 데 반해 조선 사람은 냉정하게 반응하는 경우, 평정을 유지하며 밖으로 그 어떤 동요도 내비치지 않았다. 이렇게 마음과 표정이 꼭 연계되어 있는 것은 아니라는 것을, 또 겉으로 드러난 것 이면에는 숨겨진 깊이와 생각하지 못한 저류가 있다는 것을 알게 되려면 이곳 동방에서 어느 정도 머물러 보아야만 한다.

---

131 일

서양인들은 단지 겉으로 드러난 것만 보고 진짜라고 오해하는 바람에 종종 고통을 당하기도 했는데, 조선 사람들은 진실 그 자체를 소중히 여긴다기보다는 겉으로 나타낼 필요가 있을 경우에만 의미를 두었다. 이들의 정신세계는 가장 기본적인 단계의 진실조차 받아들이려 하지 않았다. 예를 들어 황제의 행차가 있을 때면 도시 전체가 그 행렬을 위하여 동원되었는데, 신성한 가마가 지나갈 때 더러운 흙을 밟지 않도록 붉은 흙으로 덮어야 했다. 하지만 어쩌랴! 그 흙의 양은 아일랜드 스튜 위에 뿌려지는 후추보다도 적었으니.

엄청난 겉치레와 야단법석이 이어진다. 반쯤 얼이 빠진 군인들이 사방에서 지나가고, 말들도 끼어들어 막 물어댄다. 깃털 장식과 깃발들. 500년 전 제복을 입고 행렬 뒤에 낙오된 사람들. 풍악을 울려대는 악대. 가끔씩 칠 때도 있었지만, 또 어떤 때는 아예 보이지도 않던 북들. 수천 개의 펑퍼짐한 바지와 짚신들. 붉은 두루마기와 공작 깃털. 높은 안장 위에서 언제 뒤로 아니면 앞으로 고꾸라질지 모르게 불안 불안하게 앉아 두 손으로 고삐를 꽉 붙들고 있는 높은 벼슬아치들. 한자가 쓰인 인상적인 장막들. 수많은 담뱃대와 피리들. 각양각색의 총, 활, 화살, 향 단지. 귀신을 막아주는 부적과 절인 쇠고기. 웅담과 뱀가죽. 현대식 헬멧과 전통의 모자들. 혼란, 무질서, 화려함, 웅장함, 더러움. 먼지구름이 이는 소란 속에 땅을 구르며 떼 지어 이동하던 수만 명의 용사들. 각양각색의 색깔과 소리로 낄낄대는 엄청난 군중들. 조선 사람들이 다 함께 이렇게 엄청난 장관을 연출하며 기쁨의 절정으로 치닫고 있는 동안 이걸 지켜보는 서양인들은 대체 이 행사가 앞으로 어떻게 전개될지, 이게 과연 꿈은 아닌지, 혹은 과연 이렇게까지 할 필요가 있는 것인지 등등 아무런 생각조차 하지 못한 채 그저 탄성만 내지를 뿐이었다.

가마꾼이 많을수록 신분이 높다는 것을 의미했다. 사람들에게 자기 주인을 더 위대하게 보이게 하는 데 이것만큼 좋은 방법이 없다는 걸 알기 때문에, 몸종은 결국 부엌에서 빈둥거리거나 주인의 돈을 축낼 뿐인 상놈을 더 많이 고용하라며 주인을 부추겼다. 집안은 곧 거덜나고, 대문과 문짝은 모두 떨어져 나갈 것이며, 가난이 닥쳐올 것이었다. 하지만 이렇게 해서라도 주인이 이러한 행사를 유지할 충분한 능력이 있다는 것을 보여준다면, 그 주인이 얼마나 중요한 사람인지가 증명되었다. 실체가 아닌 겉치레가 삶의 목적이 되고 있었다.

서양에서는 '어떤 사람의 말을 신뢰할 수 없다면, 그 사람에게 도덕적으로 아무 것도 기대할 수 없다'라는 말이 있다. 하지만 이 말을 동양에 적용한다면 아마 대륙 전체가 문제가 될 것이었다. 조선 사람들은 왜 우리가 멋대로 말에 이렇게 중요한 의미를 부여하는지 전혀 이해하지 못했다. 그들에게 말이란 삶을 구성하는 가장 값싼 재료일 뿐이었다. 이들에게 말 한마디 한마디를 거룩하게 여기라고 요구하는 것은 아무 가치도 없는 것에서 고결함을 만들어내라고 요구하는 것이었고, 그들이 말 자체보다 훨씬 중히 여기는 대화의 흐름을 심각하게 방해하는 행위가 되어버리고 말았다. 그러니까 그들에게 말이란 마치 누가 "안녕하세요?" 하면 우리가 그것에 대해 어떻게 답해야 할까 잠시도 생각하지 않고 "안녕하세요?" 하고 대답하는 것처럼 그냥 친목을 쌓는 과정에서 주고받는 통과의례, 그 이상은 아니었다.[132]

예를 들어 반갑지 않은 손님이 방문한다고 치자. 서양의 숙녀라면 우선 자신이 외출하여 집에 없을 거라고 거짓으로 말해놓고는 자신이 한 변명과 양심 사이에서 씁쓸한 기분을 느낄 것이다. 하지만 같은 경우에 조선 사람은 외출 중이거나 아프다고 이야기하면서도 마음속 깊이 편안하게 느낄 뿐 아니라, 아주 예의 바르게 옳은 행동을 했다고 느꼈다.

조선에 처음 도착했을 때 나는 조선 친구들을 항상 진실로 대하고, 그들이 요청하는 것이 있으면 무엇이든 도우려고 애썼다. 이곳에서 가장 흔한 작별인사는 "Nail do orita[133] I will come again tomorrow"인데, 대부분은 오지 않았다. 친구들 대부분이 이런 약속을 하고 돌아갔기에 나는 곧 내 가까운 친구들이 모두 약속을 지키지 않는다고 오해했었다. 하지만 얼마의 시간이 지나고 나자 나는 조선 사람들의 이런 말이나 약속은 꼭 그렇게 하겠다는 것이 아니라 단순한 인사치레임을 알게 되었다. 물론 친구들과의 평화와 신뢰도 굳건히 유지되었다.

이렇듯 정반대로 사고하는 우리가 서로 가까워지려면 상대의 사고방식에 대한 많은 연구와 기술이 필요할 것이다. 하지만 나는 언젠가는 우리의 마음이 합쳐질, 최소한 다소나마 서로 동의하는 부분이 있을 그런 날이 올 것이라 믿는다.

---

132 사실 우리 조상들도 '붕우유신'이라고 하여, 반드시 그 말을 신뢰할 수 있어야 한다는 것을 매우 중시하였다. 그럼에도 불구하고, 그 문화의 다름으로 인하여 저자는 단순한 인사치레 같은 우리 조상들의 일상적 언어생활에도 깊은 의미를 부여하며 '동양에서는 말이 지니는 신뢰가 중요하지 않구나' 하고 오해한 듯하다.
133 내일 또 오리다

조선 양반

조선 양반이 뿜어내는 침착하고 평온한 기운은 풀리지 않는 동방의 신비였다. 수천 냥의 빚에, 틈만 나면 초가집을 노리는 굶주린 늑대의 위협 속에서도 전혀 흔들림 없이 평온했던 양반의 삶. 다른 모든 특성의 바탕을 이루는 평온함이라는 특질에 있어 양반은 가히 달인이었다. 양반은 공자로부터 모든 본능적 욕구를 다스리는 법과 매사에 혼신의 힘을 다하는 법을 배웠다. 마치 잘못된 표정이나 몸짓 한 번에 모든 것을 망쳐버릴 수도 있는, 사상 최고의 작품을 연기 중인 배우라도 되는 듯 말이다.

양반들이 가장 중시하는 단어는 올바른 양식이라는 뜻의 yei[134]였다. 만약 예만 제대로 지킨다면, 십계명을 모두 어긴다 해도 그는 여전히 훌륭한 사

---

134 예(禮)

람이리라. 아니, 사실상 완벽한 성인으로 여겨질 것이다. 하지만 예를 어기기라도 한다면 완전히 당황하여 스스로조차 천하에 다시없을 몹쓸 놈으로 여길 것이다.

예는 물론 유교에서 온 것이다. 만약 당신이 그 앞에서 예를 비하한다면, 순간 예고 뭐고 까맣게 잊어버리고 광분하여 날뛰는 양반을 만날 수 있다.

조선 사람들은 맹자를 존경하면서 Mang[135]이라 부르고 공자를 Kong[136]이라 부르므로, 이 둘을 합쳐서 부를 땐 Mang-kong[137]이 되었다. 이 맹공이라는 말은 불행히도 다른 뜻이 있는데, 바로 맹꽁이가 맹꽁맹꽁 우는 소리다.

해외를 많이 다녀보고 외국어도 많이 배운, 조선의 전통 인식보다 많이 앞선 생각을 지닌 한 양반이 있었다. 그는 특히 유교에 대해 반감을 품고 있었는데, 조선인들을 상대로 서울에서 연 공개강좌에서 그는 이 맹공이란 단어를 들고 나왔다.

"대체 유교가 우리 조선에 무슨 이익을 가져다주었소이까? 유교 경전에 통달한 사람들은 오히려 우리 사회에서 가장 쓸모없고 무력한 존재들이요. 그들은 그냥 자리에 앉아 모든 일에 맹꽁, 맹꽁 하고 울어댈 뿐이외다."

나도 잘 알던 한 유학자는 이 말을 듣고서 자리를 박차고 나갔는데, 끓어오르는 광기를 주체하지 못하고 이렇게 말했었다.

"그래, 아무 이익도 안 줬다. 그래도 너 같은 놈들 찔러 죽일 칼은 내려주

---

135 맹
136 공
137 맹공

셨다."

그는 잠시 예를 잊은 듯했고, 공맹 선생의 신성한 명성을 지킬 수만 있다면 살인이라도 할 기세였다.

어떠한 것이든 예를 공고히 하는 것에 방해가 되는 것은 피해야 했고, 이러한 이유로 양반은 그 누구도 육체노동을 하지 않았다. 사실상 어떤 종류의 노동도 하지 않았는데, 양반의 삶은 상놈의 일을 지휘하는 것으로 구성되어 있었고, 상놈들은 모든 명령에 복종했다. 담뱃대에 불을 붙이는 것이나, 벼루에 먹을 가는 것도 다른 사람이 해주어야 했다. 생활 속 아무리 간단한 일이라도 직접 하는 것이 없다 보니, 손은 비단 같았고 손톱은 길게 자라 있었다. 또 항상 앉아만 있어서 그 뼈는 완전히 무너져 내린 듯했고, 중년이 되기도 전에 연체동물 같은 상태가 되었다. 육체적으로 이렇게 물렁한 상태까지 되고 나면, 이들은 일상생활에서 겪게 되는 어떠한 충격이나 충돌에도 상당 부분 면역이 되는 경지에 이르렀다.

언젠가 한번 험한 산악으로 이루어진 이 나라를 양반과 함께 말을 타고 여행한 일이 있었는데, 그것은 나에게 상당히 불운이었다. 나는 말이 뛸 때 뒤로 고꾸라지지 않으려고 앞으로 숙여 항상 말고삐를 꽉 움켜쥐고 있었다. 물론 나는 조 씨에게도 몸을 받치거나 보호할 어떤 지지대도 없이 짐 위에 그렇게 꼿꼿이 앉아 있으면 굴러떨어질 위험이 있다고 경고했지만, 조 씨는 내가 이야기한 대로 말고삐를 꽉 쥐고 있는 것은 조선 문화상 좋지 않은 것이라 했다. 뭐, 어쩔 수 있는가?

우리는 그대로 나아갔는데, 해가 뜨거워지자 이미 무게 중심이 위에 있는 상태였음에도 그는 양산을 펼쳐 들었다. 순간 놀란 말이 홱 뛰어올랐고 조 씨는 안장 뒤로 고꾸라졌다. 이때 내 눈앞에 펼쳐진 놀라운 광경이 바로 이 이야기의 핵심이다. 그는 울퉁불퉁한 길바닥에 석고 반죽처럼 찰싹 달라붙어 있었는데, 두루마기도, 통 넓은 바지도, 심지어 갓 조차도 보이지 않았다. 단조로운 표면에 마치 태양의 흑점처럼 특별한 색을 더해주고 있던 조 씨. 이러한 엄청난 일이 일어났는데도 조 씨는 금세 냉정을 되찾으며, 사실 이렇게 떨어지면 훨씬 크게 다쳤어야 하는데 이 정도는 아무 것도 아니라고 했다.

유학에서 요구하는 기준에 따르면 반드시 그랬어야 하지만, 양반이라고 해서 모두가 선비는 아니었다. 유학의 경지를 이룬 선비들은 사람들의 주목을 받고 명예를 얻었다. 이들은 엄청난 군중으로부터 추앙받았으며, 이 왕국 어느 곳에서도 마음대로 행동할 수 있었고, 아무리 높은 사람이 있는 곳이라 해도 자유롭게 드나들 수 있는 귀빈으로 대우받았다.

엄청난 매력을 발산하는 이 유학자들에게 한자 자체는 그다지 중요한 것이 아니었다. 글자를 많이 안다는 이유로 이러한 존경을 받는 것이 아니었다. 아이가 여러 모양의 블럭으로 마법의 성을 쌓듯 이 한자를 이용하여 선비는 다양한 표현이나 구절을 '만들었는데'chita 138, 이렇게 해서 만들어낼 수 있는 표현은 끝이 없었기에 당연히 선비들이 품고 있는 매력 또한 끝이 없었다.

---

138 짓다

선비 두 명만 있으면 하루 종일 재미있게 들을 수 있는 이야기를 글자 한 자에서 끌어낼 수 있었는데, 한자가 약 20,000자쯤 되니까 그들은 반백 년 동안 재미있게 들을 수 있는 이야기를 축적하고 있는 셈이었다. 이들은 글을 지을 때 전통적인 시구나 문장의 작법 이외에는 절대 시도하지 않았는데, 전통적인 한문 작법을 벗어난다는 것은 마치 호메로스의 그리스어 원전을 개선하겠다고 시도하는 행위와 같은, 듣도 보도 못한 뻔뻔한 짓이기 때문이었다. 이렇듯 선비는 일생을 끝이 없는 한자 꿰어 맞추기를 하며 보냈는데, 이것은 그의 몸뿐 아니라 그의 정신, 마음, 영혼까지도 배배 꼬아버리고 말았다.

반면 글을 배우지 못한 양반들에게 한자는 전혀 매력적인 대상이 아니었다. 궁지에 몰렸을 때 방어용으로 사용할 몇 가지 표현을 외우고 있긴 했지만 가능한 한 이런 주제는 피하고자 했다. 이들은 앎의 즐거움을 느낄 수 없었기에 옷이나 유흥 같은 물질적 즐거움을 추구했는데, 조선에는 이러한 종류의 양반들이 엄청나게 흔했다.

흙먼지 날리는 마을 어느 골목 어느 틈에서건 순백으로 빛나는 옷을 입은 이들을 마주치곤 했는데, 만약 중요한 벼슬아치라도 될라치면 절대 혼자 다니지 않고 양옆으로 호위가 따랐다. 또 혼자인 경우라도 백성들이 모두 숨어버려 깨끗해진 거리를 사람들을 내려다보며 팔자걸음으로 당당히 활보했다. 한 손에는 1미터 길이의 담뱃대를, 다른 손에는 부채를 들고, 또 눈에는 빛나도록 아름다운 어두운 수정 선글라스를 끼고 있었는데, 눈부심을 막으려는 게 아니라 사람들이 그 눈을 감히 못 보게 하기 위함이었다. 이 얼마나 고결한 존재인가! 이 Kyung-ju[139] spectacles만 구할 수 있다면 많은 사람들이 살림을 모두 내다 팔 것이었다. 그러고는 구경꾼들이 모여들기 전, 감격에 취해 자신의 눈을 가릴 것이다.

한번은 나에게 자신의 경제적 어려움을 고백했던 가난한 양반에게 크게 예를 어긴 적이 있었는데, 그것은 친구가 되려고 무심코 했던 내 행동 때문이었다. 당시에 그는 수정 색안경을 쓰고 있었고, 나는 그것을 사는 것으로 위장해서 그를 도와줘야겠다고 생각했다. 나는 삼십 냥이나 미국 돈 육 달러에 그 안경을 사겠노라고 했는데, 알고 보니 그 양반은 안경을 살 때 엄청 깎은 끝에 결국 십오 달러나 주고 산 터였다. 그는 마치 내가 안경을 공짜로 달라는 것처럼 받아들일 수밖에 없었고, 충격에 휩싸이고 말았다.

이런 것이 바로 이곳 동방에서 일어나는 어리석은 일이었는데, 아무짝에도 쓸모없는 물건에 두세 달치 수입을 쓰는 꼴이라니! 이렇게 극단적으로 불합리한 면이 있던 동양식 사고방식은, 서양인들이 아무리 고치려 해봐야 소용이 없었다.

땡전 한 푼 없는 조선 양반의 가난함 또한 풀리지 않는 신비로움이었는데, 나는 모든 것이 다 떨어져서 현재 남아 있는 것이 아무 것도 없는 데다, 아무런 일조차 하지 않는 사람이 대체 어떻게 내일을 살아갈 수 있는가에 대하여 지난 몇 년 동안 고민해왔다. 하지만 그들은 한 끼도 굶지 않고 잘 입고 잘 살고 있었다. 그들은 당신에게 솔직하게 이야기할 것이다. 생계에

---

139 경주(안경) – 옛날 경주 남산에서 나는 수정으로 안경을 만들었기에 안경을 '경주'라고 부른 것으로 보인다.

경주(안경)를 쓴 사또와 포졸들

대한 마지막 희망까지도 쪼그라들고 있다고, 경제적으로 완전히 파산 상태라고, 그리고 모든 것을 잡아 삼키는 불구덩이 위, 바위 끝에 매달려 위태위태하게 간신히 버티고 있는 것이라고 말이다. 그러면 당신은 그의 처지를 깊이 걱정할 것이다. 아주 깊이. 그리고 한참이 지나서야 당신이 그들 자신보다도 그들을 더 많이 걱정했음을 알게 된다.

그렇게 몇 달이 지나도 그의 상황은 여전히 똑같다. 더 나빠지지도, 더 좋아지지도 않은 딱 죽기 직전의 상태. 위로라도 해주려고 나는 이렇게 말했다.

"당신은 아무 것도 없는 상황에서도 몇 달을 먹었고, 살았고, 버텨왔어요. 이렇게만 계속하세요. 아주 잘해낼 거예요."

"먹고 산다라……. 물론 개도 다 먹고 살죠. 내가 이대로 누워서 죽을 거라고 생각하는 건 아니죠? 설마 그런가요?"

그는 이렇게 받았다. 그러고는 혐오감에 휩싸인 채 자신의 질문 속에 담긴 동방의 오묘한 함의를, 서양에서 온 오랑캐의 뇌로는 절대 이해하지 못할 것이라 확신하며 떠나갔다.

상인이나 사업하는 사람을 천하게 여기는 이곳의 풍조는, 양반으로 하여금 이러한 것들에 관심을 두거나 배우기보다 무시하도록 부추겼다. 사업에 있어서 양반은 사실상 어린아이와 다를 것이 없었다. 많은 외국인들이, 처리해야 할 사무를 자신의 조선어 선생에게 맡겼는데, 이들은 조선 사람임에도 불구하고 선생들이 왜 이렇게 일 처리를 못하는지 의아해했다. 만약 정직한 '보이'에게 일을 맡겼다면 특유의 엄청난 기술을 동원하여 최고의 학식과 정직성을 갖춘 선비보다도 훨씬 잘 처리했을 텐데.

사업뿐만 아니라 생활 속에서 일어나는 모든 일에서 조선의 양반은 제대로 못하는 쪽으로 선수였다. 양반은 태양 아래 모든 것을 완벽하게 알고 있을 뿐 아니라 그를 위축시킨다거나 자신의 능력으로 밝혀낼 수 없는 일은 없는 것처럼 행동했다. 아주 사소한 단서만 있어도 양반은 모든 것을 다 알아낼 수 있었다. 단지 굴뚝에서 나오는 연기만 보고 당신에게 증기기관의 원리에 대해 모두 설명해줄 수 있으며, 혜성의 꼬리가 무엇으로 구성되어 있는지, 혹은 어떤 색의 개가 월식을 야기하는지까지 말이다.

그는 생활 속 아주 사소한 부분까지도 노아와 동시대 인물이라 할 수 있는 Sun[140] 임금 시절에 했던 방식을 마치 어제 일인 것처럼 지금 자신의 방식과 비교했다. 이 고요한 아침의 나라에 첫발을 내딛던 사람이 양반을 대할 때면 그들이 얼마나 어마어마한 지식의 보고인지를, 어떻게 저렇게 정확한 지식을 갖출 수 있는가를, 또 그런 그들이 이교도라는 사실까지도 생각해보게 되었다. 그가 한 말을 직접 확인해본 후에야 모든 말이 앞뒤가 안 맞는 것임을 알게 되긴 했지만 말이다. 가뭄에 콩 나듯 그의 말이 맞을 때도 있었지만, 그것은 예외였다. 물론 그가 당신을 속이려고 일부러 그런 것은 아니었다. 그것은 그가 추리하는 방식이 뭔가 근본적으로 잘못되었기 때문이었는데, 여기저기서 주워들은 것을 엉뚱하게 추론해서 결론을 내다 보니 문제가 있을 수밖에 없는 것이었다.

---

140 순(임금) – 태평성대를 상징하는 전설 속의 중국 왕

보통 여자 혹은 kechip[141]이라 부르는 여성에 대한 양반의 경시는 아주 심각했다. 아버지가 골라 짝 지어준 여성이라면 아내를 맞아들일 때조차 얼굴, 건강 상태, 몸매 등등 어떤 것에도 이의를 제기하지 않았다. 여성은 전적으로 남성 가족 구성원을 따르며 그 아래에 위치하는 존재였다. 여성은 집안의 안채에 기거하며 격리된 삶을 살았다. 양반은 보통 아내를 kosiki[142] what- you-may-call-her라거나 keu[143] she라고 부르며 자신의 넓은 집에서 아내가 기거하는 공간이 얼마나 작은지 강조하는 것을 절대 잊지 않았다. 하지만 진실을 밝히자면 안채에 갇혀 사는 그 작은 여인이 결코 이들이 이야기하는 것처럼 하찮은 존재가 아니라는 것이다. 대신 안주인은 온 집안을 이끌어 가는 선장이자 항해사였고, 이 양반들을 실제로 움직이는 것 또한 같은 남성 양반이 아니라 바로 아내의 치마폭이었다.

양반 생의 제일 큰 목적은 자신이 죽고 나면 제사를 지내줄 아들을 가지는 것이다. 아들은 당연히 그 아버지 말씀을 절대적으로 따라야 했다. 아들이 이렇게 아버지를 전적으로 따르도록 키워지고 나면 결국 그도 아버지만큼이나 쓸모없거나 못난 사람이 되고 말았지만, 그래도 주변의 귀감이 되는 아들이라 할 수 있었다. 만약 슬하에 아들을 갖지 못하면 그는 상황에 맞추어 조카나 가장 가까운 피붙이를 양자로 들였다. 하지만 양자는 이승에서 아비의 가장 든든한 오른팔이자, 저승에서 아비의 영원한 자랑거리가 될 진

---

141 계집
142 거시기
143 규(閨) – 안방 '규'. '부녀자'라는 뜻이 있다.

조선, 그 마지막 10년의 기록

<양반의 의복>

<거시기>

짜 아들의 자리를 절대 대신할 수 없었다.

자손 대대로 가문을 영원히 존속시키기 위해 양반은 아들이 아주 어릴 때 결혼을 시켰는데, 가끔은 아홉이나 열 살밖에 안 되었을 때 하기도 했다. 조혼은 조선이 자랑스레 여기는 유서 깊은 전통인데, 혼례를 올리고 새 가정을 꾸리려면 부모가 마련하기 벅찰 정도로 많은 돈을 써야 하기 때문에 지금은 예전만큼 흔히 행해지지는 못하고, 가끔 청년이 제 밥벌이를 할 수 있을 때까지 결혼을 못하고 남아 있는 경우도 있었다.

양반 인생에서 중요한 문제는 조상님들께 제사를 올리고 모시는 것이었다. 그의 인생은 부모님이 돌아가시면 삼년상을 치르고, 그보다 조금 먼 어른이 돌아가시면 조금 짧은 기간 동안 상을 치르는 것으로 특징지어진다. 계속되는 단식과 제사는 그에 맞는 복장과 금전 지출을 요구했는데, 살아 있는 가족 전체가 먹을 양식을 마련하는 것보다 더 많은 시간과 노력을 들여야 했다. 이러한 예를 제대로 해내지 못하는 사람은 마치 자신의 종교를 저버린 타락한 무슬림과 같은 취급을 받았다.

가끔 사랑방에 초대되어 게임을 해보면 이 양반들의 능력이 어느 정도인지를 엿볼 수 있었다. 장기와 patok[144]이 이들이 자주 즐기는 게임인데, 30분만 서양식 체스 두는 법을 가르쳐주면 처음부터 아주 잘 두는 기사가 되었다. 이들이 가장 잘하는 일이라 하면 느긋하게 게임을 즐기는 것이 아닐까? 재촉하거나 흥분하는 것은 이들을 불편하게 했다.

---

144 바둑

조혼

장기(1890년)

　나는 가히 보드게임의 달인이라 할 만한 엄청난 능력자들을 여럿 보았는
데, 안타깝게도 현실에서의 문제를 푸는 재능은 전혀 없었다. 뭔가를 시도
하다가 실패하면 곧 포기하고는 "이건 불가능한 일이야."라고 말했는데, 이
러한 것을 보면 이들이 천성적으로 얼마나 의지가 약한지, 또 매사에 적극
적이기보다는 수동적 태도를 취하는지를 알 수 있었다. 마치 연체동물이 상
어나 황새치가 보여주는 날렵한 움직임을 절대 따라 할 수 없는 것처럼, 뭔
가 군은 결심을 하고 노력해서 이루어야 하는 일들은 이들이 절대 해낼 수
없는 것이었다. 조선에서 흔히 하는 말 중에서 조선 양반의 특징과 삶을 그
어떤 것보다 더 제대로 나타내는 표현을 하나 선택해야 한다면 아마 Mot
hao[145] 혹은 Hal su upso[146] No help for it or It can't be done가 아닐까?

조선 양반가의 가장 두드러진 특징은 존경할 만한 고결함이었다. 솔직하고 자유롭게 말하는 가운데서도 방종이나 흐트러짐이 없었다. 거의 규칙이 없는 가운데서도, 규율을 철저히 따르는 최고 수준의 서양 가정보다 나았다. 이상하게 들릴지 모르지만 심지어 집안에 첩이 여럿 있더라도 그 가운데 예가 있었고 질서가 있었다.

한번은 아주 올곧고 독실한 유학자인 정 씨와 일본 여행을 떠난 일이 있었다. 정 씨는 예수님이나 그리스도교에 대해 많이 들어 알고 있었는데, 그것이 그의 오랜 신념에 맞는지는 몰라도 상당 부분 인정하고 좋아했으며, 동시에 올곧은 유학자로 남아 있었다.

우리는 조선의 어느 항구에서 배를 타고 일본으로 향했다. 그는 일본이 서양의 문화와 관습을 받아들였다는 것을 들어 알고 있었고, 서구 문물이 자신의 민족에게도 가져다줄 효익이 있는지를 보고 싶어 했다. 그런 그가 일본에 도착해서 처음 본 것은 타락한 여인들이었다.

"구경꾼들이 다 쳐다보는 면전에서 돈을 받고 자신을 팔다니."

그는 이렇게 말했고, 일본에 일 년간 머물고 나자 그는 자신이 본 것이 특별한 상황이 아니라 이 나라 전체에 만연한 습성이라는 것을 알았다.

"여자가 저렇게 타락한 것을 보면 남자도 마찬가지 아니겠소. 저들은 유학도 전혀 모르고, 눈을 보고 있자면 하나님도 전혀 무서워하지 않소. 서양

---

145 못하오
146 할 수 없소

문명은 그들의 타락상을 더욱 타락시키는 방향으로 흐르고 있을 뿐이오."

자신의 고립된 왕국에서는 꿈도 꾸지 못했을 외설과 노출을 보고 공포에 질린 그는 마치 악몽의 한복판에 있는 듯했다. 정 씨는 만취한 미국과 영국 선원 둘을 보고 있었는데, 소위 존경할 만한 계층이라 불리는 이들이 완전히 취해서 쾌락만을 좇고 있었다.

"당신들의 예수님이란, 결국 당신들에게 아주 미약한 영향력밖에는 미치지 못하는 것 같소."

그는 일본에 도착해서 갓과 옷을 벗어두었었지만, 아직 그의 가슴은 그 오랜 신념의 옷과 함께였다. 외국 생활을 하면 할수록, 그는 더더욱 짚으로 지붕을 올리고 흙으로 바람 벽한 자신의 초가를 그리워했다. 아직 겸양과 덕행이 영예가 되는 그곳, 옛 선현들의 가르침을 본받고 실천하며 살고자 노력하는 그곳을 말이다.

그랬기에 그는 우리에게서 떨어져 이제는 명운이 다한 그 문명으로, 이 세상에 마지막 남은 가장 고유한 문명이 남아 있는 그곳으로 다시 돌아갔다. 그의 담담함, 그의 자기 절제, 그의 중용, 그의 친절, 그의 학문적 성취, 그의 기품, 그리고 그의 쓸모없음. 쓸모없음이라기보다는 지금 이 세상을 사는 데 맞지 않다고 하는 것이 더 나은 표현이겠다. 이 모든 것이 합쳐져 양반은 우리 인류의 수수께끼가, 하지만 좋은 마음으로 돌아보게 되는, 강렬한 관심을 끄는 그런 존재가 되었다.

조선의 최근 상황

바야흐로 선교의 세기인 지금, 선교하는 사람들에게 가장 놀랄 만한 경험을 안겨주는 곳을 꼽자면 아마도 이 작은 반도가 아닐까? 불과 십 년 전까지만 해도 이 나라는 외부 세계에 완전히 닫혀 있었다. 심지어 매년 조선으로부터 공물과 사절단을 받아온 중국조차도 1894년 전까지는 다른 이들과 마찬가지로 이 나라 사람들이 어떻게 사는지 거의 알지 못했다.

이렇듯 아주 먼 옛날부터 조선은 완전히 고립되어 있었고, 외세에 의지하지 않고 자기만의 방식으로 역사를 개척해왔다. 마치 산속의 도인처럼 구축해온 이들만의 방식이 심각하게 요동치기 시작한 것은 여러 나라의 조약 체결 요구에 응하게 되면서부터였다.

이 나라가 소중히 지켜왔던 전통을 뒤흔드는 압도적인 힘이 요즘과 같이 몰아닥친 것은 수천 년의 역사상 전무한 일이다. 삼백 년 전 일어났던 왜란으로 인해 조선 사람들은 고유의 삶과 정체성을 지켜나갈 수 없을 정도로 엄청난 짐을 지게 되었다. 이 나라의 오랜 유적이 파괴되었으며 문화유산은 강탈당했다. 하지만 적군은 물러갔고, 나라는 조금씩 소생하며 삶을 이어갈 수 있었다. 그리고 백 년 뒤, 만주족이 다시 서울을 휩쓸었지만 명목상 항복만을 받아내고 떠났기에 조선은 지금까지 자주 국가로 버텨내 왔다. 하지만 개항을 하면서 이 고래의 조선에 종말의 종이 울리고 말았다. 열린 문으로 들어온 이 적군은 퇴각을 모르기 때문에 은자의 나라로서의 조선의 존속은 이제 불가능한 것이다.

현재의 상황은 이들이 여태까지 구축한 삶의 방식뿐 아니라 사회 체계까지도 파멸로 몰아가고 있으며, 기독교가 이들에게 전파되지 않는 한 이 나라의 운명은 미신숭배, 무신론, 그리고 혼돈 속에서 소용돌이칠 것으로 보인다.

조선의 개화는 끔찍한 악몽과도 같은 과정을 거치며 이루어졌다. Tong-haks[147]으로 시작해서 청일전쟁을 거쳐 종국에는 왕후[148]가 시해되었다. 사실 외세에 기댄 성공 방정식에 왕후가 의문을 품은 것은 당연하다 할 수 있었다. 동학이 성장했던 요인에 대해 사람들은 중국과 전쟁을 하고 싶어 하는 외부 세력이 이를 부추겼기 때문이라고 이야기하고 있는데, 독립에 대해서라면 조선은 사실 전혀 생각조차 품지 않고 있었다. 조선이 중국을 바라

---

147 동학
148 명성왕후의 경우 대한제국 개국 후에 '황후'에 봉해졌으나, 당시는 왕후였으므로 이 책에서는 '왕후'로 표기한다.

조선, 그 마지막 10년의 기록

청일전쟁이 휩쓸고 지나간 평양(1894년)

보는 태도는 마치 자녀가 부모를 생각하는 것과 같았기에, 이러한 관계를 끊는다는 것 자체가 아주 이상한 것이었다. 게다가 이 부모는 조선에 거의 간섭도 하지 않고 제멋대로 하도록 내버려두고 있지 않았던가.

사실 조선은 그들이 바라보는 세계의 영광스런 중심인 위대한 중국으로부터 공인받았다는 것을 아주 영광스럽게 느끼고 있던 터였다. 그러므로 '조선에게 독립을!'이라는 구호는 이곳 동방의 책략가들로부터 나온 말[149]로, 조선에 관심을 나타내던 뭣 모르는 서양인들을 따돌리기 위한 방책이었다. 이러한 구호는 여우가 어미 닭이 제 병아리를 품은 걸 보고 저러다가

---

149 이러한 식의 독립 선언은 한반도를 자신의 세력권에 넣기 위한 일본의 의도에 의해 이루어진 것이다. (보다 구체적인 설명은 P.292 참고)

닭이 병아리를 짓눌러 죽이겠다며, 병아리를 구출한답시고 닭장을 습격했다는 이야기를 떠올리게 했다.

전쟁으로 인한 엄청난 부담이 조선의 북쪽 지역에 지워졌다. 평양은 황폐화되었고, 그곳으로부터 수 킬로미터 떨어진 시골까지도 전쟁이 남긴 악취가 진동하는 버려진 땅이 되고 말았다. 결국 청나라 군대는 압록강을 넘어 돌아갔고, 이 나라는 일본의 명령을 받는 정권의 수중으로 떨어졌다.

하지만 이렇게 지배력을 확대하던 일본의 앞길을 끝까지 막아내던 사람이 있었다. 일본은 보낼 수 있는 가장 유능한 공사를 파견했지만, 자신이 외통수에 몰려 당했다는 걸 확인한 순간 그는 싸움을 포기하고 돌아갈 수밖에 없었다. 일본 공사로서는 제 나라의 안녕을 위하여 자신과 자신의 가장 유능한 보좌진을 교묘하게 제압했던 저 가녀린 체구의 조선 왕후의 용기와 날카로움 그리고 여성스러움을 경탄할 수밖에, 달리 어찌할 방법이 없었다.

그리고 대체 누가 이 공명정대한 시대에 이러한 비열한 행위가 행해졌다고 믿을 수 있단 말인가! 문명을 바로 세우겠다는 거짓 명분을 앞세워 별 장식과 금술, 견장으로 치장한 서양식 제복을 입은 사백 명의 남자가 어느 밤 궁궐 담을 넘었다. 이들은 동방에서 가장 우아한 언어[150]를 구사하고 있었으며, 그들의 목표는 의지할 데 없는 한 여인을 죽이는 것이었다. 바로 조선의 왕후를. 나는 사백 명의 장정들 중 남자다운 기상을 가진 사람이 단 한 사람도 없었다는 사실에, 또 명령을 내리는 장교에서부터 맨 뒤 열의 졸병에 이

---

150 일본어를 가리키는 당시 서양식 표현

명성왕후 국장(1897년)

르기까지 사백 명 모두가 입에 담기조차 부끄러운 겁쟁이였다는 사실에 놀라움을 감출 수 없었다. 의문의 여지가 없는 진실은 이러했다.

그들은 저 '용맹스러운' 사무라이 칼로 왕후가 죽을 때까지 난도질한 후에 시신에 석유를 붓고 형체를 알아볼 수 없도록 태워버렸다. 그들은 왕후를 틀림없이 제대로 처리했다고 확신하기 위해 궁녀를 서넛 더 죽인 후에야 행진으로 빠져나왔다. 아! 고결한 사백 군사여![151]

조선 국민들은 경악했고, 왕은 1895년 10월부터 1896년 2월까지 볼모가 된 채 잡혀 있었다. 그러던 왕이 러시아 공사관으로 마침내 탈출했는데, 진실을 알고 있던 문명 세계는 모두 만세를 외쳤다!

1894년은 이 나라 조선에게는 특별히 암울했던 한 해였다. 새해 벽두부터 동학에 관한 루머들이 넘쳐났고, 무시무시한 대학살이 일어날 것이라 했다. 동학 하는 사람들은 신을 섬기는 살인마들이라 했다. 그들은 정신을 조종하는 약을 먹었기 때문에, 바라보는 것만으로도 사람을 죽일 수 있다고 했다. 이들에게는 총알도 아무런 소용이 없다고 사람들은 수군거렸다. 우리는 모두 동학 이야기에 빠져 있었다.

정부는 마치 문둥병이나 중풍 같은 무서운 병마의 습격을 당한 듯했다. 관아는 습격당했고, 임금이 내려준 권력은 동학도의 발아래 짓밟히고 말았다. 상황이 이렇다 보니 조정은 손을 벌려 Ta-guk [152] The Great Empire of China에

---

151 '용맹스러운', '고결한 사백 군사'는 반어법으로, 저자의 문장에 자주 사용되는 은유다.
152 대국

도움을 청했다.

계절이 지날수록 동학의 위세가 커져가고 있는 가운데, 그렇게 대국은 수많은 오합지졸 병사를 이끌고 들어왔다. 지난 육 년간 나와 기쁨과 슬픔을 나눈 벗 이 씨도 고귀한 중국 총통 각하의 지휘 아래 동학 세력을 섬멸하기 위해 출진했었다. 남쪽으로 진격해 내려가던 동안 겪은 일들에 대해 이 씨는 끝내 이야기해주지 않았다. 불명예스럽게 돌아왔다거나 참수형에 처해진 것도 아니었기에 나는 그가 이 극동 지방의 장수 중 가장 성공하지 못한 사람이 아닐까 추측해볼 뿐이다.

이러한 과정에서 중국은 수많은 문제를 일으켰고, 또 이걸 해결한다는 명목으로 일본이 들어왔다. 그리고 결국 둘은 전쟁을 선언했다.

당시에 나는 원산의 동쪽 해변에 집을 짓던 중이었는데, 중국인 약 스무 명을 고용하고 있던 터였다. 이들은 두세 달이면 대국이 일본을 영원한 암흑으로 몰아넣고, 왜군 패잔병들까지도 남김없이 죽일 것이라며 자신만만해했다. 그리고 7월 25일, 왜군은 1,200명의 중국군이 타고 있던 Kowshing[153]호를 침몰시켰는데, 왜군은 이 배를 발견하자 그들이 타고 있던 Naniwa Kan[154]호로 추격했다. 가오슝호는 맞서 대응할 방법이 없었기에 결국 닻을 내리고 멈춰 섰다. 왜군 장교는 배에 올라 중국군에게 포로로서 자신을 따를 것을 명령했는데, 이때 왜 중국군이 일본 장교를 쏘지 않았는지

---

153 가오슝(高陞, 고승)호 – 영국 선적 상선
154 나니와호

체포당하는 전봉준(1894년)

나는 이해가 되지 않는다.

중국군이 일본으로 따라가는 것을 거부함에 따라 영국인 선장은 중국군에게 배를 떠나라고 위협했는데, 이에 중국군도 이런 식으로 나온다면 선장을 쏘겠다고 했다. 그 즉시 나니와호는 갑판을 정리하고 포격을 준비했고, 곧 엄청난 폭발이 뒤따랐다. 그렇게 가오슝호는 싣고 있던 짐과 함께 깊은 바다 밑으로 가라앉았다. 배에 타고 있던 장교와 사병들은 모두 바다에 빠져 살기 위해 버둥거렸는데, 확실한 소식통에 의하면 왜군은 이 불쌍한 사람들에게 기관총을 발포했다고 한다.

이 같은 행위에서 표출된 악의로 가득한 잔인성이 과연 일본의 실체인지 믿을 수가 없었지만, 최근 벌어진 일을 보면 그것이 바로 진짜 일본의 모습이었다! 가오슝호 격침, 뤼순 대학살[155]에 조선 왕후 시해까지!

우리는 일본이 잘되길 빈다. 하지만 자신들의 미개한 야만 행위들로는 결코 영구적인 성공을 가져올 수 없다는 자명한 사실을 깨닫기 위해, 군 장교나 외교관이 되어야만 하는 그런 나라는 아니었으면 좋겠다.

그렇게 물에 빠져 허우적거리던 사람들 중에 왜군은 영국인 장교들을 건져서 나니와호에 태웠고, 선장이 감기에 걸리지 않도록 닦아주고 말려준 후 몸을 덥힐 수 있도록 샴페인을 제공했다. 그러곤 선장에게 삼천 달러를 건넸다고 하는데, 아마 재판 일에 돌려주지 않았을까 생각된다. 쏟아지는 대

---

155 청일전쟁 후반 일본군이 중국 뤼순(여순) 시에서 단 36명을 제외한 모든 시민을 학살한 사건. 이때 학살된 군인과 민간인 사망자는 최대 2만 명으로 추정된다.

포와 물에 빠져 죽어가는 중국군이 만들어냈던 엄청난 물거품. 곧 그 바다는 다시 고요해졌고, 아름다웠다.

나흘 후 일본은 뿔뿔이 흩어진 오합지졸 청군을 소탕하기 위해 서양식 훈련을 받은 자신의 군대를 아산으로 돌렸다. 도망치던 청군은 강원도, 황해도, 평안도를 둘러 평양으로 향했는데, 평양으로 향하는 동안 지나갔던 모든 곳에서 이들은 공포의 대상이었다. 조선의 여인들은 산으로 도망쳤고, 천상의 제국에서 왔다는 이 무뢰한들에게 약탈과 강도를 당한 노인들은 주저앉아 울부짖었다. 확실히 두 나라의 병사들이 평양까지 진군한 모습은 완전히 상반된 것이었는데, 만약 일본이 조선에서 한 번이라도 점수를 딴 적이 있다고 한다면, 그것은 이들이 반도를 가로질러 진군하는 동안 지난 곳마다 돈을 냈고, 현지 주민의 삶과 재산을 침해하지 않았기 때문일 것이다. 청군은 평양으로 뒤죽박죽 몰려들었고, Tso 장군[156]의 휘하에서 지휘를 받았다. 한 조선 사람이 내게 이야기해준 바에 따르면, 이때 부대를 먹이기 위해 매일 이백 마리의 돼지를 잡았다고 한다.

그러는 동안 원산에도 군대가 상륙했다. 팔월의 어느 맑은 일요일 아침, 우리는 기독교인 집회에 모여 있었는데 수평선 위로 여섯 척의 수송선이 나타났다. 이 전함이 대체 어떤 무시무시한 무기를 싣고 오는 것일까? 마을 사람들은 흥분과 기대를 감추지 못하고 사방의 모든 언덕마다 꽉 들어차 있었다. 그리고 하얀 옷을 입은 사람들 외엔 누구도 밟은 적 없던 이곳 언덕에,

---

156 섭지초(葉志超, ? ~1901), 당시 청군 사령관

　　　　　조선, 그 마지막 10년의 기록

푸른 제복에 군장을 메고 총을 든 키 작은 군인들이 북적거린 것은 채 정오도 되기 전이었다.

이 전쟁귀신들 앞에서 내가 데리고 있던 스물세 명의 중국인들은 희망을 잃었다. 늙은 요리사는 죽음의 공포에 완전히 질린 채, 내게 와서 손을 싹싹 빌고 내 아내에게 절하며 울부짖었다.

"살려주세요! 제발 살려주세요!"

아내는 구석 방 침대 뒤켠에 그를 숨겨 구해주었다. 닭다리와 파이를 한 조각 넣어주었는데, 음식이 가져다준 평화로운 느낌에 빠져 이 중국인은 전쟁의 공포조차 잊어버렸다.

온 사방에 일본인이 깔렸다. 나의 벗 이 씨는 밖으로 나가서 왜군과 이야기를 좀 나누었는데, 왜군은 중국뿐 아니라 자신들이 마음만 먹으면 영국하고도 싸울 준비가 다 되어 있다고 털어놨단다.

옛날에 한 현자가 이렇게 말했다.

"대인은 평화를 추구하고, 소인은 우쭐대기 바쁘다. 그리고 여자는 싸우려고만 한다."

일본인들은 계집다움과 소인다움으로 정평이 나 있다. 사실 일본 사람들은 세상에서 가장 작은 소인배 족속이다.

왜군은 이틀 후 300킬로미터 떨어진 서울을 향해 떠났다가 한 달 후 원산이 무방비 상태로 중국군의 수중에 떨어져, 어느 순간이라도 마음만 먹으면 온 도시를 다 살육할 수도 있던 시점에 다시 돌아왔다. 그리고 내 집을 짓고 있던 중국인 일꾼들은 벽돌과 시멘트, 목재들을 사방에 널브러뜨린 채 모두

<원산, 일본인 거주지>

<원산, 중국인 거주지>

달아났다.

　매일같이 전쟁 상황을 들을 수 있었는데, 적군은 바로 우리들 곁에 있었고 죽음도 바로 우리 곁에 있었다. 하루하루 무겁기만 했던 시기였다. 지린(길림)성에서 온 이 야만인들의 손에 걸렸다가는 아녀자건 가족들이건 가차 없었으므로 나는 스스로를 지키기 위해 동원 가능한 무기를 생각해보지 않을 수 없었다. 우리 집 요리사, 보이, 그리고 많은 조선 사람들이 이렇게 이야기했다.

　"나리, 험한 일이 닥치더라도 우리가 나리 곁에 있을게요."

　비록 아무 힘도 없었지만, 도리를 다하는 그 헌신적인 마음이 감사했다.

　얼마 뒤 러시아 배가 와서 선교사 몇이 떠났지만, 내 아내는 남편이 함께 가지 않는다면 자신도 배에 오르지 않겠다고 했다. 공포에 질린 조선 사람들의 희망이 자신들과 함께 남아 있는 이 예수교 스승에게로 향해 있던 상황에서 혼자 떠난다는 것은 불가능한 일이었다. 날이 갈수록 걱정은 커져만 갔고, 중국 정찰병들은 항구에까지 내려와 우리를 염탐했다.

　아주 무더웠던 어느 여름 밤, 우리는 대청마루에 모여 앉아 바깥 동정에 귀를 기울이고 있었다. 저게 군인들이 행진하는 발걸음 소리일까? 아니면 저 바다를 비추는 서치라이트 소리일까? 그날 아침 폭발 소리를 들었었다. 북쪽으로부터 날아온 화염 하나가 항구 중심까지 날아가더니 거기서 폭발했는데, 그 광경을 본 조선 사람들이 겁에 질렸다는 소식을 이미 들은 터였다.

　그렇게 바다 쪽을 바라보며 앉아 있자니, 원산만 쪽으로 희미한 빛 한 줄

기가 비쳤다. 그 빛은 움직이지 않았고, 나는 조선인 어부가 불을 밝힌 것이겠구나 생각했다. 그런데 삼십 분 이상 머물러 있던 빛이 어느새 움직이는 것 같더니 평소 중국군 정박지인 남동쪽을 향하고 있었다. 그것이 아주 빠르게 움직이고 있다는 것을 우리가 알아챈 순간까지 빛은 그렇게 다가왔는데, 그 빛, 그 배는 항구에 들어와 있었다. 중국 군함이 감시를 피해 빠져나간 것일까? 우리는 포격 중간에 놓여 있는 걸까? 아니면 일본 배인가? 항구에서 마을까지 모든 빛은 꺼져 있었고, 온 사람들은 숨을 죽인 채 기다리고 있었다.

그것은 일천 명의 병사를 태운 일본 수송선이었다. 우리는 기뻤다. 나는 그때 우리가 일본인의 손아귀에서 안전함을 느꼈다는 사실을 여기에 기꺼

청일전쟁 - 인천으로 상륙 중인 일본군

이 기록한다. 왜군들은 서양의 군인들보다 술에 취하거나 제멋대로 하는 경향이 적었고, 열에 아홉 번은 개화된 국민처럼 행동했다. 하지만 그것이 열 번째이거나 혹은 시험에 놓이게 되는 상황이라면, 그들은 가면 뒤의 이빨을 드러냈다.

총 만여 명의 병사가 수송선을 타고 속속 도착했고, 평양을 향해 서쪽으로 떠나갔다. 그렇게 며칠 후 도시는 폐허가 되었고, 중국인들의 시체를 따라가면 그들의 퇴각 경로를 알 수 있었다.

일본 의무대는 부상당한 중국군을 서양식으로 치료해주었고, 적십자 사람들도 눈에 띄었다. 그렇게 확실히 자비를 실천하고 있었다. 이러한 활동은 광범위하게 보도되었고, 아주 기술적으로 서양 세계에 전달되었다. 일부

청군을 치료 중인 일본군 의료진

사람들은 왜군이 보여주고 있는 호의의 진위에 대해 의문을 제기하였지만, 일본은 전쟁의 소용돌이 한가운데서도 서양식 의술을 펼칠 숙련된 의사와 간호사를 충분히 보유하고 있었고, 이러한 찬사를 들을 만한 자격이 있었다.

왜군은 보급대 운영이나 보급품 조달처를 안정적으로 관리하는 기술을 보임으로써 서양 세계에 자신들은 매우 뛰어난 족속이라는 것도 보여주었다. 왜군은 교량, 연료, 쌀, 쇠고기에 간장까지 스스로 가지고 다녔다. 어떤 군인도 이들만큼 제대로 군장을 갖추진 못했으리라. 심지어 고급스럽기까지 했다.

나머지 전투는 만주 지역에서 이룬 일련의 승리들이었다. 압록강 초입에서, 뤼순항에서, 후에는 웨이하이웨이 앞에서의 전투까지. 나는 영국인 장교에게 왜군이 어떻게 압록강 전투에서 승리를 거두었는지를 물었다.

"왜군의 전략은 놀라웠어요. 이들보다 물에 더 잘 떠 있을 수 있는 해병은 절대 없어요."

그가 말했다. 정말 놀라운 것은 그 큰 총과 이 작은 사람들의 조합이었다.

약하고 미숙하고 어리석은 것에 관해서라면 전 세계가 중국을 주목해야 할 것이다. 용맹스러운 해군 제독 Ting[157] 장군은 최선을 다해 싸웠지만 베이징에서 효수되는 불명예를 당하지 않기 위해 자살할 수밖에 없었다. 어뢰정을 지휘하던 Choy 선장 또한 사형 리스트에 올라 있었다. 이곳 극동 지방

---

157 띵루창(丁汝昌, 정여창) – 청나라 북양함대의 제독

청일전쟁 당시 압록강 도하 전 의주 관헌과 일본군

에는 정신병원이 없다고 알려져 있다. 하지만 베이징의 정부 조직을 한번 들여다보기만 하면 완벽한 무능아들의 집합소가 바로 거기에 있음을 누구든 인정하지 않을 수 없을 것이다.

조선은 이제 확실히 일본의 손아귀 안으로 들어갔다. 고종은 하는 수 없이 조선의 독립을 천명했다.[158] 고종을 포함해서, 중국을 아주 높이 받들어온 선대 모든 왕들의 그 조선 문명을 들여다보면 사실 왕은 독립할 생각이 전혀 없었음을 알 수 있다. 조선에게 중국이란 '대국' 혹은 'Chun-guk[159]'으

---

158 청일전쟁에서 일본이 승리한 후 시모노세키 조약이 맺어지는데, 조약 1조가 '조선은 자주독립국이며 청나라에 대한 조공, 헌상, 전례 등을 폐지한다'는 것이었다.
159 중국(中國)

로, 위대한 중심이 되는 왕국이었다. 반면 일본은 난쟁이들이 사는 허접한 땅, Wai-guk[160]이었다.

그리고 소위 경장[161]이 뒤따랐다. 넓은 소매를 없애고, 긴 담뱃대를 금지했다. 국민들에게 검은 옷을 입을 것을 명령했다. 조선은 검은 염료가 없었으므로 검은 옷감은 일본에서 들여와야 했다. 이 모든 것은 조선 사람들에게 엄청난 치욕이었고, 일본 사람들을 그 어느 때보다도 증오하게 만들었다. 이러한 일련의 상황들은 손에 쥔 것도 제대로 취하지 못하는 일본의 미숙함을 다시 한 번 드러내는 것이었다. 이렇게 엎치락뒤치락하는 상황이 1895년 3월부터 1896년 10월까지 계속되었다.

왕보다도 더 강한 기질을 가지고 있다고 모든 사람이 인정하는 왕후는 일련의 거짓 경장을 강력하게 반대했고, 자신의 나라가 일본의 손아귀에 떨어지는 것에 결연히 저항했다. 몇 년 전 왕이 사형을 언도하여 관직을 박탈했던 자들을 압력을 행사하여 다시 정부에 복귀시킨 사건은 약한 이웃 나라에 대한 일본의 진짜 속내가 무엇인지 드러내는 것이었다.[162] 일본은 Soh Kwang Pom[163] 및 일당들을 사면하라고 왕에게 강요했다. 왕이 증오하고 두려워했던 자들을 다시 관료로서 왕의 면전에 서게 하는 이 말도 안 되는 모순은, 오직 모순적인 동양적 사고방식 위에서만 설명될 수 있을 것이다. 비

---

160 왜국
161 해이해진 정치, 경제, 사회, 군사적 제도를 새롭게 개혁하는 것. ('갑오경장'을 가리킴.)
162 갑신정변을 일으켜 왕을 협박하고 자신들의 정부를 수립하려다 실패한 후 사형을 피해 일본으로 도망간 역적들을 일본이 조선 조정의 핵심 관료로 복귀시켜 왕에게 치욕을 안기고 꼭두각시로 만든 것을 가리킴.
163 서광범 – 갑신정변의 주역

록 추방된 자들이 해외에 나가서 보고 배울 수 있었던 유능한 사람들이라 할지라도, 이들의 손으로 경장을 실시하도록 했다는 것은 잔인하다고까지 하지 않더라도 일본이 조선을 지배하는 가장 졸렬한 방식이었다. 경장에 대한 조선인들의 시선은 완전히 빗나가 있었다.

유관순 열사가 입었던 한복으로 우리에게 친숙한 당시 검은 치마의 이면엔, 검은 염료와 옷감의 수출, 그리고 백의민족인 우리에게 치욕을 주려는 일본의 의도가 숨어 있었다.

1895년 10월 8일, 궁궐 쪽에서 들려온 총성에 나는 이른 아침잠에서 깨고 말았다. 무슨 일이 일어났나 가보았더니, 많은 조선 사람들이 머리채가 헝클어진 채 우왕좌왕 열린 옆문으로 궁을 빠져나가고 있었다. 왜군 2개 중대가 궁궐 안에서 빠져나오는 것도 보았다. 30분 전, 바로 우리가 서 있는 이곳에서 Hong[164] 장군이 총에 맞았다고 했다. 우리는 대체 이 쿠데타가 무엇을 의미하는지 알 수 없었다. 분명 왜군이 궁궐을 완전히 장악하고 있었다. 그리고 그날 늦

---

164 홍계훈 – 임오군란, 동학혁명 진압에 참가하였으며, 임오군란 당시 명성왕후를 자신의 동생으로 속여 피신시킨 공을 세웠다. 을미사변 때 일본군을 막다가 죽었다.

왼쪽부터 박영효, 서광범, 서재필, 김옥균(1883년)

게 왕후가 시해되었다는 소문이 돌기 시작했다. 조지 허버 존스[165] 씨와 나는 다이[166] 장군, 르 장드르[167] 장군과 함께 이 참혹한 미스터리를 분석하고 설명할 수 있도록 왕의 처소 근처에 대기해 달라는 요청을 받았다.

전하의 권위가 떨어지고 곤경에 처하신 것을 지켜보자니 안타까움을 금할 수가 없었다. 전하는 중전마마를 생각하며 울고 계셨다. 일본인이 중전을 죽였다고 왕께서 말씀하셨다. 이렇게 도움이 필요한 때에 전하를 도울 사람이 아무도 없단 말인가! 전하께서는 왕후의 복수를 하는 자에게는 자신의 머리칼이라도 잘라 신을 삼아주겠다 했다.[168]

하지만 궁궐은 사방이 막혀 있었다. 왜군은 궐문을 지키고 있었고, 조선인 반역자들은 왕을 포로로 잡고 있었다. 강대한 힘을 가진 국가가 일본에 선전포고를 하지 않는 이상, 아무 것도 그를 구할 수 없었다. 러시아, 영국, 미국만이 매일같이 이 사태를 비난하고 최대한의 유감을 표명할 뿐이었다. 전하의 아버지와 형도 반역자임이 분명했다.

시해범들은 체포되어 일본으로 호송되었다. 재판에 부쳐진 시해범들이 무죄로 석방되자, 그의 철천지원수는 바로 wai-in[169] 혹은 왜군이라는 것을 왕은 다시 한 번 절절히 느꼈다. 비록 일본 정부는 자신들은 을미사변과 전

---

165 George Herber Jones – 미 감리교 목사. 선교사로 1888년 입국하였다.

166 William McEntyre Dye – 퇴역 미 육군 소장. 조선 정부가 초빙하여 조선 최초의 서양식 사관학교 교장을 지냈고, 조선군을 서양식으로 훈련시키는 책임을 맡고 있었다. 을미사변 당시 시위대(왕실호위부대) 교관으로 일본군에 저항하였으나 격퇴당하고 도망쳤다. 1888년에 입국하였다.

167 Charles William Le Gendre – 퇴역 미 육군 준장. 조선의 내무협판 겸 고문. 1890년 입국.

168 두발곤구(頭髮絪屨) – 자신의 온 정성을 다하여 은혜를 꼭 갚겠다는 사자성어

169 왜인

혀 관계가 없다고 부인했지만, 이 살인자들이 저지른 일을 이용해 이익을 취하는 데 전혀 거리낌이 없었다. 이러한 행위는 조선 사람들뿐 아니라 다른 나라 사람들의 마음에도 안 좋은 인상을 심어주었는데, 일본 정부가 진실하다는 것은 산신이나 귀신조차도 도저히 받아들일 수 없는 그런 것이었다.

그러는 동안 왕실 사람들과 세자는 연금당한 채 암울한 하루하루를 보낼 수밖에 없었다. 탈출할 수 있는 희망은 보이지 않았다. 궐문으로 하루 몇 대의 여성용 가마가 출입하긴 했지만, 왕실 사람들은 절대 나올 수 없었다.

그리고 이 시기에 미국 선교사들이 연루된 한 모의가 실패하고 말았다.[170] 이들은 왕후의 죽음과 왕이 현재 처한 상황에 대하여 자신들의 의견을 내세웠다는 이유로 비난받았다. 그들이 정치적 문제를 간섭했다는 것이었다. 하지만 그것은 정치적 행동이 아니라 그 상황을 보면 누구나 느끼게 되는 동정의 발로였다. 그렇게 자신이 증오하는 사람들의 볼모가 되어, 왕은 불길하게 1896년을 맞았다.

물밑에선 은밀한 계획이 진행되고 있었는데, 충직한 신하 한둘이 왕을 구출하기로 결심한 것이었다. Mr. Yi Pom Chin[171]. 본관이 전주로, 왕실 종친

---

170 '춘생문 사건'을 의미하는 것으로, 1895년(고종 32) 발생한 을미사변에 대한 대응으로 11월 28일에 명성왕후 계(系妃系) 친미·친러파의 관리와 군인에 의해 기도되었던 사건. 일제 및 친일 내각에 의해 궁에 감금된 고종을 탈출시켜 친미 정권을 타도하고 새 정권을 수립하려 했던 사건이다. 친일 내각에 반대하는 많은 신하들과 미국 선교사, 미국 공사, 러시아 공사 등이 연루되었다. 밀고로 인한 실패 후 신하들은 대부분 역모죄로 처형되었다.

171 이범진 - 조선 말 충신. 춘생문 사건의 주역이며, 스러져 가는 조국을 일으켜 세우기 위하여 혼신의 노력을 다하였다. 1910년 일제에 의해 국권을 잃자 러시아에서 권총 자결. 유산은 모두 조국의 독립을 위하여 후원함. 아들 이위종 열사(헤이그 밀사). 동생 이범윤(조선 말 충신, 독립운동가). 세종대왕의 다섯째 아들 광평대군의 17대손.

을미사변 시해범 – 일본 낭인들

인 그가 일을 꾸미고 있었다. 그는 과거에도 왕이 어려움에 처해 있을 때면 곁을 지켰는데, 1884년 갑신정변 때도 대왕대비 조씨[172]와 중전 민씨, 그리고 세자를 자신의 시골집으로 피신시킨 후 왕이 상황을 회복할 때까지 보호했다. 그의 부친은 수년 전 강화도에서 일어난 미국과의 전쟁을 지휘했으며[173], 그 자신도 왼팔에 총상을 입은 흉터가 있었다.

지난날 충성을 다하다가 부러졌던 발목의 고통에 아직도 신음하고 있는 그는 빽빽이 쓴 서신을 비밀리에 nai-in[174], 즉 궁녀를 통해 왕에게 전달했다. 궁녀들이 궐 밖 출입을 할 때면 경비병들의 수색을 받아야 했는데, 매섭게 추운 2월, 이 씨는 추위에 지친 경비병들을 여러 날에 걸쳐 진수성찬으로 융숭하게 대접했다. 경비병들은 자주 이렇게 대접을 받았는데, 그것이 무엇을 의미하는지 전혀 눈치채지 못했다.

그리고 2월 11일, 왕은 그의 작은 몸을 여성용 가마 뒤편에 실었고, 그 앞에는 나인 Pak[175] 씨가 앉아 있었다. 세자 또한 이런 식으로 가마를 탔고, 이들은 천천히 궐문을 향해 나아갔다. 경비병들은 매서운 그날 아침에도 대접을 받았고, 모든 이들에게 느긋하고 친절하게 대하고 있었다. 경비병들이 가마 안쪽을 대충 흘긋 살펴보자 박 씨가 말했다.

---

172 신정왕후 – 효명세자의 부인, 헌종의 어머니
173 이경하(이범진의 부친) – 백과사전 등에는 미국과의 전투인 '신미양요'가 아닌 프랑스와의 전투 '병인양요'에 출전한 것으로 되어 있는 바, 아마 저자가 이야기를 듣는 과정에서 착오가 있던 것으로 보인다. 당시 조선 사람들은 미국 사람, 프랑스 사람에 대한 구분이 없이 서양 사람을 모두 양귀자라고 불렀다는 것이 본문에도 나와 있다.
174 나인(무수리)
175 박 씨 혹은 백 씨

이범진

이범진과 이위종(1910년)

나인(궁녀)

"가림막을 내려주세요. 이 추운 아침에 굳이 왜 그걸 들어 올리나요?"

"통과."

두 번째 가마도 이런 식으로 뒤따랐다. 왕과 세자가 이렇게 도시의 외국 지역으로 이동[176]하였고, 한 시간 뒤 전 세계는 아래와 같은 전보를 접하게 된다.

"조선 왕이 궁궐에서 탈출하여 러시아 공사관에 머무르고 있다."

이 탈출을 기획하고 실행한 이범진 씨는 수상이 되었고, 땀과 눈물을 바

---

176 고종이 러시아 공사관으로 피신한 '아관파천'을 설명하고 있다. 외국 공사관은 국제법상 자국의 영토가 아닌 해당 국가의 영토로 취급한다.

친 일본의 노력은 연기 속으로 사라지고 말았다.

전쟁은 태풍처럼 조선 북부를 휩쓸고 지나갔다. 인구는 줄어들었고, 조상을 모시는 사당이나 신주들도 파괴되었다. 유교에서 한 사람 한 사람은 조상이라는 한 뿌리에 연결되어 있는 존재로 간주되었으므로, 어떤 사람을 사당이나 신주로부터 떼어내는 것은 그 사람을 그의 조상신으로부터 떼어내는 것을 의미했다. 사당이나 신주가 많이 파괴된 상태였으므로 전쟁 후에 다시 돌아온 사람들 중 상당수는 신주나 사당을 잃은 상태였다.

그리고 명성이 아깝지 않은 선교사 모펫 씨[177]가 그 현장에 있었다. 그는 조선말을 할 줄 알았고, 사람들에게 구원자 예수를 만나게 하고 말겠다는 불타오르는 열정이 있었다. 그 결과 많은 사람들이 복음을 접하였고, 그 땅 곳곳에 대부흥운동이 퍼져 나갔다. 그로써 조선 북방의 많은 지역에서 우상이 완전히 사라져가는 듯했다.

현실 세계가 큰 변화를 겪고 있는 때가 사람들에게 복음을 전파할 수 있는 특별한 기회라고 확신한다. 조선에 와본 사람이라면 누구든 조선 사람들의 일상복은 흰 무명옷이라는 것을 잘 알고 있다. 조선반도처럼 온도 변화가 극심한 땅에서 그 옷은 너무나 터무니없고 실용성이 떨어진다. 하지만 그 옷의 주름 하나하나에 조상으로부터 내려온 얼이 스며 있으며, 사람들

---

177 Samuel Austin Moffet – 미 장로교 선교사. 1890년 입국. 평양을 중심으로 선교 활동을 펼쳤으며, 장로회신학대학교, 총신대학교, 숭의여자전문대학의 설립자이다. 숭실대학교의 3대 학장이기도 하다.

길쌈하는 모습

은 이 옷이 세상에서 가장 기품 있고 알맞은 옷이라고 생각해왔다. 그러니까 무명은 조선에서 항상 수요가 있었고 도구들은 집에 있었으므로, 길쌈은 많은 사람들에게 일거리를 주는 조선에서 가장 중요한 직업이었다. 그런데 개항과 함께 값싼 외국 천이 들어오게 되었다. 북쪽이나 남쪽의 소비자들은 이러한 싼 가격에 반해버려서, 서양 천으로 만든 옷을 입는다는 것 정도는 참아냈으므로 그렇게 조선의 길쌈 산업은 무너져갔다.

금속 산업 역시 위축되었다. 파이프를 제조하기 위해 상당량의 철이 일본으로부터 수입되었다. 집집마다 숟가락이 있듯 철은 이곳에서도 아주 흔한

조선, 그 마지막 10년의 기록

것이었다. 등불용 기름을 생산하기 위해 재배하는 아주까리 농사도 사라졌다. 대신 필라델피아에서 들여온 싼 석유가 조선의 등불을 밝히고 있다. 빈 석유통의 사용으로 인해 물동이는 사라졌고, 옹기장사는 자취를 감추었다. 싸고 품질 좋은 일본산 염료가 소개되자 큰 인기를 끌었다. 도끼, 칼, 못 등 실제로 모든 종류의 철물이 수입되었고, 조선 사람들이 만들어 낼 수 없는 싼 가격에 팔려 나갔다.

옹기장수

반도 사방으로 연결된 통신선은 외국인들로부터는 환영받았으나, 서울과의 교신이 활발해짐에 따라 중개상인이나 보부상의 수익을 앗아가게 되어 이들로부터 큰 원성을 샀다. 돈은 점점 가치를 잃어갔다. 개항 후 쌀값은 현금 가치로 다섯 배나 올랐고, 대부분의 생필품 가격도 같은 기간 네 배나 뛰었다.

상황이 이렇게 되자 조선 사람들은 어떻게든 돈을 마련하기 위해 모아둔 콩과 생선을 가을에 팔아야만 했다. 이것은 앞으로 닥쳐올 긴 겨울 동안 자신과 그 가족이 버틸 기반을 없애버리는 위험한 것이었다.

조선 사람들이 생계를 꾸려갈 방법들이 이렇게 파괴되는 동안, 이들을 입

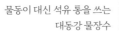

물동이 대신 석유 통을 쓰는
대동강 물장수

히고 먹일 수 있는 어떠한 새로운 직업도 생겨나지 않은 것으로 보인다. 빈 자리를 채울 수 있는 어떤 것도 없었고, 이 땅은 아무 할 일 없는 사람들과 외국 상품으로 불안한 생계를 겨우 이어가고 있는 영세 상인으로 가득 차게 되었다.

조선을 뒤덮은 가난은 끔찍했다. 사람들의 생활 방식이나 행동으로 보건 대 이들은 상상할 수 있는 최악의 상황까지 이른 것이 분명했다. 그래서 우 리는 이들의 삶을 개선시키는 데 꼭 필요한 경제적 변화를 모색했다.

이 나라에 자원이 풍부하다는 것은 의심의 여지가 없었지만, 그것들은 가 공되지 않은 상태였기에 조선 사람들은 현재의 상황을 개선할 여력이 없었 다. 중국이 서양식 생활에 동화되지 않고 자신의 문화를 지켜내고 있는 것 은 그들의 산업이 탄탄하게 버텨주고 있었기 때문임을 우리는 잘 알고 있 다. 그러므로 조선의 절망적인 경제 상황을 보면 앞으로 이 나라가 얼마나 더 다른 나라 문물로 잠식될지도 알 수 있었다. 보통의 조선 사람들은 세계 의 여느 사람들과 비슷한 정도의 자존심이 있었지만, 요즘은 현재의 비극만 벗어날 수 있다면 어떤 것이든 받아들이려 했고, 어떤 변화라도 감내했다.

지난 십 년 사이에 외국의 사절들을 영접하고 응대하기 위한 정부 조직 이 만들어졌다. 이것은 양민 계층에게 더 많은 세금을 거두어야 하는 일이 생겼다는 말이다. 이렇게 부르는 게 정당한지 부당한지는 몰라도 '나라의 병폐'라고 일컬어지는 서울의 지체 높으신 양반들은 이미 이런 외국 바람에 깊이 빠져 돈을 흥청망청 써대고 있었고, 세금을 내는 상민들은 입 쓴 비판 을 쏟아냈다. 증기선부터 시작해서 전등, 기관총, 손목시계, 벽시계, 사랑방

용 장식품까지, 서방 세계의 가능한 모든 물품들을 사 모으는 것은 특히 젊은 관료들 사이에서 이제 너무나 당연한 것이 되어버렸다. 이러한 것이 별것 아닌 일처럼 비칠 수도 있다. 하지만 이것은 가난에 허덕이는 사람들을 너무나 무겁게 짓누르는 이야기였다.

불과 십이 년 전까지만 해도, 심지어 사악하기 그지없는 고관대작들마저도 나라의 돈을 마구 낭비할 수 있게 만드는 그 어떤 새로운 것도 이 하늘 아래에 존재하지 않았다. 이제 외부 세계로의 문은 열렸고, 대체 어디까지 사 모을 수 있는가에 대한 한계를 아무도 알 수 없다. 나라의 제조, 유통산업의 몰락과 더불어 발생한 최근의 이러한 사치 행각들은 조선 사람들을 역사에 길이 남을 절망적인 지점까지 몰아넣고 있었다.

조선에는 종교 자체가 없다고 몇몇 경솔한 관찰자들은 이야기해왔다. 이러한 발언들은 미국 신문에 굉장히 자주 실리곤 했는데, 이러한 오해를 좀 해소할 필요가 있는 것 같다. 아마도 이것은 조선 사람들의 생활과 구분되는 종교라고 볼 만한 것이 없기 때문일 텐데, 이들은 왕부터 천민까지 생활 속에서 행하는 모든 것이 조상 숭배라고 하는 난해한 체계 그 자체와 결합되어 있었다. 그렇기 때문에 외부 사람은 이들의 행동 하나하나에 엄청난 영향을 끼치고 있는 이것을 놓쳐버렸던 것이다.

설날이 되면 모든 가정마다 차례 음식을 펼쳐 놓은 것을 볼 수 있다. 심지어 가장 가난한 사람들까지도 조상님 영전에 이런 음식들을 최대한 사치스

---

178 실제로는 밤나무를 쓴다.

럽게 차렸다. 과일, 밥, 고기, 소주, 향, 초 등은 제사를 위해 준비하는 몇 가지 품목들이다. 사람들은 기름 때 묻은 옷을 벗고, 얼룩 한 점 없는 깨끗한 옷으로 갈아입고 밤새 앉아 있다가 첫 닭이 울면 조상님 신주 앞 초에 불을 밝혔다. 이 신주는 호두나무[178] 조각 두 개가 서로 묶여 있는 것인데, 이것을 열면 조상님의 영혼이 계신 곳이 열리게 된다. 제사 지내는 사람들은 절을 하고 술을 올리며 영령께 제물을 받아주실 것을 요청 드리는데, 이렇게 차례대로 모두가 절을 올리고 나면 이제 영령들께서 산 사람의 방해를 받지 않고 제사상을 받으시도록 문을 잠그고 모두 방에서 나갔다. 그 후 다시 한 번 모두 모여 반복해서 절을 올리고 제사를 마치면, 이제 조상님들이 남겨 두신 음식을 즐겁게 먹는 것이 시작되었다. 이 식사는 원래 농사의 풍요를 빌며 먹는 것인데, 사람들은 배 속으로 사정없이 집어넣기 바빴고, 가난한 사람들은 며칠 동안 더 먹기 위해 주머니에 챙겨 넣느라 정신이 없었다.

세종대왕과 소헌왕후의 신주

설날은 차례를 지내는 날이지만 이때만 제사를 지내는 것은 아니다. 자식은 부모님이 돌아가신 후 삼 년간 아침저녁으로 음식, 고기, 담배를 부모님 계시던 방 신주 앞에 올리고, 무덤에 많은 제물을 바쳤다. 위로는 궁궐에서부터 가장 초라한 움막에 사는 사람에게까지 삼 년 동안의 상례와 매일 올리는 제사상은 가장 엄격하게 지켜졌다. 삼년상 기간 동안 왕실의 모든 것은 돌아가신 분의 영령을 위해서 봉사되며, 왕조의 안녕이 이러한 제사에 달려 있다고 믿었다. 가난한 사람들의 경우에는 직접 묘를 지키고 큰 소리로 곡을 하면서 음식을 가져다가 부모님 영전에 펼쳐 두었다.

삼년상을 치르고 나면 조선 사람들은 제사를 일 년에 약 여섯 번 중요한 날에만 지내게 되는데, 네 번의 국가적 명절[179]과 돌아가신 분의 생신과 기일이 그것이다. 어떤 사람이 만약 고향을 떠나 있는 상황이라면 그는 제삿날 조상 묘소에 가기 위해 반도의 가장 먼 끝에서부터라도 기꺼이 걸어올 것이다. 종교 의례에서 이토록 독실한 경우를 나는 다른 어느 곳에서도 본 적이 없는데, 가장 철저한 가톨릭교도는 물론이거니와 이슬람, 힌두교에 관한 어떤 서적에서도 나는 이 정도 수준을 넘어서는 독실함을 보지 못했다.

이러한 희생적 행위가 얼마나 보편적인가 하면 몇몇의 불자나 그 수가 미미한 기독교인을 제외하고는 누구도 이렇게 하지 못했다는 이야기를 들어본 적이 없다. 이것을 무시한다는 것은 조상이 대대로 살아온 고향 땅에서 완전히 매장당하는 일이었다.

---

179 설날, 한식, 단오, 추석의 사절 차례를 언급하는 것으로 추정됨.

"살아서는 안 될 개새끼."

전통에 따라 김 씨가 집안 어른께 인사를 드리러 갔을 때 그는 이 말을 들었었다. 첫 마디는 이랬다.

"너 지난 제사에 참석을 안 했어!"

"네, 저는 더 이상 제사를 지낼 수 없습니다." 김 씨가 대답하자,

"그래? 이제 넌 모르는 사람이다. 내 피붙이도 아니야. 이런 개하고 붙어나서 제 아비도 몰라라 하는 몹쓸 놈이 있다니."

바로 이것이 이 신성한 문화를 저버렸을 때 겪어야 할 대가였다.

가족 중 어떤 분이 돌아가시게 되면 초상을 치를 때까지의 기간 동안 제대로 된 장지를 찾는 것에 전념하게 되는데, 장지를 선택할 때에는 많은 점을 고려해야 했다. 제대로 된 결정을 내리기 위해 참으로 복잡하고 다양한 방법이 동원되는데, 이 때문에 많은 사람들이 풍수지리를 공부하고 이것으로 생계를 꾸려나간다. 무덤은 가능하면 산 정면, 양쪽으로 팔과 같이 뻗어나가는 능선이 있는 곳에 마련했다. 이때 한쪽 능선은 용, 다른 쪽은 호랑이가 된다.[180]

능 정면으로도 바로 산이 있어야 하는데, 이를 An-san[181]이라 부른다. 안산은 망자의 가족을 지지해주는 의미를 지니며, 안산이 없다면 능이 내려주는 복이 골짜기 사이로 빠져나가 사라져버린다고 믿었다. 또 그곳에는 물길

---

180 좌청룡 우백호
181 안산

이 빠져나가는 출구가 있어야 한다. 이것이 대략적인 장지의 모양이다. 그리고 안산의 사방을 감싸는 네 개의 중요한 산봉우리가 위치한다. 하나는 가족의 장수를 의미하고, 다른 하나는 자손의 번창, 다른 것은 높은 지위, 또 다른 것은 부를 의미했다. 풍수 선생의 전문 지식에 의하면 왼편 혹은 오른편에 위치한 모든 산봉우리는 각각 특별한 의미가 있었다.

이렇게 묘를 쓰고 나면 자손은 조상의 묘를 누가 침입하거나 건드리지 않는지 감시하는데, 이것은 이들에게 매우 중요한 예를 행하는 것이었다. 만약 조선 사람에게 살아 있는 사람을 위해서 먹이고 입히는 데 돈을 쓸 것인가, 혹은 망자를 위한 묘를 관리하는 데 돈을 쓸 것인가 하는 문제가 생긴다면 누구든 단숨에 후자를 선택할 것이다. 또한 어떤 집안에 계속 흉사가 잇따른다면, 그들은 조상님의 혼백을 달래기 위해 유골을 발굴하여 다른 곳에 묘를 다시 썼다.

특정 장소에는 특정 귀신이 있다는 생각이 발단이 되어 모든 언덕, 바위 그리고 나무에 귀신이 있다는 믿음으로 발전했다. 또한 집에서 삼년상을 치르고 있는 기간에는 수호 영령이 바로 곁에 있다고 믿기 때문에 음식과 기도를 올리고 벽에는 축문을 붙여두었다. 조선에서는 독사나 구렁이가 주로 지붕 기왓장 아래 집을 만들기 때문에, 지붕에 뱀이 똬리를 틀고 있는 것을 흔히 볼 수 있었다. 이 뱀[182]에 집안의 수호귀신이 깃들어 있다고 믿는 조선

---

182 우리 조상들은 뱀을 용이 되기 전 상태로 보아 오히려 숭배하였는데, 현재 뱀을 두려워하거나 혐오하는 것은 기독교 신앙에서 파생된 서양식 사고방식의 결과라 할 수 있다.

사람들에게, 이 뱀에게 기도를 하고 음식을 올리는 것은 가장 흔한 기복 행위 중 하나였다. 여기에 다른 귀신에게 비는 것이 더해지는데, 예를 들면 수호 용왕님이다. 이들은 용왕님이 살고 계신다고 하는 우물에 음식을 떨어뜨리고 기도를 올렸다. 이러한 수호 귀신에는 족제비, 돼지를 비롯하여 온갖 더러운 짐승들까지 포함되는데, 일 년 중 수많은 날들을 이러한 것들에게 기도를 올리다 보니 연중 종교의식이 끝없이 이어졌다.

조선에 관심이 좀 있는 사람들은 이곳에 두 가지 종교가 존재한다고 생각해왔다. 하나는 문화적으로 발달한 고등 종교라 할 수 있는 조상 숭배이고, 다른 하나는 가장 낮은 수준이라 할 수 있는, 도처에 산재한 미신 숭배다. 하지만 조선 사람들 스스로는 이러한 구분을 전혀 하지 않았다. 그들은 이 모두를 귀신을 섬기는 것이라 말하는데, 중국인이나 조선인이 말하는 귀신은 'demon'이라고 번역할 수 있다. 조선 사람들 스스로 자신들이 섬기는 것은 모두 한 뿌리라고 말하는 바, 이것은 아래 〈고린도전서〉 10장 20절 말씀과 정확히 일치한다.

'무릇 이방인이 제사하는 것은 귀신에게 하는 것이요, 하나님께 제사하는 것이 아니다.'

이 땅 전역에는, 특히 부모님이 돌아가신 후 효를 다한 이를 기리기 위해 세워진 작은 사당들이 산재해 있다. 현재 내가 사는 집 근처에도 약 115년 전에 세워진 비석이 있는데, 그 내용은 이러했다.

김익빈, 그 아비를 열 살에 여읜 효자. 그 상을 치르는 모습은 바로 참

된 인간의 그것이라. 제 살은 모두 사라지고 그 뼈만 남았더라. 나이 열일 곱 되던 해, 제삿날이 다가왔는데 여름 장마로 인해 생선을 구할 수가 없 더라. 바닷가에 나가 고통에 통곡을 하며 기도를 드릴제, 자! 물에서 고 기 한 마리가 그 발치에 떠밀려 왔도다. 그 효를 다시 볼 수 있는 일이 있 었으니, 산불이 번져 불길이 그 아비의 무덤을 덮고 영령을 다 태우게 생 겼더라. 죽음을 무릅쓰고 달려가 천지신명께 제 아비의 안식처를 지켜줄 것을 기도 드리니, 장맛비가 홍수가 되어 내려와 불을 모두 껐도다. 이런 효자가 또 있을쏜가!

학교에서 아이들을 가르칠 때 쓰는 모든 책에는 임금님께, 부모님께, 형 님이나 어른들께 그 효를 다할 것만을 가르쳤다. 조선에서 가장 초급 과정 의 책을 뗀 사람이면 누구나 알고 있는 '오륜'에 관한 이야기를, 나는 여기에 번역하여 소개한다.

한나라 때, Chong song[183] 지방 사람인 Tong yong[184]이 살았다. 그 부친 이 돌아가시고 장사를 제대로 치를 만한 돈이 없었기에, 동영은 돈 만 냥 을 빌리고 자신을 종으로 팔았다. 그렇게 상을 치르고 돌아와 남의 집 종 으로 가는 길에 갑자기 선녀 같은 여자가 나타나 자신을 아내로 삼아달

---

183 중국 산동성 천승
184 동영 – 중국 한나라 때의 효자. 『효행록』, 『오륜행실도』 등 다양한 책에 그의 이야기가 전한다.

라는 것이 아닌가. 동영은 놀라서 대답했다. '나는 너무 가난하여 지금 종으로 팔려가는 길이오. 그대는 어찌하여 내 아내가 되려 하오?' 여자가 대답하길, '나는 단지 당신의 아내가 되고 싶습니다. 그것이면 족합니다. 당신의 가난과 어려운 상황은 저에게 아무런 흥이 되지 않습니다.' 그렇게 떠밀리듯 동영은 그녀를 아내로 삼았는데, 동영에게 돈을 꿔 준 주인은 아내에게도 혹시 써먹을 수 있는 재주가 있는지를 물었다. '저는 길쌈을 할 수 있습니다.' 그녀가 대답하자, '비단 삼백 필을 짜 오너라. 그러면 내 너희 둘에게 자유를 주겠노라.' 주인이 말했다. 삼백 필의 비단을 짠다는 것은 평생을 걸려도 할 수 없는 일이었다. 그런데 한 달도 안 되어 비단 삼백 필이 완성되었고, 주인은 겁에 질려 그들을 풀어주었다. 이렇게 자유를 얻은 부부는 서로가 처음 만났던 장소를 다시 지나게 되었는데, 이때 아내가 동영에게 이렇게 말했다. '저는 이제 떠나야만 합니다. 저는 저 하늘의 직녀성에서 내려온 여자입니다. 옥황상제께서 당신의 지극한 효심을 보시고 감복하시어, 당신 빚을 갚게 하기 위해 저를 보냈사옵니다.' 그리고 그녀는 하늘로 올라갔다.

이것은 공자의 가르침을 좀 덧붙여 각색한 것이다. 이 모든 것의 목적은 효를 다 하면 은혜를 입어 이승에서의 번영이 있을 것임을 가르치는 것이다. 아직도 조선 사람들은 이러한 것을 숭상하긴 하지만, 이러한 사상 체계가 실패했다는 것이 요즘처럼 완벽하게 증명된 적은 없었다. 제사를 올리고 예를 그렇게 다했음에도 불구하고 조선 사람들의 조상은 자손들을 결국 이런 상황에 처하게 했다. 영적인 삶과 이승의 번영이 고갈된 이 땅이, 이제는 무의식중에 자신의 손을 내밀어 도움을 청하고 있다. 이들의 소리 없는 외침이 우리 마음속 가장 따뜻한 연민을 일깨우기를!

현재 미국 공사로 계신 이범진 대감께서는 1898년 3월 3일, 조국의 안녕을 위하여 당신께서 생각하고 계신 열 가지 개혁안을 내게 말씀하셨는데, 나는 그것을 대감의 이름과 함께 여기에 밝히고자 한다.

1. 지금까지도 무지와 미신에 사로잡힌 채 살아가는 다수 민중에 대한 교육.

2. 제조업에 대한 장려. 사람들에게 제 조상이 알지 못하는 새로운 무엇인가를 만드는 것은 금기시되어 왔음. 서양 제조업체들이 이러한 선입견을 타파할 것임.

3. 군대 양성. 조선이 당장 외부 세계 군사력에 대응할 만한 군사력을 갖추지는 못하더라도, 치안을 보전할 수 있는 정도의 군사력은 갖추어야 함.

4. 명예직 벼슬 제도 타파. 실제로 업무는 보지 않으나 급여는 받아가는 관직이 나라를 가득 채우고 있음. 네 번째 개혁해야 할 것은 이것을 혁파하는 것!

5. 현재 양반 제도의 혁파. 실제 벼슬을 하고 있는 사람만을 양반으로 하고, 그 자손은 당연히 상민으로 등록.

6. 관직에 준하는 권한의 부여. 현재의 벼슬아치는 이름뿐인 벼슬아치다. 그들이 실제 맡아 해야 할 일들이 모두 그들 상관의 처분에 따라 처리되기 때문에 사실상 그 관직을 무력화하고 있다.

7. 조선에 대한 서양 학문 교육. 특별히 승인된 국가들에 의한다. 즉, 육군 제도는 독일, 해군과 금융 제도는 영국, 증기와 전기는 미국, 기병 훈련은 러시아, 경찰 제도는 일본, 비단 제조업은 중국.

8. 영국과 독일 법에 기초한 정부 조직 개편.

9. 일상복으로서의 흰옷 착용 금지.

10. 한자 서식의 폐지 및 국가 서식으로써 Unmun[185] 사용 체제 확립.

---

185 언문 – 한글을 가리킴

영은문 P.253

영은문은 조선시대 서울에 들어오는 중국 사신을 맞이하던 곳으로, 새 임금이 즉위하여 중국 사신이 조칙을 가지고 오면 임금이 친히 모화관까지 나와 맞았다. 조선으로 진출하여 제국주의 정책을 확대하려던 일본 세력은, 조선이 전통적으로 의존하고 있는 청의 영향력을 약화시키기 위하여 청일전쟁을 일으켰고, 승리하자 시모노세키 조약을 맺었다. 조약은 청의 이홍장과 일본의 이토 히로부미가

헐리기 전의 영은문(1890년대)

체결하였으며, 그 1조는 '청국은 조선국이 완전한 자주독립국임을 인정한다'이다. 본문에서 저자가 설명한 내용과 같이, 이러한 식의 독립 선언은 한반도를 자신의 세력권에 넣기 위한 일본의 의도에 의해 이루어진 것이며, 이에 따라 일본을 등에 업은 세력에 의해 독립협회가 창립되고 영은문이 헐렸다(1896). 모화관은 독립관으로 개칭하여 독립협회에서 사용하였으며, 영은문이 헐린 자리엔 독립문을 세웠다. 독립문 한글 현판은 친일 관료 이완용이 썼다.

영은문이 헐린 자리에 독립문이
세워지고 영은문을 떠받치고 있는
주초만 남았다. 위의 사진 독립문
왼편에 독립관(모화관)이 보인다.

몇몇 특별한 친구들

Eui Wha[186]군 저하

일본에 머무르는 동안 대한제국 황제 폐하의 둘째 아들[187]인 의화군 저하를 자주 뵐 수 있었던 것은 크나큰 영예였다. 저하께서는 1895년 가을, 정부의 특별 교서를 전하기 위해 일본에 왔다가 그대로 머무르고 계셨다. 그것은 조선 역사상 왕자가 외국으로 나간 첫 번째 사건이었는데[188], 저하께서 외국 생활을 하며 느끼는 반응을 지켜볼 수 있던 것은 내게 참으로 흥미로운 경험이었다. 저하는 많은 조선 사람들에게 둘러싸여 도쿄 고야마에서 몇 달간 머무르셨는데, 그들 상당수는 조선에서의 정치 운동에 깊은 관심이 있는

---

186 의화군(의친왕) - 고종의 다섯째 아들, 독립운동가
187 실제 다섯째이나 형들이 모두 일찍 사망하였으며, 셋째 형 순종 아래로 생존한 두 번째였음.
188 실제로는 병자호란 후 소현세자가 9년간 청나라에 억류되는 등 처음은 아니다.

<이범진>   <의화군>

이들이었다. 저하께서는 이런 분위기를 불편하게 여기셨고, 정치 세력들에 휘말리지 않기 위해 1896년 여름 다른 곳으로 거처를 옮기셨다.

저하는 고상한 취향을 가진 외국인처럼 옷을 입어야 한다는 것을 본능적으로 배우셨다. 중절모와 면장갑, 몇 벌의 양복을 즐겨 입으셨는데, 이것은 일본에선 상당히 예외적인 것이었다.

그 여름, 저하는 자주 요코하마로 다니시며 미국 방문을 위한 공부를 시작하셨다. 우리가 함께 떠났던 여행 중 하나는 조선인의 영원한 친구이자 후원자인 Loomis[189] 씨와 함께했던 하코네 호수 옆 화산 분화구, 불타는 봉우리 '대지옥'[190]이었다. 조선에도 화산 활동의 흔적은 있지만 이미 활동이 멈춘 지 오래였기 때문에 이러한 활화산은 저하의 흥미를 끌었다.

우리는 나무숲을 통과해 불이 있는 곳으로 들어갔고, 그곳에서 한두 해 전만 해도 푸르고 무성했을, 하지만 이제는 푹 익어 말라버린 초목을 발견했다. 우리의 경로는 이 뜨거운 지역을 바로 가로지르는 것이었다. 땅에 나무 작대기를 한 30에서 60센티미터 꽂았다가 뽑아낸 자리엔 지나는 사람이 가까이 갔다가는 데어버릴 수 있는 증기가 솟아오르고 있었다. 우리는 마침내 분화구 가운데 섰고, 위험한 지역을 잘 통과해 온 저하는 완벽하게 침착하고 평온한 상태를 유지하고 계셨다.

여기, 자신의 힘을 맹렬히 배출하며 진동하고 있는 거대한 힘의 원천 한

---

189 Henry Loomis - 목사, 일본 주재 미국 성서공회 총무. 1885년 일본 요코하마에서 최초 한글 성경의 하나인 『신약마가전서복음셔언해』를 출간함.
190 실제 일본어 명은 '오와쿠다니(대용곡(大涌谷))'

가운데에 우리가 있었다. 저하는 한두 해 전 어떤 외국인이 떨어져 목숨을 잃었다는 갈라진 틈새에 특히 관심을 보이셨으며, 저 아래 깊은 '지옥' 바닥에 떨어지는 소리를 듣기 위해 돌멩이를 굴리고 있던 우리의 행동에 동참하셨다. 이 여행을 통해 우리는 의화군 저하의 침착함과 용기 그리고 인내심을 볼 수 있었다.

그날 저녁, 우리는 다른 외국인들이 있는 호텔에 묵었는데, 남녀가 머리는 뒤로 젖히고 다리는 공중에 들어 올린 자세로 시끄럽게 떠들면서 담배를 피우고 있었다. 저하는 호텔에서 자주 눈에 띄던 그러한 외국인들에게선 어떠한 문명의 흔적도 발견하지 못하셨다.

얼마 후 우리는 요코하마 합창·교향악회에서 주최하는 음악회에 참석했는데, 프로그램 전체가 아주 재미있었다. 비록 공연이 외국어로 진행되었음에도 불구하고 저하는 그 음악을 즐기셨다. 저하는 딱 한 가지에 대해서만 비판을 하셨는데, 말씀을 듣고 있자니 영부인의 이브닝드레스를 보고 밑단을 좀 잘라내고 목장식이 둥글었으면 좋았겠다고 이야기했다는 링컨 대통령의 일화가 생각났다. 나는 동양의 문화 또한 우리 문화와 마찬가지로 상식과 현명한 판단에 기반해 이루어진다는 것을 느낄 수 있었다.

일본에 머물던 동안 저하는 자전거를 배우셨다. 하루에 한 시간 정도 공부를 마치시면 함께 요코하마 곳곳으로 자전거를 타고 나가곤 했는데, 인력거를 타고 우리를 수행했던 경찰은 시야에서 우리를 놓치지 않기 위해 두세 번씩 인력거꾼을 바꿔가며 따라와야 했다. 인력거꾼들이 시속 몇 킬로미터나 낼 수 있는지 시험해보는 것은 저하가 조용히 즐기던 기쁨 중 하나였다.

나는 저하께서 미국에 머무르고 계실 때도 자주 뵈었고, 복잡한 도시들을 함께 거닐곤 했다. 미국 생활은 저하께 너무나 많은 불쾌함을 안겨준 싫은 것이었는데, 그것은 미국 사람들이 예의가 없어서가 아니라 저하를 이곳에 고립시키는 데 성공한 고향의 적대 세력들 때문이었다. 그가 이어받은 귀한 혈통이 주는 부유함에도 불구하고 저하의 상황이 굴욕적인 것이었음이 더욱 명백해졌다. 불평이나 누구를 협박한다거나 하는 것 없이 저하께서는 이역만리에서의 유배 생활을 묵묵히 견디어 내셨다. 나는 다른 모든 것은 제쳐 두고라도 저하의 그 지위만으로 생겨나게 되는 가치에 대한 확신이 있었다. 비록 저하의 주변이나 계신 곳을 보면 전혀 황실사람 같지 않았지만, 워싱턴의 12번가에서 자주 눈에 띄던, 깔끔하게 차려입은 수수한 젊은이는 바로 대한제국 황제의 둘째 아들이었다.

나는 동화 속에서 먼 옛날 한 왕자님이 변장을 하고 살고 계셨다는 이야기를 들은 적이 있다. 그런데 실제로 태곳적 낙원의 마지막 유산인 은자의 왕국과 그곳의 왕자님이신, 너무나도 평범하셨던 미스터 리를 소개하고 있는 나 자신을 발견할때면 기묘한 기분을 느꼈다.

날마다 일어났던 이러한 소소한 사건들을 통해, 그리고 함께 공부하던 고요했던 그 시간들을 통해, 우리는 이 황자의 남자다움, 용기 그리고 진정한 고결함을 보았고, 그로부터 많은 것을 배웠다. 저하의 생각과 삶에 대한 갈망은 가장 높은 차원의 그것이었다. 저하께서 잘 인도되셔서 모국의 은총이 되실 것을 우리는 믿으며, 기도 드린다. 저하께서는 우리의 각별한 관심과 최고의 존경을 받으시는 특별한 친구다.

의화군
그가 입은 두 가지 전혀 다른 옷은 당시 조선이 얼마나
격동하였을까 생각하게 한다.

돈키호테

내 불운한 친구 강 씨는 그 얼굴이나 행동이 '돈키호테'라는 이름을 떠올리게 했다. 그래서 나는 그를 항상 돈키호테라 불렀다. 그가 내게 처음으로 한 말 중 하나는 '우리는 종말에 가까이 있다'는 것과 '이 고요한 아침의 나라가 볼장 다 봤다'는 것이었다.

나는 돈키호테를 남도의 한 절에서 처음 만났는데, 그가 곧 씨암탉 세 마리와 함께 달걀을 쉰 개나 보내주었을 정도로 우리는 순식간에 가까워졌다. 그 닭들은 정말 모시기가 힘들었는데, 만약 선물로 그 닭들을 주지 않았더라면 나는 더욱 감사했을 것이다.

우리 집 보이는 닭을 잡기 위해 마당 한구석에 줄을 치고 목을 묶어 매달았는데, 그놈의 닭들은 살아 있을 땐 정말 골치가 아프도록 분탕을 치더니 죽어서는 그 울음소리가 내 영혼에 그늘을 드리웠다. 당시에 나는 그것 때문에 돈키호테와의 우정에 금이 갈 지경이었다.

돈키호테는 자신이 일본 해적으로부터 증기선을 사들여 보유하고 있다고 했다. 며칠 전에 바닷가에서 찢어지는 증기선 소리를 들었는데, 그게 바로 그의 것이었다. 증기선은 운하를 떠다니는 예인선 정도의 크기였는데, 갑판 위로는 길게 뻗은 얇은 굴뚝을 세우고, 갑판 아래로는 엔진을 정비할 일본인을 하나 태우고 있던 짧고 땅땅한 모양이었다. 이 배는 바다에서 항해할 수 있을 것 같아 보이지 않았기 때문에, 나는 돈키호테에게 이 배를 타고 얼마나 멀리까지 나가 봤는지 물었다.

"Mi-guk[191]에 있는 그 큰 항구 이름이 뭐더라?"

"샌프란시스코요?" 내가 되묻자,

"그렇지, 그렇지. 쌍프리스코. 나 쌍프리스코까지 가봤소." 그가 말했다.

돈키호테는 나보다 연배가 위였기 때문에 내가 그의 말을 부정한다거나, 그가 자신의 성냥갑 같은 배를 진짜 타고 나갔다가는 쌍프리스코 근처도 못 가서 바다 귀신과 함께 가라앉을 거라고 그에게 얘기하는 것은 적절치 않았다.

돈키호테는 가끔 나를 보러 와서 차를 마시며 긴 담뱃대로 담배를 피웠다. 하루는 그가 이런 식으로 대화를 시작했다.

"동생, 동생은 전 세계적으로 유명하고, 나도 그렇지."

"아니! 아니에요! 오랜 친구 한둘이나 저를 기억할까, 누가 저를 알겠어요? 아무도 몰라요."

나는 이렇게 말했지만 그는 믿지 않는 듯했고, 나에게 제안할 계획이 두 개 있는데 내일 와서 알려주겠다고 했다.

다음 날이 되자 돈키호테는 늘 그렇듯 자신의 계획에 흥분해서는 이렇게 말했다.

"하나는 이거요. 자네가 나한테 합류해서 내 배의 매니저가 되고, 우리는 무역업자가 되는 거요. 전 세계가 우리를 알고 있으니까, 어디 가서 우리가 뭘 요청하면 다 들어줄 것 같단 말이야."

나는 일단 그에게 감사를 표한 후, 항해해서 땅에 닿기 위해서는 운전을

---

191 미국

할 줄 알아야 하는데 나는 항해사가 아니기 때문에 그런 재주가 없어 그의 배를 절대 운영할 수 없을 것 같다고 했다. 그는 기분이 굉장히 상했는지 나에게 부족한 것은 능력이 아니라 의지라고 했다. 그리고 바로 내 손을 잡더니 작은 소리로 두 번째 계획을 속삭였다.

"내가 칼을 가져올 테니 그걸로 내 손목의 핏줄을 끊고, 자네도 그렇게 하는 거야. 그렇게 피를 섞고 영원히 하나가 되는 거지. 자네가 죽으면 나도 자넬 따라 죽을 것이요, 내가 죽으면 자네도 나를 따라 죽는 거야."

"아…… 네! 가만있자, 그것도 못할 것 같은데요."

"왜?" 그가 물었다.

"그건 좋은 방법이 아닌 것 같아요. 내 핏줄에 흐르는 나쁜 피가 당신에게 갈 테니까요."

"난 다 받아들일 수 있소." 돈키호테가 말했다.

나는 핑계를 대면서, 만약 이렇게 안 하면 우리는 친구가 될 수 없는 거냐고 물었다. 장시간에 걸친 대화가 이어진 후, 그는 이것도 불가능한 것으로 받아들여야만 했다. 그는 고개를 절레절레 흔들면서 손가락으로 '믿음'을 의미하는 'shin[192]' 자를 쓰고는 피가 없이는 믿음도 없는 거라고 했다. 그렇게 우리는 헤어졌다.

몇 달이 지났고, 나는 다시 서울로 올라와서 사람들로 많이 붐비던 지역의 작은 한옥 방에 거처를 마련했다. 어느 저녁 어스름한 녘에 남대문을 지

---

192 신(信)

조선, 그 마지막 10년의 기록

나 집으로 돌아오고 있는데, 인파 속에서 누가 "keui-li! keui-li!¹⁹³" 하고 부르는 것을 들었다. 뒤돌아보니 바로 돈키호테였다. 가여운 늙은 돈키호테! 그 얼굴은 어느 때보다 수척했고, 빛바랜 두루마기는 더러운 것이 궁박한 처지인 듯 보였다. 나는 놀라서 물었다.

"아니, 어떻게 여기에 있어요? 안녕하세요?"

"안녕이라……."

그는 이렇게 말하더니 배도 날리고, 돈도 잃고, 춥고, 거의 굶어 죽을 지경이라고 했다. 우리 집에 가서 함께 뭣 좀 드시지 않으시겠냐 했지만, "지금 말고 나중에."라는 대답 후 그는 사라져 갔다.

'어느 쪽'인지 정해지지 않았었던 그 길로 그를 떠나보내고, 나는 슬픔에 가득 차 집으로 돌아왔다. 그가 떠나간 정해지지 않은 그 길은 칼날의 그림자가 서린 Hyong-jo¹⁹⁴, 즉 국가의 감옥이 있는 곳이었다. 무슨 일이 일어난 것인지 나는 알지 못하지만, 그곳에서 그는 자신의 빚에 대한 판결을 기다릴 것이다. 돈키호테는 그렇게 시야에서 사라졌다. 앞으로 그에게 닥쳐올 거친 풍파 속으로. 그리고 나는 그렇게 그를 혼자 남겨둘 수밖에 없었다. 곤장을 맞거나, 아니면 저 동대문 밖 풀밭에 있는 망나니와, 그 칼로……¹⁹⁵.

아아, 이것은 옛날 조선에서나 일어날 법한 이야기일 거야. 모든 사람이 그 길을 통해 우리를 기다리고 있는 영원의 세계로 행진해 가지 않았던가.

---

193 괴일이! 괴일이! - 게일 목사의 우리말 이름 奇一 (기일. 당시 표기는 긔일)
194 형조
195 동대문 밖에 사형장이 있었으며, 이 책의 1장에서도 저자가 동대문 밖에서 시체들을 본 것이 언급된 바 있다.

동대문 밖 풍경(1890년대)

잘 가시오, 늙고 가여운 돈키호테! 그 길은 저 바다를 가로질러 미국으로 가는 것보다 더 오랜 여행이요. 맨손으로 대군과 싸우려 했지만 결국 실패했던 사람이여.

노인 김 씨

우리는 기독교 선교를 위해 해안을 따라 조선의 북쪽 끝까지 올라갔었다. 집을 한 채 발견하였고, 이 신비한 사람들에게 우리가 방문한 이유를 알렸다. 그렇게 첫 집회를 열었던 날, 방은 꽉 찼고 그 방 가장 구석자리엔 내가 읽는 것을 열심히 듣고 있던 작고 늙수그레한 남자가 있었다. 집회가 끝나자 그는 벌떡 일어서더니, 연설을 시작했다.

"이 가르침은 사람에게 제 아비와 어미를 미워하고, 제 형수와 결혼을 하라는 것이요. 내 말이 그르오? 당연히 맞지! 집어치우시오! 그게 잘못된 거란 건 모든 사람이 다 알고 있소."

그는 분개하여 이렇게 말하고 떠났다. 하지만 그는 돌아왔고, 말씀을 들을수록 그 불같던 얼굴은 점점 기가 죽었다. 그는 다음과 같은 말씀을 음미했다.

"길 잃은 자에게 안식을 ; 굶주린 자에게 빵을 ; 괴로운 자들아 모두 오라! 그리고 죽은 자가 그의 음성을 들었도다 ; 추방당한 불쌍한 여인을 보시곤 그가 돌보셨도다 ; 죽음 당한 저 도둑을 천국으로 데려가셨다 ; 그 자신은 손에 못이 박히고 발이 찢기고 옷이 피에 젖어 고통당하셨다."

그의 눈에 눈물이 흘렀고, 김 노인은 일어섰다. 애정이 묻어나는 목소리로 그는 사람들에게, 어떻게 그리고 왜 그런지는 모르겠지만 예수님 이야기는 자신을 위한 것 같다고 말했다. 그는 하나님과 함께하면서 그의 마음이 평안해졌다고 믿었는데, 쉰 평생에 처음 있는 일이라 했다. 사람들 사이에서 큰 동요가 일었다. 김 씨의 얼굴은 변해 있었다. 불행이 깃든 표정은 사라지고 그 자리를 평화가 대신했다.

그는 마을 어르신들께 찾아가서 자신에게 무슨 일이 일어났는지를 이야기했다. 어르신들은 모두 마뜩잖아 했고 마을은 혼란에 빠져들었는데, 김 씨가 밤에 너무 크게 기도를 하는 통에 사람들은 오싹해했다. 사람들은 차례대로 제사를 올리면서 이곳에 들어온 이 이상한 망령으로부터 마을을 구해주십사 하고 천지신명께 애원했다. 다른 사람들보다 좀 더 대담했던 한 남자는 천박하고 무식한 자신의 방식으로 하나님을 거부하고 김 씨를 협박한 후 산 밑 자신의 집으로 돌아갔는데, 큰 비가 내리더니 산이 일부 무너져 내리면서 그 남자를 덮쳐버렸다. 그러자 김 씨는 마을 사람들을 구해주시고 산사태를 멈춰달라고 하나님께 기도했다. 그 후 마을 사람들에게 사악한 남자였던 김 씨는 비록 약간 미치긴 했지만 점점 좋은 사람이라고 불리게 되었다. 사람들은 그를 Chom Yung Kam[196] Little Old Man이라고 불렀다. 이승이 아닌 저 너머 도래할 영원의 세계 속에 살고 있던 그는, 마을 사람들이 보기에 키가 작았고 나이에 비해 늙어 보였다.

그곳을 떠나기까지 일 년밖에 안 남아 있던 그때는 고난의 한 해였다. 김

---

196 좀영감

조선, 그 마지막 10년의 기록

씨가 말했다.

"한번은 아궁이에 지필 풀을 베는데 너무 피곤해서, 주님께 말씀드리려고 풀숲에 무릎을 꿇고 앉았어요. 그랬더니 주님께서 말할 수 없는 기쁨과 평안을 주시는 것이 아니겠소. 오! 사람들이 이렇게 주님을 만나기만 한다면 모두 주를 믿을 텐데 말이오."

하지만 우리는 사람들을 모아 말씀을 들려줄 수 있는 마땅한 예배 장소가 없었고, 시기가 매우 좋지 않았다. 나는 김 씨에게 유감스럽게도 불가능할 것 같다고 이야기했다. 하지만 그는 나를 비난하면서 "형제여, 누가 이 세상을 주관하십니까?"라고 말하고는, 마루 끝으로 가서 온 마을 사람들에게 들릴 정도로 아주 큰 소리로 기도했다. 그는 복음을 전할 수 있는 예배당을 원한다 했고, 하나님께서 답해주심에 감사드린다고 했다.

예배당은 지금 지어지고 있지만 김 씨는 이것을 보지 못했다. 부활을 기다리던 그의 몸이 이미 땅속에 잠들었기 때문이다.

그는 마지막 순간까지 충실했고, 삶이 거의 끝나 힘이 빠져나가던 순간까지도 그 힘과 용기를 우리에게 전해주었다. 죽음과 부활! 가장 똑똑한 자들이 지식을 총동원하여 그것이 대체 무엇인지 헛되이 찾아 헤매다가 결국 포기하고 망각한 채 죽어갔던 그것. 아무 것도 모르는 가난하고 늙은 이교도 하나가 그 비밀을 찾았고, 승리 속에 잠들었다.

그의 자그마한 초가 근처, 소나무 숲 사이 양지바른 언덕엔 푸른 떼 입은 그의 무덤이 있다. 우리는 그를 채 이 년도 알고 지내지 못했고, 또 그는 산간벽지의 가난한 조선 사람일 뿐이었지만, 그의 죽음은 우리에게 고독의 의미를 가르쳐주었다. 그를 생각하면 지금도 눈물이 흐른다.

아줌마

조선의 여인 중에 가끔 옷 수선을 해주던 오랜 친구 하나가 있다. 여성들은 이름이 없었으므로 나는 그녀를 '아줌마'라 불렀다. 나는 아줌마에게 왜 여기서는 여자들에게 이렇게 감옥살이를 시키는 것인지 물어본 적이 있었는데, 그녀는 이렇게 대답했다.

"그건 p'ung-sok이에요, 풍속. 그리고 풍속은 바꿀 수 없는 거지요."

아줌마는 지금 연세가 예순셋인데, 거리를 거닐 때면 소녀 시절을 생각하면서 아직도 장옷[197]을 입고 나갔다. 그녀가 이야기했다.

"아시다시피 저는 출신이 상놈이에요. 제가 아주 어렸을 때 한 양반께서 종으로 쓰려고 저를 시골에서 데려왔지요. 그리고 다시는 고향에 가보지 못했어요. 몇 년 뒤에 혼례를 올렸는데, 남편은 내 나이 서른넷밖에 안 되었을 때 돌아가셨어요. 그때부터 살기 위해 이렇게 고되게 일할 수밖에 없었지요."

이것이 아줌마가 들려준 자신의 이야기다. 허옇게 센 아줌마의 머리카락과 깊게 주름진 얼굴로 미루어볼 때, 그녀의 이야기는 사실 이것보다 훨씬 길고 고된 것이었을 게다. 아줌마는 벌써 십 년째 시달리고 있는 병만 아니라면 아무런 걱정거리가 없을 것이라 했다. '숨 쉬는 병'. 아줌마는 그 병을

---

197 여자들이 나들이할 때에 얼굴을 가리느라고 머리에서부터 길게 내려 쓰던 옷

장옷 입고 외출한 여인

이렇게 불렀다. 숨을 쉴 때 뭔가가 걸린다고 하면서 그녀는 이렇게 덧붙였다.

"숨이 안 쉬어지면 아무 것도 못하지."

그녀는 마술사도 만나 보고, 약방에도 가 보고, 무당까지 찾아가 봤지만 모두 헛수고였다고 했다.

"그 사람들은 아주 똑똑하고 대단한 사람들이었어요. 하지만 숨을 쉬게 해주진 못했지요."

Sok-wang-sa[198] 주지

Um-sol-ha[199]는 석왕사의 주지스님이다. 그는 아주 육중한 몸을 가졌는데, 이렇게 육중한 육신조차도 그 안에서 내면의 압력을 못 이겨 헐떡헐떡

씨근거리며 밖으로 분출하던 그의 영혼을 담아내기에는 부족했다. 연세가 일흔에서 여든 사이쯤 되셨는데, 그 눈에 있는 눈꺼풀을 거의 25년에 한 번이나 들어 올리실까 싶을 정도로 그 온 육신은 그야말로 무지막지하게 육중했다. 항상 평온하신 분이었지만, 목소리는 마치 사냥개 블러드하운드 같았다. 그리고 비록 부처님의 아들이었지만 그 표정과 몸짓은 80톤짜리 대포였다. 다가올 다음 생에서는 만물로부터의 해탈열반이 그를 기다리고 있으리라. 하지만 이생에서는 엄청난 몸집, 무게 그리고 화산 같은 압력이 그와 함께했다.

어느 날 우리는 그늘이 드리워진 절 앞길로 들어섰고, 대문을 지나 사랑채로 향했다. 말라리아가 창궐하던 시기에 찌는 듯한 논길을 30킬로미터나 가로지른 후였는데, 스님과 수행자들이 우리를 반겨주었다.

잠시 뒤엔 주지스님이 직접 좁은 문 사이로 그 거구를 끌고 나오시더니 멀리서 천둥이 치는 듯한 목소리로 "해탈하시게!" 하고 말씀하셨다. 그는 오랫동안 눈을 치뜨고 낯선 이들을 미심쩍게 바라보셨다. "우리 지체 높으신 분들의 위장이 과연 이 누추한 절간의 음식을 감당할 수 있겠소?" 하고 스님이 물어보시기에, 우리의 비천한 오장육부는 성스러운 밥상을 받는 것만으로도 정화되고 기뻐할 것이라고 대답을 드렸다. 이것으로 필요한 격식과

---

198 석왕사 – 강원도 고산군 설봉리(조선시대 행정구역상 함경남도 안변군)에 있는 절. 고려 말 창건되었으며, 태조 이성계가 이곳을 지나다 꿈을 꾸었는데 이곳에 사는 스님이 그 꿈을 앞으로 왕이 될 꿈이라 풀이해 줌으로써, 후에 이성계가 왕위에 오른 후 왕이 될 꿈을 풀어준 스님이 사는 절이란 의미에서 이름을 풀(설명할) '석(釋)', 임금 '왕(王)', 절 '사(寺)'로 짓고 크게 중건함.

199 움설하

석왕사의 승려들
앞줄 가운데가 '움설하' 주지스님

절차는 완료되었다.

우리는 이제 자유롭게 이야기할 수 있었다. 우리가 말씀드린 교리에 관해 스님은 특별한 관심을 보이셨다. 그게 부처님 말씀 같은 것인지, 우리도 스님이나 중국, 안남[200], 인도에서 그러는 것처럼 "Suri suri su suri saba[201]" 하고 산스크리트어나 팔리어[202] 기도를 드리는지 말이다.

스님은 다른 스님들을 불러 모아 우리 말을 듣게 했고, 우리의 교리가 모든 사람을 바름으로 인도하는 것임에 틀림없는 아주 간명한 것이라고 말씀하셨다. 우리는 먹을거리를 찾아 우리 주위를 뱅뱅 돌던 모기 소리 때문에 대화를 멈출 수밖에 없었는데, 주지스님께선 마치 닭이라도 된 것처럼 몸짓으로 쉬쉬하며 다른 스님들에게 모기를 죽이지 말고 다만 방 밖으로 내보내라고 하셨다. 부처님의 가르침대로 어떤 생명도 빼앗지 않으려 주의하는 것이었다.

무와 김으로 찬을 한 저녁밥을 물린 후 우리는 자리에 앉아 밤늦게까지 복음서를 읽었다. 주지스님이 밤이 너무 늦었으므로 여행에 지친 우리를 쉬게 해주어야 한다고 말씀하셨을 때까지 모든 스님들이 우리가 읽는 것을 함께 듣고, 질문하고, 따라 읽었다. 스님께서는 무는 것들이나 벌레 같은 모든

---

200 베트남
201 수리 수리 수 수리 사바 (수리수리 마하수리 수 수리 사바하) − 불교 『천수경』 첫머리에 나오는 말로 산스크리트어를 소리 나는 대로 옮긴 것이다. 산스크리트어인 이 말의 뜻을 풀어보면 '수리'는 '좋다', '깨끗하다', '깨끗이 한다'의 뜻이고, '마하'는 '크다'는 뜻이다. 그러므로 '마하수리'는 '대길상존'이라는 뜻이 된다. 그리고 '수수리'는 '지극하다'는 뜻이고, '사바하'는 '원만성취'라는 뜻이다. 따라서 '수리수리 마하수리 수수리 사바하'의 본뜻은 '깨끗하고 깨끗하다, 지극히 깨끗하니 원만히 성취될지이다'가 된다.
202 불교 경전으로 기록된 고대 인도의 언어. '범어'라고도 함.

<스님>

<불교 탑>

종류의 더러운 곤충을 막아준다는 부적이 새겨진 벽 쪽에다 내 자리를 하라 하시곤 "편히 쉬시게."라고 말씀하셨다.

자정이 지난 시각이었다. 절의 큰 북과 작은 북이 처음에는 느리고 크게, 끝에는 진동과 함께 사그라지며 서로에게 답하던 소리를 들으면서 나는 잠에서 깨어났다. 곧 모든 스님들이 한 목소리로 기도를 올리기 시작했다.

"Namu Amit'abul! Namu Amit'abul!²⁰³"

(저는 부처님께 귀의합니다! 저는 부처님께 귀의합니다!)

문틈으로 들여다보니, 스님들은 기도용 증기 바퀴의 신호에 맞추어 온돌 바닥에 얼굴을 대고 점점 더 빠르게 "나무아미타불! 나무아미타불!"을 반복하고 있었다. 청동 부처님은 사찰을 비추는 여명 속에서 그러한 스님들을 내려다볼 뿐이었다. 예배 소리 사이로 주지스님의 풍성하고 격조 높은 목소리가 들려왔다.

"나무아미타불. 나무아미타불."

칠십 년을 찾아 헤맸지만 아직 그는 화려하게 채색된 모습으로 내려다보는 부처님 얼굴 외엔 어떠한 답도 얻지 못했다. 부드럽고 맑게 울리는 여러 음색의 종소리와 함께 예배는 끝났고, 다시 한 번 부처님과 사람들은 잠자리에 들었다.

내가 집으로 돌아온 일주일 뒤, 스님 두 분이 주지스님께서 보내신 발우²⁰⁴

---

203 나무아미타불! 나무아미타불!
204 절에서 쓰는 승려의 공양 그릇

석왕사 대웅전

를 선물로 들고 오셨다. 수년간 스님께서 직접 사용하시던 발우라고 했다. 이 발우를 받고 곧 윤회의 길로 떠나실 노스님을 기억해야 할까? 주지스님 은 또 이 스님들에게 이곳에 머물며 내가 Sokamoni[205] 부처님보다 위대하다 고 이야기한 예수 부처님에 대해 배워 오길 당부하셨다. 주지스님의 삶에 의문의 싹이 하나 움튼 것이었다.

어느 날 예수의 추종자라고 하는 뻔뻔하고 무자비한 서양 사람 하나가 우연히 절로 들어오더니, 몽둥이로 부처님을 쿡쿡 찌르고 스님 모두에겐 저 멀리 어둠의 나락으로 떨어질 운명이라고 이야기했다고 한다. 게다가 그때 정중하고 근엄하게 앉아 계시던, 머리가 희끗희끗하신 주지스님의 뒷목덜

미까지 잡아채 바닥으로 내동댕이쳤고, 위에서 누르면서 이렇게 말했다고
한다.

"우상에 대고 절해라, 이 늙은 이교도야. 절해!"

이런 일까지 겪으셨으니 결국 주지스님 마음속엔 예수 부처님보다는 석
가모니 부처님을 향한 마음이 더 강해질 수밖에.

찌는 듯이 더웠던 어느 날, 나를 만나 이런 것들을 직접 물어보시기 위해
주지스님이 손에 지팡이를 짚고 팔십 리 길을 걸어오셨다. 스님께선 당신
마음속에 올라오는 의문들에 대해 부처님께서 아직 답해주시지 않았다고
고백했다. 스님 마음속에 아직 풀리지 않는 의문들이 있었던 것이다.

하지만 스님은 자신이 북을 울릴 때나 종을 칠 때, 그리고 "나무아미타불,
나무아미타불!" 하고 108번 염불을 할 때면 자주 거의 해탈에 이르게 된다
고 하셨다. 그러곤 예수님이 어떻게 해서 좋은 것인지, 이분이 몽둥이와 철
권으로 무장했기 때문에 그런 것은 아닌지를 물으셨다. 나는 예수님께서는
모든 것을 채워주실 수 있는 분이라고 말씀드렸다. 잘못은 그의 제자들인
우리에게 있는 것이지 그분이 그런 것은 아니라고 말이다. 스님의 눈은 크
지 않았다. 하지만 바로 그 눈으로 칠십 년의 세월을 꿰뚫어 봐오셨다. 그 눈
은 거짓 신앙으로 속일 수 있는 그런 것이 아니었다.

스님께서는 우리 가족이 살고 있는 집을 보여줄 수 없겠느냐고 물어보셨
고, 아내나 다른 가족이 아무도 없었기 때문에 나는 집 안으로 스님을 안내
했다. 벽에 걸린 사진들을 보시곤 우리가 그걸 숭배하는 것인지 물어보셨
다. 스님께서 부처님을 깨우는 훌륭한 부적 같은 것이라고 생각하셨던 작은

풍금, 이상한 글씨가 쓰여 있던 책들, 거울 한두 개, 아름다운 유리창, 우리가 음식을 먹는 고급 접시들, 그리고 의자와 커튼. 스님껜 이 모든 것이 열반인 듯 아름다웠다. 다 보고 나서 나는 스님께 가장 맘에 드시는 것이 뭐냐고 여쭈어 보았다.

"탐욕으로부터 나를 지켜주시게. 하지만 벽장에 있는 유리그릇이, 수정 뚜껑 위에 꼭지 달린 것이 마치 연꽃 안에 보석이 박힌 듯하네." 스님이 말씀하셨다.

"스님 것입니다. 저한텐 아무 가치가 없는 아주 소박한 선물입니다." 내가 말했다.

이렇게 스님은 떠나셨고, 스님을 시봉하던 스님이 뒤를 따랐다. 주지스님께서 읽으실 『신약성경』과 '수정처럼 투명한' 소중한 접시와 함께.

선교 관련

이곳에서 스러져 간 멋진 동지들

우리 서양 세계에서 뭔가 사악하고 인간성이 혐오스럽다는 것과 동일시되는 '이교도'라는 단어. 사실 이런 생각은 진실과는 아주 동떨어진 것이다. 당신이 만약 이 세상 최악의 사람들을 만나고 싶다면 미국으로 가면 된다. 싱싱교도소[206] 안이건 밖이건 상관없이 말이다. 복음이란 삶에 삶의 특성을 불어넣듯이 죽음에 죽음의 특성을 더하는 것이므로, 복음이 전해지는 곳에서 당신은 절대 선뿐 아니라 절대 악 또한 찾을 수 있다.

나는 조선 또한 인도인들이 가진 진실한 심성에 관해 논의했던 Max Müller[207]의 인도 못지않은 평가를 받을 가치가 있다고 생각한다. 물론 내가

---

206 미국 뉴욕주립교도소
207 막스 밀러 – 비교언어학·비교신학·종교학 교수. 인도와 관련한 인도학의 넓은 분야를 연구한 학자.

앞서 '조선 사람의 사고방식' 장에서 언급한 대로 어떤 측면에서는 진실성이 좀 부족해 뵈기도 한다. 하지만 다음 시대가 밝아오면 이 땅의 사람들이 품고 있는, 눈길을 뗄 수 없이 아름다운 덕의 모범을 다른 사람들도 확실히 알아볼 것이다.

비록 이들은 우상 숭배를 하는 이교도이지만 나는 조선 사람들의 조용하고 소박한 삶을 보며, 특히 이들의 마을 공동체에서 감동을 느꼈다. 손님에 대한 환대는 이들의 가장 두드러지는 특징이며, 외국인 거주지를 제외하고는 거지도 없다. 배고픈 여행자는 그냥 양반 댁 사랑채로 들어가기만 하면 되는데, 그러면 아무 대가 없이 먹여주고 보살펴 준다. 혐의를 받고 있는 도망자가 아닌 한, 여행자는 돈 한 푼 없이도 반도 이쪽 끝에서 저쪽 끝까지 지나치게 될 모든 고개마다 자신을 맞아줄 곳이 있다는 확신 속에 여행을 다닐 수 있었다. 이렇게 간명하고 가부장적인 삶의 방식은 서양의 복잡한 체계보다 정직하고 고결한 방향으로 나아가기가 훨씬 쉽다.

이들은 밭에서 목화를 기른다. 안채의 방에선 여성들이 길쌈을 해서 솜을 천으로 만든다. 여기에 더해, 누에는 뽕잎을 먹으며 고치를 짓느라 바쁘다. 당연히 이것들도 가져다가 실을 잣고 천을 짠다. 그러니까 집 안에서 옷을 만드는 모든 재료를 구할 수 있는 것이다. 짚으로 만든 삿갓은 남자들이 직접 만들지만 검은 갓과 망건은 보통 사서 쓴다. 짚신 또한 집안의 남자들이 만든다. 조선 사람들은 짚 한 단만 있으면 엄청난 것을 만들어낼 수 있다. 그들은 서양인들이 쓸모없다고 버리는 것을 가지고 신발, 밧줄, 자리를 만든다. 게다가 아름답기까지 하다.

그리고 쌀과 메밀 농사를 짓는 논밭이 있다. 벼를 한 단씩 묶어 문 앞 통나무에다 도리깨질[208]을 하면 깔아놓은 자리 위로 낟알이 떨어진다. 이렇게 모은 낟알은 물레방앗간으로 가져가 찧었다. 우묵하게 파인 돌 안에 곡식을 넣고, 껍질이 다 벗겨질 때까지 물레방아 공이로 찧는 것이다. 그러면 여성 두 명이 맷돌을 이용해 알곡을 가루로 만든다. 한 명은 맷돌을 돌리고 한 명은 낟알을 넣었다. 이들은 먹을거리, 입을거리를 이런 식으로 만들었다. 이와 같은 삶에서 이들은 살 것이 별로 없고, 돈도 많이 필요 없다.

어떤 면에서 보면 조선 사람들은 그야말로 과도하게 신의가 있는 사람들이다. 우리 서양인들이 사는 소위 계몽된 땅과 비교하면 더더욱 그렇다. 나는 서울에서 아이 둘을 데리고 사는 미국 여성을 알고 지낸 적이 있는데, 그녀 집에는 조선 사람들이 탐낼 만한 물건이 엄청 많았는데도 대문도 자물쇠도 없이 완전히 무방비 상태였다. 이런 점을 알고 있었기에 우리는 그 동네 상놈 하나를 고용했고, 매일 밤 그녀 침실 옆에 있는 난로 앞에서 자도록 했다. 지저분한 이불을 뒤집어쓰고 그는 마치 충직한 양치기 개처럼 불안했던 밤 시간을 지켜주었다. 무슨 일이라도 생겼다면 분명 그녀를 위해 목숨까지도 바쳤으리라.

한번은 돈이 급하게 필요했던 적이 있었다. 그때 나는 동해안을 여행 중

---

208 도리깨로 곡식 이삭을 두드려 낟알을 떠는 일

이었기에 특송으로 100달러를 보내달라고 전보를 쳤다. 그것이 목요일 밤이었고, 서울에서 그곳까지의 거리는 약 300킬로미터 정도였다. 그리고 월요일, 아침밥을 먹는데 흙먼지를 완전히 뒤집어쓴 상놈 하나가 자신을 소개하더니 종이로 둘둘 말아 감싼 100달러를 건네는 것이 아닌가. 그는 나에게 돈을 무사히 전달하기 위해서 가장 거칠다는 조선의 길을 뚫고 하루에 거의 100킬로미터를 달려온 것이었다. 그 대가로 그가 받은 삯은 채 1달러도 안 되었는데, 100달러면 몇 년은 먹고살 수 있는 돈이었다. 도대체 왜 그는 도망가 버리지도, 강도를 당했다고 이야기하지도 않은 걸까? 그것은 그가 신의를 알고 덕을 행하는, 그야말로 진정한 남자였기 때문이다.

이들도 질서와 규칙을 지키며 살아간다. 시장이나 사람이 많이 모이는 여러 곳에서 경찰이 필요한 경우는 거의 없었다. 그들은 사업적 관계를 맺고 그것이 유지되게 하는 공정함에 관한 감각이 있었다. 우리와 마찬가지로 사업 관계에서 신용이 아주 중요할 뿐 아니라, 사나이가 매매에 관해 내뱉은 말은 오히려 미국보다 훨씬 더 철저하게 지켜졌다. 만약 당신이 땅을 샀다면, 설사 땅문서를 잃어버린다 해도 아무 문제가 없을 정도다. 사람들이 당신 편에 서서 그 소유를 증명해줄 것이니.

눈에 띄는 또 다른 사례는 집에서 일하는 종에게서 발견할 수 있던 정직함이다. 돈이든 귀중품이든 그들의 관리 하에서라면 완벽하게 안전했다. 몇 년이 지나도 그 어떤 부정직한 행위도 발생하지 않는다. 이런 경험은 단지 한두 명의 외국인에게 국한된 것이 아니었다. 어떤 사람들은 이것이 그들이 죄를 짓고 받게 될 처벌을 두려워해서라고 말하지만, 어떤 종류의 공포든 절대 그것만으로는 사람을 오랫동안 묶어둘 수 없다. 공포는 점점 사라지게 마련이고 곧 진짜 정체가 표면으로 드러나게 되는데, 그러면 우리는 금세 그것을 시험해보게 되는 것이다.

부유하게 태어나 평생 일을 해본 적 없는 젊은이 하나를 나는 8년간 고용하고 있다. 그 전에 그는 평생 서당에서 한문을 배웠다. 나는 그를 서울에서 꽤 떨어진 바닷가의 작은 초가에서 처음 만났는데, 그가 보여준 예의 있는

서당(1903년)

조선, 그 마지막 10년의 기록

행동은 내 상상 속에서나 가능하던 것이었다. 마음이 완전히 사로잡힌 나는 혹시 함께 가지 않겠느냐 물어봤고, 그는 그러겠다고 했다.

그렇게 우리는 둘 다 처음이었던 부산을 함께 여행했다. 다른 조선 사람들은 내게 나쁜 길로 쉽게 빠질 수 있다며 그와 어울리는 것에 대해 경고했다. 뭐, 어느 정도 맞는 말이긴 했지만, 그러한 단점에도 불구하고 지난 8년 동안 그는 단 한 번도 나를 속이거나 실망시킨 적이 없었다. 나를 위해서라면 그는 언제나 자신의 편안함이나 편리함을 희생하려 했다. 내가 좋은 것을 먹어야 한다며 항상 자신의 밥상에서 자기가 좋아하는 것들을 내게 주곤 했으며, 가지고 있는 얼마 안 되는 귀한 재물도 내게 필요할 것이라 생각하면 뭐든지 주었다. 그는 내 명예를 지켜주기 위해 상처도 많이 받고 욕도 많이 먹었다. 그리고 8년이란 긴 시간이 지난 지금까지도 그렇게 매사에 신의를 다하고 있다. 나와의 관계 혹은 내 주변과의 관계 측면에서 평가한다면, 그야말로 내 평생 본 중 최고로 흠이 없는 사람이라 할 수 있다.

조선 사람들은 천성적으로 좋은 사람들이다. 오히려 서양 사람보다 더 낫다는 게 내 진심이다. 그들에게 복음을 전파하기 위해 어떠한 서양식 교육이나 고등교육도 추가로 필요치 않았다. 그들은 이미 준비가 다 되어 있었기 때문에 복음을 전파하기에는 최고였다. 그들이 아무런 결점이 없다는 것이 아니라 그들이 가진 탁월함들, 예를 들면 그들 대부분이 아내에게 예를 갖추어 대한다거나, 아이들에게 인자한 것 같은 수많은 행동들 때문이다.

하지만 영적 세계를 보자면 그들은 모두 잘못되어 있다.[209] 그리고 다양한 우상 숭배의 증거들을 발견할 수 있다. 그들 집은 우상 숭배의 장이다. 이들은 각 방마다, 또 부엌에도 하나, 사랑채에도 하나, 이런 식으로 각양각색의 영혼과 신을 모신다. 이러한 대부분의 미신 숭배는 남자들의 용인 하에 여자들이 행하는데, 이들은 용왕님을 달래기 위해 우물에 쌀을 던져 넣고, 천연두나 다른 더러운 영령들의 신인 Ma-ma[210] 님께 제사를 올린다. 이들은 뱀, 족제비, 돼지를 숭배하는데, 하루가 저물기 전에 특정 동물의 영혼을 반드시 위로해야 했다. 밤에 당신을 잠에서 깨도록 만드는 대부분의 소리는 이러한 우상 숭배와 관련이 있다.

"아이고! 아이고! 아이고!"는 누군가 돌아가셔서, 이들이 삼베옷을 입고 유골 앞에 앉아 곡하는 소리다.[211] 기묘하게 깽깽거리는 소리를 내는 꽹과리 소리도 가끔 나를 괴롭혔다. 그것은 다른 세상으로 길을 떠나는 영혼에게 위로나 안식을 비느라고 치는 것이었다. 한번은 내 친구 하나가 임종이 임박해 있었다. 그 소식이 사람들에게 알려지자마자 할머니 한둘이 꽹과리를 들고 와서는 마당에 앉아 그가 숨을 거둘 때까지 쳐대기도 했다.

---

209 종교적인 언급에 관하여는, 그것이 절대적으로 그렇다기보다는 저자가 전혀 알려지지 않은 땅에 선교를 하러 온 목사임을, 그리고 당시는 지금과 같이 소통하고 개방된 열린사회가 아니었음을 감안하고 읽을 필요가 있다.

210 마마 - 천연두. (천연두를 앓고 나면 얼굴이 곰보가 된다.) 마마는 상감마마라고 임금을 칭하듯 최상의 존어인데, 우리 조상이 가장 두려워한 전염병인 천연두에 이 이름을 붙인 이유는 병을 옮기는 신에게 최상의 높임말을 씀으로 하여 신의 노여움을 덜자는 주술적 사고에서 나온 것이다. 예전 비디오테이프 재생 시 맨 앞에 담겨 있던 캠페인 중, '옛날 아이들은 호환, 마마를 가장 두려워하였는데~' 할 때의 '호환'은 호랑이에게 잡아먹히는 것, '마마'는 전염병인 천연두를 의미한다.

211 여기서 저자가 쓴 '유골'이라는 표현을 미루어 보면, 부모 등 조상이 돌아가신 직후 슬퍼하며 곡하는 것을 지적한 것이 아니라, 이미 돌아가신 지 수개월 혹은 수년이 지나 유골이 된 후에도 상을 치르며 그 앞에서 곡을 하는 우리의 풍습을 보고 우상 숭배라 느껴 언급하고 있는 것으로 추정된다.

서울에선 길거리에서 밤낮으로 이상하고 으스스한 비명 소리가 들려왔다. 그것은 박수나 무당이 자신의 고객을 찾으며 많은 사람들이 들으라고 내는 소리였다.

길을 따라서는 이빨을 드러내고 활짝 웃고 있는 장승들이 땅에 박혀서 있었는데, 악령이 지나가는 것을 막기 위한 것이었다. 1895년 콜레라가 창궐했을 때, 우리는 모두 다음과 같이 쓰인 비문을 가지고 다녔다.

장승(1903년)

"소생은 콜레라 귀신을 따르나이다."

이것 외에도 귀신이 지나오지 못하도록 길 중간에 수로를 파기도 했다.

우상 숭배에 관한 또 다른 증거는 귀신이 설치는 것을 막기 위해 목 베인 시체를 그대로 드러내 놓는 것이었다. 하루는 말을 타고 동대문 너머에 있는 사형장을 지나오다가 말발굽에 짓밟혀 길 위에 나뒹굴던 수많은 사람 머리를 봤다. 주변 풀은 모두 피로 물들어 있었고, 조금 더 나아가니 아까 보았던 머리들이 붙어 있었을 몸들을 까마귀가 파먹고 있었다. 지나가는 사람들은 마치 골고다[212]를 지나는 유대인처럼 머리를 절레절레 흔들었다. 전장의

212 예루살렘의 사형장. 예수가 십자가형에 처해졌다.

아픈 사람에게서 악귀를 쫓기 위한 굿

군인은 영광스럽게 죽음을 맞이한다. 하지만 이 사형장의 무시무시한 풍경은 어떻게 말로 표현할 수 없는 것이었다.

어느 추운 날 시골로의 여행 중이었다. 나는 몸을 데우기 위해 말 앞에서 걸어가고 있었다. 길 옆에 자리가 하나 있었는데, 자리 아래로 손발이 튀어나와 있는 것이 아닌가. 우리 집 보이에게 이게 뭐냐고 묻자 이런 대답이 돌아왔다.

"죽은 조선 사람이요. 굉장히 차갑겠죠, 나리!"

시신은 그날 오후 내내 산에서 날 내려다보던 두 개의 큰 신상 바로 아래에 있었다. 하지만 그 신들은 움직일 수 없었고, 얼어버린 시체도 움직일 수 없었다. 그리고 그들이 숭배하는 무정한 신처럼 살아 있는 사람들도 움직일 수 없었다.

오랜 기간 여행해야 하는 것은 선교사의 숙명인데, 이러한 과정에서 사람들의 특성에 대해 배울 수 있는 충분한 기회를 갖게 된다. 여행길에 시내도 건너고, 작은 오두막에서 잠도 자고, 해충과 병마와 싸우다 보면 밖으로 반짝반짝 윤을 낸 겉치레는 다 벗겨져 없어져버리고 사람들은 자신의 본래 색깔을 드러내게 마련이다. 하지만 두 다리로 건널 수 있는 곳이기만 하다면 그 어떤 급류라 할지라도 자신의 등을 내주어 당신을 업어주는 마부가 있었다. 그러기를 꺼리는 마부는 조선에서 절대 찾을 수 없었다.

몹시 추웠던 어느 겨울날, 우리는 우리 앞길을 가로막고 소용돌이치며 흘러가고 있던 돌투성이 개천에 다다랐다. 말을 타고 건널 수 없는 곳이었기에, 큰 키에 호리호리한 내 마부는 풍선 같은 그 바지춤을 걷어 올리더니 내게 등을 내밀었다. 그는 그 질풍의 격류 속으로 한 발, 한 발 내디디며 나아갔는데, 중간쯤 갔을 때 침몰하고 말았고 나는 난리 속에서 추운 물속으로 내팽개쳐졌다. 불쌍한 소년은 사과를 하고 또 했는데, 아버지가 돌아가신 뒤로 그가 진정 이렇게 큰 수치심을 느껴본 적은 없는 듯했다. 나는 그다지 젖지도, 그렇게 춥지도 않았는데, 진실로 낙담한 그의 얼굴을 보고 있자니 감사한 마음이 뒤덮었다.

이들의 언어는 하나는 쉽고, 다른 하나는 오래 배워야만 한다. 하나는 문어 혹은 눈으로 읽는 언어이고, 다른 하나는 구어 혹은 귀로 듣는 말이다.[213] 눈으로 읽는 언어를 소리 내어 읽는다면 아무도 이해하지 못한다. 그리고 귀로 듣는 말은 말로는 하지만 아무도 그걸 적을 생각은 안 한다. 만약 어떤 말을 기록하고 싶다면 당신은 먼저 듣는 말을 읽는 언어로 번역해야 한다. 반대로 당신이 책에서 읽은 것을 사람들에게 들려주고자 한다면, 반드시 읽

---

213 한문과 언문, 즉 한문을 읽고 쓰는 문어로, 한글을 말하고 듣는 일상 언어로 사용하는 것을 말하고 있다.

는 언어를 듣는 말로 번역해야만 한다. 이 두 언어의 특성이나 구조는 영어가 시리아어와 다른 것처럼 완전히 다르다. 완전히 다른 어족에 속해 있기 때문에 어떤 식으로든 연관이 전혀 없는 것이다.

모든 사람이 이해할 수 있는 언어인 듣는 말은 학자의 위엄과는 거리가 먼 열등한 것으로 여겨졌고, 양반 계급에서는 문어를 보조하는 용도로만 사용했기 때문에 이들은 눈으로 읽는 언어를 공부하느라 20년이나 보내고도 대부분은 제대로 구사조차 못하는 수준이었다. 조선에서 이 두 가지 언어를 사용하는 것보다 더 절망적이고 혼란스러운 일은 없었다.

우리가 기독교를 알려주기 위해 그곳에 왔다는 것이 알려지자 사방에서 사람들이 모여들었다. 어떤 사람은 쌀 때문에, 어떤 사람은 일하려고, 다른 이는 돈 때문에, 또 어떤 사람은 귀신과 악령으로부터 자유로워지기 위해 등등 제각각 다른 생각을 품고. 물론 기독교를 접하고자 하는 열망을 품고 찾아온 사람은 아무도 없었다. 누군가에게 미리 듣지 않은 이상, 사람이 아무 것도 모르는 것을 갈망할 수는 없는 법이니까 말이다.

귀신에 시달리는 많은 사람들이 공포에 질린 채 찾아와 벗어날 수 있는 방법을 구했다. 우리의 구제책은 영어에서 조선말로 우리가 그동안 번역한 만큼 성경을 읽어주는 것이었다. 그들은 열정적으로 말씀을 들었고, 나는 속박 속에 갇혀 지내온 사람들이 복음서의 이야기들을 들으며 완전히 변화되는 것을 보았다.

이러한 결과로 그들의 집은 점점 깨끗하게 정돈되었고, 우상이나 다른 숭배하던 것들은 사라져 갔다. 그리고 그들이 시달려 온 귀신으로부터 위대한 해방을 경험했다고 이야기할 때면 나는 그것이 진실임을 느낄 수 있었다.

이렇게 묻는 사람들 중에는 하나님이 보내신 특별한 사람들이 있는 듯했는데, 한번은 성이 박 씨인 사람이 겁에 질려 찾아와 구원에 대해 물은 적이 있었다. 우리는 그에게 성경을 읽어주었고, 깨우쳐 주었다. 다음 날 그는 진심에서 우러나 진지하게 다시 찾아왔는데, 바로 그다음 날 콜레라로 이 세상을 떠났다.

분주했던 어느 아침 우리를 처음 찾아왔던 신 씨도 있었는데, 그는 가난하고 아무 능력도 없어 뵈는 상놈이었다. 내 필사생[214]들은 자신들을 양반이라 여겼기 때문에 신 씨를 안으로 들이지 말아야 한다고 했다. 신 씨가 너무 더러운 데다 악취를 풍기고 있었기 때문이다. 신 씨는 자기 일행이 환영받지 못한다는 것을 알고 있었고, 후에 말씀을 들으러 방에 들어왔을 때도 가장 구석에 자리를 잡고 앉았다.

그리고 몇 달 뒤, 기독교인들 사이에 앉아 자기 안에서 일어난 모든 변화를 알려주던, 옷을 아주 잘 차려입은 정직하고 순수한 마음을 가진 한 남자가 있었다.[215] 그는 수년 동안 죄만 지어온 아무짝에도 쓸모없는 종놈이었다. 그는 감옥 깊숙이 갇혀 있었고, 그의 발은 차꼬[216]에 묶여 있었다.[217] 악

---

214 글씨를 베껴 써주는 일을 직업으로 하는 사람. 게일 목사가 한문에 서툴렀기 때문에 글을 대신 써주는 사람을 고용한 듯하다. 원문은 My writer.
215 신 씨를 가리킴
216 죄수가 움직이지 못하도록 발에 채우는 형구
217 〈사도행전〉 16장 24절과 일치하는 문장

차꼬

의 힘이 그를 지키고 있었고, 그렇게 감옥 문이 닫혔다. 그는 잠에 들었고, 주님의 천사가 찾아와 그를 깨워 "따라오시오."라고 말할 때까지 자신이 죽을 목숨인 것도 몰랐다. 그렇게 자기가 뭘 하는지도 모른 채 천사를 따라가니 쇠사슬은 풀리고, 간수들은 아무것도 하지 못했다. 감옥 문이 열렸고, 그렇게 밖으로 나가 위대한 도시로 들어서자 마침내 그는 자유의 몸이 되었다.[218]

신 씨의 아내가 콜레라에 걸렸고, 기독교인들이 모두 모여 기도했다. 몇몇 사람들은 하나님께서 기독교인은 데려가시지 않을 거라 주장했지만, 상태는 점점 나빠졌다. 우리가 그녀를 봤을 때 그녀 얼굴은 죽은 듯 창백했고, 불쌍한 손은 검푸른 빛이었다. 그것은 그녀가 최후의 단계로 들어섰음을 의미했고, 몇 분이나 버텨내느냐 하는 것만 남아 있을 뿐이었다. 하지만 이들의 기도는 응답 받았고, 그녀는 살아났다.[219]

---

218 실제 사건이 아닌 신 씨의 꿈속 체험에 관한 묘사

219 이러한 기적의 사례는 종교의 유무, 종류를 가리지 않고 나타나는 것으로, 이것을 일반화하게 되면 독실한 기독교 신자는 누구도 콜레라에 걸려 죽지 않았어야 하는 것이 되어버린다. 저자 개인의 체험을 이야기한 것으로 독자가 감안하여 받아들일 필요가 있다.

나는 주님의 군대에 들어온 용기 있는 동지들이 자신의 목숨을 바쳐온 이 곳 조선이, 충분히 그럴 만한 가치가 있는 곳이라고 믿는다. 그 첫 번째는 남쪽 끝이었다. 부산에 살고 있을 때, 우리는 호주에서 온 J. H. 데이비스[220]로부터 '이곳을 방문하고 싶으며, 가능하다면 완전히 정착하고 싶다'는 전갈을 받았다. 그는 4월에 서울을 출발해서 충청도와 전라도를 거쳐 부산에 도착했다. 그것은 힘든 여정이었는데, 특히 언어만 조금 익혔을 뿐 이곳의 문화에 대해 모르는 사람에게는 더한 것이었다. 조선 사람들은 그를 오해했고, 불친절하게 대했다. 그는 부산에 닿기 3-4일 전부터 아팠는데, 원인이 무엇인지 알지 못했다.

어느 비 오는 오후, 한 상놈이 아래와 같이 적힌 쪽지 하나를 들고 왔다.

즉시 와주시오! J. H. 데이비스

그는 내 방에서 1.6킬로미터 정도 떨어진 초가에 있었다. 그는 검게 탄 데다가 여행으로 지친 듯했지만 특별히 어디가 아픈 것처럼 보이진 않았다. 돈을 더 달라며 상놈들이 그를 괴롭히고 있었기에 그는 나에게 도움을 청했던 것이었다. 삯을 합의하고 난 후 그는 내 팔에 기대어 내 방까지 걸어왔고, 침대에 누워 휴식을 취했다. 음식을 좀 뜨려고 노력하면서 "이제 괜찮아질 거예요."라고 그가 말했다. 나는 일본인 의사를 불러 왔는데, 진찰 결과 천연

---

220 조셉 헨리 데이비스(Joseph Henry Davies) – 호주 장로교 선교사

두었다.

이 씨와 나는 그를 밤새 간호했다. 이 씨의 간호가 끝나고 내가 교대하자 데이비스 씨가 이렇게 말했다.

"그는 정말 너무나 친절해요. 내 이마를 계속 닦아주고, 고통을 견딜 수 있도록 도와주었어요."

하지만 다음 날 정오가 가까워지자 폐렴 증세가 나타나기 시작했고, 일본인 의사는 독일어로 이렇게 말했다.

"Er wird bald sterben.[221]"

안타깝게도 그 말은 사실이었고, 그는 한 시간이 채 지나지 않아 영면했다.

어두운 얼굴로 도와주던 조선 사람 한둘만을 데리고서, 나는 아주 먼 땅 황량한 언덕에 자기 목숨을 조선에 바친 용기 있고 진실한 기독교인 J. H. 데이비스가 남긴 모든 것을 묻었다.

많은 공사관들과 주상 전하의 주치의였던 내 외과의사 친구들, 펜윅 Fenwick 씨와 J. W. 헤론Heron 박사가 산 넘고 물 건너 도착한 것은 그로부터 몇 주 지나지 않아서였다. 도착한 지 하루 이틀이 지나자 헤론 박사는 증기선을 타고 함께 서울로 돌아가자고 나를 잡아끌었다. 내게도 변화가 필요하다는 것이었다.

---

221 곧 돌아가실 것 같습니다
222 남한산성

그렇게 서울에 도착하고 얼마 지나지 않아 우리는 무더운 여름을 이겨내기 위해 Nam Han[222]으로 피서를 떠났다. 어느 오전 우리는 성곽을 따라 걸으며 꽃을 꺾고 흥미로운 것들을 찾아 다녔는데, 그날 아침 내 친구는 마음속으로 고향에 다시 돌아갈 수 있을지를 생각했다고 했다. 많은 이야기를 나누었는데, 당시엔 평범해 보였지만 지금 보니 깊은 의미를 지닌 것들이었다.

재충전을 할 수 있었던 그 산책이 끝나고, 이제 그는 말을 타고 그를 기다리고 있는 수많은 병자가 있는 도시의 병원으로 돌아가야만 했다. 왕에서부터 가난한 상민에 이르기까지, 수많은 사람들이 그의 뛰어난 의술에 힘입어 육체의 고통에서 벗어났다. 그는 그리스도의 기사였고, 그가 쓰는 수술용 칼은 그의 무기였다. 가까운 사람들이 모두 자신에게 생명과 안전을 의탁하고 있다는 것을 알았기에 그는 조선 사람을 치료하는 가운데서도 주변 사람들을 잊지 않았다. 그가 얼마나 잘 보살피고 지켜주었던가! 지체 높은 사람들로부터는 존경을, 낮은 사람들로부터는 사랑을 받았던 두려움을 모르던 용감한 형제! 그의 이타적이고 어진 삶은 그가 매일 일하는 가운데 드러나는 영혼의 설교였다. 하지만 일주일 뒤, 그는 무서운 병마로 쓰러졌다. 늘 아픈 사람을 돕던 사람이 죽음을 선고받은 것이었다.

하루 이틀 고통의 시간이 지나고, 우리들 몇이 그의 곁을 지키는 가운데 그 영혼은 큰 동요 없이 조용하게 그를 떠났다. 그는 자신을 대장으로 모시기 위해 모여들었던 그의 병사들과 조선인 친구들에게 다음과 같은 마지막 말을 남겼다.

"주님은 여러분을 사랑하십니다. 주님은 여러분을 위해 자신의 목숨을 바치셨습니다. 항상 주님과 함께하세요!"

그렇게 사랑 속에서 그는 잠들었고, 그의 육신은 영원한 안식을 위해 한강 둔치에 묻혔다. 조선 사람들을 위해 자신의 삶을 바친 그는 가장 고결하고 훌륭한 사람 중 하나였다.

또 다른 외과의사 홀^{Hall} 박사님께서 돌아가셨다는 소식을 들은 것은 그로부터 얼마 지나지 않아서였다. 감리교 위원회에서 파송한 그가 조선에 있었다는 것은 우리 모두에게 축복이었다. 그 또한 신앙생활 가운데 거의 만나기 힘든 성자와 같은 사람이었는데, 위대한 거장들도 우리의 형제 홀 박사님 얼굴에 깃들어 있던 것과 같은 진짜 주 예수의 얼굴을 그려내지는 못했다. 박사님은 주의 은총을 드러내고 있었는데, 그와 함께 있는 동안 나는 한 번 이상 내 죄악을 깊이 느끼는 경험을 했다.

홀 박사님은 모펫 씨와 함께 평양을 개척하는 임무를 맡았었다. 청일전쟁이 일어나던 때까지 평양은 그야말로 귀신의 본거지였고, 홀 박사님은 그곳의 가장 열악한 지역에 사셨다. 내 마음속에는 그곳에서의 박해와 시련의 기간 동안 박사님께서 보여주셨던 끈기와 남을 향한 관용이, 주님께서 그러셨던 것처럼 낮에는 병자를 돌보고, 밤에는 평양을 주님께로 개척하겠다고 작은 방에서 기도 드리며 당신의 밝은 햇살을 남에게 비추시던 그 모습이 각인되어 있다. 이제 평양은 개척되었고, 우리 형제의 기도는 응답 받았다. 하지만 박사님 자신은 우리 곁에 계시지 않는다.

우리는 이렇게 말한다.

"오, 사라진 손길의 감촉이여,

　아직도 생생한 그 목소리여."[223]

　박사님 역시 한강 둔치에, 조선 사람들을 위해 자신의 목숨을 바친 그의 동지 헤론 박사 곁에 잠드셨다.

　조선 사람은 천성적으로 영웅을 숭배했다. 이들은 넓은 등과 두꺼운 손으로 삶의 슬픔과 무게를 던져 날려버릴 수 있는, 키 185~190센티미터쯤 되는 거인을 사랑했다. 이러한 사실로 인해 선교사 맥킨지Mckenzie는 이 땅에 도착하자마자 찬탄의 대상이었다. 나는 그가 어떤 일에서든지 Chey-il[224] number one이라는 말을 너무 자주 들어왔다. 그 누구도 그만큼 크고 강건하고 떡 벌어진 사람은 없었다. 조선 사람들에 의하면 그는 거인의 목소리를 지녔지만, 예수님을 닮은 그 심성은 양처럼 순했다. 모든 이가 그를 사랑했다. 나는 Kim Moksa[225](맥킨지)처럼 믿을 만한 사람은 아무도 없다는 말을 수도 없이 들었다. 조선 사람들에게 그는 그리스도의 힘과 용기의 구현이었다.

　살생과 약탈을 동반한 동학이 일어났을 때, 김 목사(맥킨지)를 제외한 조선 사람 모두가 피난을 갔었다. 하지만 그는 그 무엇으로도 움직일 수 없는,

---

223 영국 시인 Alfred Tennyson의 시, 〈Break, Break, Break〉의 한 구절. 원문은 Oh, for the touch of a vanished hand, and the sound of a voice that is still.

224 제일

225 김 목사

땅에 깊이 박힌 바위 같았다. 그런 그에게 기독교인들은 자신의 물건을 가져다 맡겼다. 그리고 전쟁이 터지자, 겁쟁이 동학교도들은 지붕 위에 적십자 깃발을 휘날리며 조선인 친구 하나와 단둘이 살고 있던 김 목사의 초가로 모여들었다. 하지만 피로 물든 칼을 들고 '양귀자'를 죽이기 위해 내려왔던 살인자들은, 마치 유다 부족[226]을 지키는 사자와 같은 그의 모습을 보고 겁에 질려 개처럼 기어 달아났다.

그는 기독교 세력을 부흥하는 일에 더하여 소년들에게 야구도 가르침으로써 그들을 정신적으로뿐만 아니라 육체적으로도 남자답게 만들었다. 그는 서쪽 해안인 황해의 빛이었다. 하지만 핍박의 시기, 그는 형제들을 품 안에 안전하게 지켜낸 것으로 사명을 다했다. 거인보다 더 강한 병마가 그를 덮친 것이었다. 자신의 죽음이라는 모욕을 경험하면서도 용기 있는 순교자로서 견뎌내던 그의 모습은 내 마음속 그를 더욱 구주처럼 만들었다.

한 시간 동안 무의식 상태에 빠졌던 그는 깨어나자 총으로 자신을 쏘았다. 자신들의 신앙을 뒤흔드는 이 시련에 찢긴 가슴을 안고 조선 사람들은 사랑하는 마음을 담아 친절하게 김 목사를 묻어주었다. 그가 주의 증거가 되어 너무나 용기 있게 살았던 그 바닷가 나무 아래에.

이 순교자 무리에 포함시켜야 할 소중한 기억이 아직 하나 더 있다. 스코틀랜드 산악 지방의 급한 성미와 따뜻한 마음이 숨 쉬고 있던 H. M. 브라운

---

226 성경 〈히브리서〉에 등장하는 이스라엘 부족 중 가장 큰 부족(지파). 예수가 이 지파에서 태어났다.

Brown 박사 말이다.

브라운 박사 하면 우리는 다른 무엇보다도 인정 많은 그의 심성을 떠올린다. 그는 거대한 고난에 맞서 싸우고 승리하신 그리스도의 사랑과 자비의 구현이었다. 그 역시 산악 지방 출신인 그의 형제 맥킨지처럼 강한 육신을 가진 남자였기에 결국 그가 자신의 팔을 떨어뜨리고 항복해야만 했을 때, 그것은 마치 나폴레옹의 항복과도 같았다.

활동하던 동안 그는 조선어를 습득하는 데 엄청난 진전을 이뤄냈으며, 건강이 악화된 후에도 마치 건강한 사람처럼 건물을 짓고 연구하고 가르쳤다. 아직 그의 심장은 뜨거웠고 용기 또한 굳건했지만, 폐결핵이 그를 물고 늘어졌기에 그가 무너지는 것은 시간문제였다. 그의 정직함과 열린 사고는 진정 아름다운 것이었다.

그는 가지고 있는 신념이나 모든 생각을 겉으로 표현했는데, 이러한 극도의 정직함이 그를 인생 최대의 실수로 이끌고 말았다. 만약 누군가가 학대받고 있는 걸 보면 산악 지방 사람 특유의 그 혈압은 솟구쳐 올랐다.

어느 날 그와 함께 서울의 거리를 거닐다가 닭싸움을 시키고 있던 남자들 곁을 지나쳤다. 닭은 피범벅이 된 채 쓰러지기 직전이었다. 브라운 박사는 마치 생각의 속도와 같은 빠른 몸놀림으로 닭 한 마리를 들어 올려 겨드랑이에 끼고 앞으로 나아갔고, 그 뒤에선 성난 남자들이 당장 닭을 내려놓으라며 으르렁거렸다. 그러는 사이 한 남자가 그의 어깨를 잡고 힘으로 닭을 뺏으려 했지만 박사가 살짝 몸을 틀자 생각과는 달리 비틀비틀 나가떨어졌다. 그의 의도는 생명을 최대한 구하는 것이었기에, 결국 여러 사람에게 포위당하자 그는 다른 쪽으로 닭을 날려 보냈다.

그렇게 지붕들 사이로 닭은 사라졌는데, 그 때문에 그의 조선어 선생이 너무나도 불공정한 처분의 희생양이 되어 관아에 갇히고 말았다. 법이라는 미명 아래 곤장을 맞고 학대 받을 운명에 처하고 만 조선어 선생의 상황을 순식간에 파악한 브라운 박사는 마치 윌리엄 월래스 경[227]이 했을 것 같은 방식으로 관아 대문을 부수고 들어가 자기 선생을 구출했다. 그러는 동안 사또와 병졸들은 뒤쪽에 멀리 떨어져서 무기력하게 지켜볼 뿐이었다.

비록 그가 보여준 남자다움에 나는 감복했지만, 그것은 분명히 실수였다. 그렇지 않나? 그는 기사도로 가득 찬 그리스도의 병사였다. 그는 그 자신의 영달을 위해서는 결코 싸우지 않았으나, 원칙과 다른 사람의 권익을 위해서는 기꺼이 싸웠다. 그가 더 이상 그 강인한 손으로 싸움을 할 수 없게 되었을 때, 주께서는 가난 속에 짓밟히고 감옥에 갇혀 신음하는 우리 인간들을 구원하기 위해 이 세상에 오신 것이라는 확신을 품고, 그는 영면에 들었다.

조선은 지난 12년이라는 짧은 기간 동안, 자신이 가진 최대의 용기와 최선을 다하도록 만들었다. 같은 기간 일본에서는 기독교인 열 명을 만드는 데 그쳤고, 중국에서는 그 열 명을 만드는 데 거의 40년이 걸렸지만, 지금 조선에는 천 명이 넘는 기독교인이 있다. 이렇듯 용기 있는 사람들이 목숨을 바친 것이 결코 헛되지 않았음을 조선도 응답하여 보여준 것이다.

---

227 Sir William Wallace – 영국에 대항한 스코틀랜드의 영웅

옮긴이 **최재형**

성년이 될 때까지 서울 고척동에서 자랐다. 영어를 유창하게 하고 싶었지만 형편상 어학연수, 유학 등을 제대로 하지 못한 외부 탓으로 돌려왔다. 뉴욕 여행 중 시차 적응이 안 되어 TV를 보던 중 영어 방송만 본다면 한국도 미국이나 다름없다고 깨달았다. 그때부터 영어 방송과 책 등으로 직장 생활 틈틈이 영어를 독학했다. 많은 사람이 가고 싶어 하는 대우 좋다는 대기업에 합격했을 때 말할 수 없이 기뻤다. 만 11년 후 암에 걸려 단명하겠다는 생각에 퇴직했다. 퇴직 후 흥미롭게 읽었던 본 책을 번역했다. 현재 서울 영등포에서 차원이 다른 복싱 체육관, '한걸음 복싱 연구소'를 운영 중이다.

조선, 그 마지막 10년의 기록(1888~1897)

1판 1쇄 발행 2018년 11월 1일
1판 8쇄 발행 2022년 8월 10일

지은이　제임스 S. 게일
옮긴이　최재형
펴낸이　조윤지
P　R　유환민
디자인　김영욱

펴낸곳　책비(제215-92-69299호)
주　소　(13591) 경기도 성남시 분당구 황새울로 342번길 21 6F
전　화　031-707-3536
팩　스　031-624-3539
이메일　readerb@naver.com
블로그　blog.naver.com/readerb
페이스북　www.FB.com/TheReaderPress

© 2018 최재형
ISBN 979-11-87400-39-4 (03910)

책비(TheReaderPress)는 여러분의 기발한 아이디어와 양질의 원고를 설레는 마음으로 기다립니다. 출간을 원하는 원고의 구체적인 기획안과 연락처를 기재해 투고해 주세요. 다양한 아이디어와 실력을 갖춘 필자와 기획자 여러분에게 책비의 문은 언제나 열려 있습니다.
• readerb@naver.com